World as a Perspective

世界做為一種視野

鉅變

當代政治、經濟的起源

The Great Transformation:
The Political and Economic
Origins of Our Time

Karl Polanyi

卡爾・博蘭尼——著
黃樹民——譯
吳㟊鴻——修訂

目次

資料來源注解

序言

史迪格里茲（Joseph Stiglitz）

很榮幸能為博蘭尼這部經典著作寫序。這本書討論歐洲文明從前工業化時代轉型到工業化社會的歷史鉅變，以及伴隨而來的思想、意識形態、政治、經濟政策的轉變。當時歐洲文明所經歷的轉變，今日看來就如同當代世界各地發展中國家所面臨的轉變一樣，因此博蘭尼這本書幾乎就像是在評論當代議題。他的主要論點與關懷，與一九九九年在西雅圖及二〇〇〇年在布拉格上街遊行的示威者一致，都是對抗國際金融機構。麥凱佛（R.M. MacIver）在本書一九四四年初版的導讀中，以先見之明指出：「今日首要之事，就是讓未來國際組織的締造者瞭解本書的教訓。」當時國際貨幣基金組織（IMF）、世界銀行、甚至聯合國，都還只是存在於紙面上的構想計畫。倘若這些國際組織的締造者用心讀過本書，並慎重考慮其論點，他們往後提出的政策構想必然能大有改善。

要為一本論點複雜且嚴謹的專書，以短短幾句話來摘要其精髓，既困難也易失之偏頗。雖說這本半世紀前出版的書，在語彙的使用及經濟學的觀念上與當前並非完全契合，但博蘭尼所提出的議題與觀點，仍未失去其重要性。他主要的論點包含幾項見解：所謂「自律性市場」從未真正有效運作；自律性市場不只是內在運作有明顯缺陷，它帶來的結果也同樣有很大缺陷（例如對窮人的影響），使得各國政府不得不介入干預；此外，改變的步調快慢對其帶來的結果也至關重要。博蘭尼的分析明確指出，坊間流行的「涓滴經濟學」（trickle-down economics），亦即經濟成長會讓窮人在內的全體民眾都受益，實則缺乏歷史根據。他也釐清意識形態與特殊利益團體之間糾纏不清的關係，例如：自由市場這種意識形態，本是新興工業利益團體的僕傭，這些利益集團選擇性地利用這種意識形態，需要的時候則呼籲政府干預，以追求自身利益。

在博蘭尼撰寫《鉅變》一書時，經濟學尚未理解自律性市場的局限性。然而，光靠自律性市場自身的運作就可帶來高效率且公平的資源分配這種論點，今日學術界中已無人會支持。只要在資訊不全或市場機制不完整的狀況下（這可說是全球常態），國家的干預就必然存在，以有效改善資源分配的效率。時至今日，吾人已能採取較為公允的立場，承認市場的力量與限制，以及政府在經濟治理上扮演重要角色的必要性。只不過市場與政府兩者具體職能的分界如何，仍有爭議。譬如，一般學界皆接受政府監督管理金融市場的重要性，但至於該如何監督管理，卻仍無定論。

當代社會提供了許多證據得以支持過往的歷史經驗，亦即經濟成長也可能導致貧困人口增加。不過，如同我們從一些先進工業國家的實例中看到的，經濟成長的確能為大多數人帶來極大益處。

博蘭尼十分強調自由勞動市場、自由貿易，以及金本位制下的貨幣自我調節機制之間密切緊扣的關係。他的著作可說是今日主流的「系統論」（systemic approach）之先導，而在他之前則是世紀交替時的「全面均衡論」經濟學者（general equilibrium economists）。現在仍有一些學者服膺於金本位制理論，並認為當代經濟問題正是因為違背了此一制度所致，這也為倡導自律市場機制的學者帶來更多挑戰。浮動匯率已是今日國際金融的主流，這可以說有利於主張自律性市場學者的觀點。畢竟主導國際貨幣交易市場的規律，不應該異於其他種類市場的規律。但也正是在這個點上，自律性市場的弱點充分暴露了出來（至少對那些忽視這項制度的社會影響的人來說是如此）。已有充分證據顯示，這類市場（一如其他資產市場）常出現過度波動的現象，也就是波動的幅度大於經濟基本面的變化所能解釋的程度。另有許多證據也顯示，當價格（以及更廣而言的投資者預期）產生太過劇烈的變動，會對經濟體造成傷害。最近這次國際金融危機，提醒了現今年輕人他們的祖父輩在大蕭條時期已記取的教訓：自律性市場並不像那些吹鼓手宣稱的那樣會一直順利運轉。即便是如美國財政部（不論是共和黨還是民主黨當政）或國際貨幣基金組織這些捍衛自由市場制度的堡壘，都不認為國家不應干涉貨幣匯率。不過他們卻從未能提出一套完整且具說服力的說法，來解釋何以貨幣市場應該異於別種市場。

國際貨幣基金組織的言行不一，早在十九世紀各種意識形態的辯論中即可預見：它宣稱堅信自由市場機制，但本身卻是一個經常干預貨幣匯率的公家機構；它提供資金給外國債權人紓困，卻向國內企業收取會導致破產的高額利息。勞動與商品的真正自由市場從未出現過。諷刺的是，今日絕少有人會提倡開放勞工（在國際間）自由流動；此外，儘管那些先進工業國家總是向低度發展國家告誡保護主義與政府補貼的謬誤，但他們更在意打開發展中國家的市場，而不是開放自己的市場給發展中國家那些具有相對優勢的物品與勞務。

時至今日，論爭的焦點跟博蘭尼寫作之時已大不相同。如前所述，只有立場極端的死硬派，才會堅持完全自律的經濟體，或是認定政府應全面控制經濟。每個人都知道市場擁有巨大的力量，但也都承認市場的局限。但即便如此，不同經濟學者間的觀點仍有極大差異。有些觀點很容易就可以排除掉：它們其實是偽裝成經濟科學與良好政策的意識形態與特殊利益。國際貨幣基金組織及美國財政部近年來在發展中國家推動的金融及資本市場自由化，正是這種例子。此外，大部分經濟學家都同意，許多國家的管制法規既不能強化其金融體制，也對經濟成長沒有幫助，自然應予廢除。但那些「自由市場學者」（free marketeers）卻把自由化往前推得更遠，遵循他們建議的發展中國家都產生了災難性後果，近年的全球金融危機就是明證。但是早在最近幾次金融風暴發生之前，就已經有眾多跡象顯示這種自由化的措施會給各國帶來巨大風險，並將窮人推上風頭浪尖，然而這種自由化必能帶來成長的信念卻只有微不足道的證據。另外一些議題似乎也難有定論。如自由化的國際貿易可讓一個國家發揮其相對優勢，提高人均國民所得，但可能會導致一些人失去工作。然而，在失業率高的發展中國家，因貿易自由化而消失的工作機會，明顯大於因此增加的工作機會。這個問題在國際貨幣基金推動的「改革」方案中尤其明顯：它結合了貿易自由化與高利率，使得創造新工作機會以及發展新興企業難上加難。沒有人會認為，把從事低生產力工作的工人弄成失業，能夠減低貧窮或提升國民所得。服膺於自律性市場的人堅信一種賽伊法則（Say's law），亦即勞動供給會創造出對自身的需求。對依賴低工資的資本家而言，高失業率倒是對他們有利，因為這對勞方的工資要求會帶來向下調整的壓力。但是對經濟學者而言，失業工人明確顯示了經濟失調的狀況，我們在許多國家都可以見到各種失調的充分證據。有些自律性經濟的吹鼓手將這種失調歸咎於政府，然而不論其論點正確與否，自律經濟的神話早已名存實亡。

博蘭尼曾指出自律經濟的另一個缺陷，最近才又被重新提出討論。它涉及經濟與社會之間的關係，尤其是經濟體制或經濟改革如何影響社會中人與人之間的關係。雖則社會關係的重要性已日漸受到肯認，但如今我們使用的語彙卻已多所改變，例如吾人今日會討論社會資本（social capital）的重要性。我們理解到許多拉丁美洲國家所面臨的長期失業、持續的高度分配不均、無處不在的貧困與髒亂等現象，對社會和諧會產生災難性的影響，並且造成暴力程度節節高升。我們認知到俄羅斯推動經濟改革的措施及速度侵蝕了當地的社會關係、破壞了社會資本，甚至導致俄羅斯黑手黨及其霸權的興起。我們也認知到國際貨幣基金在印尼正值工資下跌、失業率上升之際取消對糧食的補貼，毫無意外造成了政治與社會動亂（從該國的歷史來看，會出現這種結果的可能性非常高）。上述幾個例子中，經濟政策導致長久以來的社會關係破裂（雖然原本可能已極為脆弱），而破裂的社會關係也對經濟產生負面影響。投資者對於將資金投入到社會關係如此緊張的國家會感到擔心，而這些國家的人民也會將資金移出，從而產生負面的連鎖效應。

多數社會都發展出它們照顧貧困無依者的具體方法。工業時代卻逐漸使得個人難以完全照顧自身。固然，一個農民有可能面臨歉收，而自給自足的小農也可能難以存錢以備旱澇之需，但無論如何他都不需仰仗僱傭的工作糊口。在現代工業社會中，個人無時不受外在力量所左右。若失業率高升，就像在經濟大蕭條時期，或像今日的許多發展中國家，個人是無計可施的。無論他們是否接受自由市場吹鼓手大加讚譽的彈性工資（這代表受僱者得接受無償解僱或自願減薪），他們本身並沒有辦法推動這樣的改革，即便這樣的改革會帶來允諾中大家想要的充分就業效果。而且這並不表示只要他們肯接受較低的工資，就會馬上有工作。經濟學上的「效率工資理論」（efficiency wage theory）、「圈內圈外理論」（insider-outsider theory），以及其他諸多理論，均已明確指出何以勞動市場並不像自律性市場吹鼓手所宣稱的方式運作。無論何種解釋，事實就是失業並非幻覺。當代社會必須發展出應對失業的方法，自律性市場經濟並沒有做到這一點，至少並沒有提出社會能接受的方法。（其實對此也有幾種解釋說法，但是與我要講的主題無關，故不贅述）。快速社會變遷會摧毀既有的應對機制及社會安全網，但在社會發展出新的應對機制前，新的需求已經產生了。不幸的是，十九世紀的教訓，卻被那些鼓吹華盛頓共識（Washington Consensus）的當代自由主義教條分子遺忘腦後。

社會應對機制的失靈，造成社會資本流失。上個世紀末就有兩個鮮活的例子可茲說明。前面已經提過亞洲金融危機時印尼的災難。危機發生時，國際貨幣基金、美國財政部，以及其他新自由主義吹鼓手，均抗拒解決此危機的重要手段：不履約。當時大多數的貸款，都是私人信貸機構借給私人貸款人。當借錢者無法償付債務時，標準的做法就是宣告破產。破產是當代資本主義的重心。但國際貨幣基金卻否決此議，認為破產違背了契約的神聖性。但它們卻無視於違背另一種更重要的契約：社會契約。它們寧願提供經費給這些國家的政府以挽救放款不謹慎的外國貸款機構。於此同時，國際貨幣基金卻推行一些傷及無辜工人與小生意人的政策，而他們與危機的形成毫無關係。

更戲劇化的是俄羅斯的失敗。這個國家已是共產主義實驗的犧牲品，卻又被置入下一個實驗：在政府尚未有機會建立必要的法律及制度架構前，就引進自律性市場經濟機制。就像七十多年前布爾什維克強迫俄國社會快速變遷一般，今日的新自由主義者也強迫俄國社會進行另一種快速變遷，由此帶來災難惡果。他們向俄國人民保證，只要釋放市場的力量，經濟就會飛騰——因為沒有效率的中央計劃經濟常會扭曲資源分配，又因為社會所有制而缺乏誘因，這一切將由去中央化、自由化與私有化取而代之。

但經濟飛騰並未出現。俄國經濟體萎縮近半，貧民人數（按每日四美元生活費的標準）從總人口的二％上升到接近五〇％。私有化將少數一些人造就成億萬富翁，但政府卻無錢支付養老金給退休者——這一切都發生在一個自然資源豐饒的國家。資本市場自由化的本意是要告訴全世界，這裡是深具吸引力的投資點。但資本卻只往一個方向流動。毫不意外的是，改革後大量的國內資本往外湧出。由於俄國私有化過程常有不合法情事，因而得不到社會共識。那些錢留在俄國的人，自然會擔心一旦新政府成立後自己會失去一切。即使不考慮政治問題，任何一個理性的投資者都會將錢放在美國飛騰的股票市場，而不會投入一個面臨各種不景氣的國家。俄羅斯資本市場的開放，使得那些巨富寡頭有機會將其非法所得移到國外。今日來看，這些當年錯誤政策的後果已經浮現。除非政府能保證不追究財富的來源，且繼續保障其所有權，否則很難將這些大量外逃的資金引回國內。但若這樣做，也就無異於保證這些寡頭巨富不受動搖。

經濟學與經濟史學界都已認可博蘭尼中心意旨的正確性。但公共政策，尤其是反映在華盛頓共識當中，認為發展中國家及轉型中的經濟體應如何達成鉅變的政策，卻對此視若無睹。如前所述，博蘭尼揭發了自由市場的神話：人類史上從未有過真正自由的自律市場。即便是今日高度工業化的國家，在其轉變過程中，政府都曾扮演積極的介入角色，不但以關稅保護其工業，也保護其新興科技。美國第一道電報纜線就是聯邦政府在一八四二年出資興建。替工業化奠定基礎的農業生產力暴增，也仰仗政府資助的研究、教育與推廣服務。西歐各國直到最近都對資本流通有嚴格管制。即便今日，保護主義與政府干預都仍極為活躍。美國政府威脅歐洲各國，要求進一步開放由美商控制的加勒比海香蕉進口，否則就施以報復性的貿易制裁。雖然這樣的政府干預有時候會得到辯護，認為是平衡其他政府干預行為的必要措施，但卻有許多赤裸厚顏的產業保護主義及補貼案例，像是在農業方面。我擔任美國經濟顧問委員會主任委員期間，曾經手無數此類案例，從墨西哥的番茄與酪梨、日本的影片、烏克蘭的女裝，到俄國的鈾礦。香港向來被視為自由市場的堡壘，但是當香港政府發現紐約投機客試圖同時炒作股市與匯市來干擾其經濟時，政府就全力出手干預。美國政府為此大聲抗議，認為港府違背了自由市場原則。但香港的干預政策確實奏效，不但穩定了股市與匯市，破除對港幣的未來威脅，同時也賺進大把銀子。

倡議華盛頓共識的新自由主義者強調：政府干預是所有問題的根源。變革的關鍵就在於「讓市場決定價格」(getting prices right)，並透過私有化及自由化，將政府從經濟活動中抽離出來。根據這種觀點，所謂經濟發展只不過是資本累積，以及提升資源分配的效率，單純是技術問題而已。這種意識形態誤會了變遷的本質——是社會整體的變遷，而非僅是經濟上的變遷。而且經濟上的變遷所蘊含的意義，也遠遠超出這些人所提供的簡單處方。正如博蘭尼正確指出，這些人的觀點是誤讀了歷史。

假若博蘭尼是在今天撰寫本書，將會有更多證據支持其結論。譬如，在當今世界發展最快速的東亞地區，政府都扮演中心的角色，明確或隱微地表明保持社會和諧的重要性，不只保護社會資本與個人資本，同時更加以提升。在這個區域，不但可見快速經濟成長，貧窮也明顯減少。假若共產主義的失敗，證明市場制的優越性勝過社會主義，那麼東亞的成就也充分證明，一個政府積極參與介入的經濟體實際上優於自律性市場。這也就是何以當亞洲金融風暴出現時，這些自由市場的基本教義派樂不可支，因為他們以為這暴露出政府主導模式的根本弱點。當然，這些人在課堂上也會提到金融體系需要更好的監管機制，但他們卻藉此機會推動更大的市場彈性：這些字眼意味著去除那種提供經濟安全的社會契約——經濟安全讓社會與政治更加穩定，而這種穩定是東亞經濟奇蹟的必要條件。當然，東亞的金融危機事實上是最足以證明自律性市場失敗的案例。由於短期資本流通的自由化，數十億資金在全球打轉尋找最佳報酬，隨著理性或非理性的情緒快速波動而起落轉變，才種下危機的種子。

最後，讓我回到博蘭尼的兩個主軸，來結束這篇序言。其一是政治與經濟之間的複雜關係。法西斯主義與共產主義並非只是另一種經濟體制，它們是對自由主義政治傳統的大幅背離。但如博蘭尼指出：「法西斯主義與社會主義一樣，其根源都在於無法運轉的市場社會。」新自由主義的顛峰期大約是一九九〇至九七年，也就是在柏林圍牆倒塌後、世界金融危機發生之前。有些人認為共產主義的終結就明白顯示市場經濟與自律性市場信念的勝利。但我認為這個看法並不正確。畢竟在當時所有已開發國家中，到處都有抗拒雷根及柴契爾（Reagan-Thatcher）自由市場教條的動向，並代之以「新民主黨」（New Democrat）或「新工黨」（New Labor）的政策。一種較有說服力的看法是，在冷戰期間，先進工業國家不敢放手採用這些可能會對窮人造成重大傷害的政策，因為在東西分裂的冷戰時期，若是西方國家失敗，就會將其他各國驅趕到東方陣營。但是在柏林圍牆倒塌後，這些國家已別無選擇，即便是風險甚大的政策，也可毫無顧慮地實施。不過，這種觀點不但無情，也很反智。因為實際上在排除那種不為多數人服膺的市場經濟後，仍有各種並不令人欣賞的措施可以選擇。一個號稱自律性市場的經濟體，可能演化成為黑幫資本主義及黑幫政治體制。不幸的是，這在世界許多地方已成為事實。

博蘭尼視市場為更廣泛的經濟體的一部分，而經濟體又是更廣泛的社會的一部分。他認為市場經濟並非終極目標，而是達致終極目標的手段。吾人常誤以為私有化、自由化、甚至宏觀穩定都是改革的目標，也因而制訂各種量表來評斷各國私有化的速度有多快。這完全無視於私有化其實只是便宜行事的事實：只是將公有財產私下轉讓給親朋好友，然後等著他們回報賄絡。但我們從未見過任何一種量表，用來記錄有多少人被推入貧困，有多少工作被裁減，或暴力的增加，或不安全感或無力感的升高。博蘭尼關注的其實是更根本的價值。今日這種根本價值與自律性市場意識形態之間的歧異，一如博蘭尼的時代那樣顯而易見。我們向發展中國家強調民主的重要性，但在面對它們最關心的議題，也就是影響它們生計的經濟議題時，我們卻改變聲調說：經濟學的鐵律讓你別無選擇，而且因為你的民主政治過程可能會壞事，所以你必須放棄一些重要的經濟決策權（例如跟總體經濟政策有關的決策權），讓渡給一個受國際金融界代表所控制的獨立中央銀行。為了確定你會根據這些金融界的利益而行動，你被告知必須全心關注通貨膨脹，不要去管工作就業或經濟成長。為了確定你會按照這些要求行事，你被告知要執行中央銀行的規定，像是在固定利率下擴大貨幣供給。若是這套方法不靈，就會引進另一套做法，像是「通貨膨脹目標機制」（inflation targeting）。簡而言之，在這些前殖民地，我們一方面似乎透過民主制度將權力賦予每個個體，但另一方面卻透過別的方式將權力奪走。

博蘭尼在本書結論中，很貼切地討論在複雜社會中的個人自由。小羅斯福總統（Franklin Delano Roosevelt）在大蕭條時期曾說過：「除恐懼之外，我們一無所懼。」他所說的不只是一般所說的古典自由，如言論自由、新聞自由、集會自由、信仰自由等，還包括免於饑餓與恐懼的自由。各種監督管理措施可能會剝奪一些人的自由，但卻同時能增進其他人的自由。將資本從一個國家自由轉移到另一個國家對某些人而言是種自由，但對他人卻可能有極大傷害。（用經濟學的術語來說，就是有很大的外部成本〔externalities〕）。不幸的是，這種自律性經濟的神話，不論是披著自由放任主義的舊外衣，還是現在華盛頓共識的新衣，都無法在不同的自由之間取得平衡，因為窮人面對的不安全感遠大於其他人，而在某些地方，如俄羅斯，貧民人數正急遽上升，生活水平則迅速下降。對這些人來說，自由變少了，免於饑餓與恐懼的自由都變少了。若博蘭尼是在今日著述，我相信他一定會指出，現代國際社會所面臨的挑戰，就在於是否能在為時已晚之前，重建這樣的平衡。

導論

布洛克（Fred Block）

某位知名經濟史學者在回顧過去幾十年間知識界對《鉅變》一書的反應以及此書產生的影響時，下了一個評語：「有些著作就是歷久彌堅！」這個說法極為貼切。雖然本書出版於一九四〇年代初期，但博蘭尼的影響與重要性卻與日俱增。今日一般出版的專書，上架期間甚少超過數月或數年，但在經歷半個世紀後，《鉅變》一書仍能提供我們諸多新見解。尤其當我們試圖瞭解全球社會進入二十一世紀後所面臨的各項困境，本書更是不可或缺。

本書之所以具有這麼持久的影響力，其道理可說明如下。《鉅變》是迄今為止對市場自由主義最嚴峻的批評。自由市場學說認為，各國社會與全球經濟都應按自律性市場來規劃運行。從一九八〇年代開始，尤其經歷一九九〇年代初期冷戰終結，市場自由主義——不論我們稱之為柴契爾主義、雷根主義、新自由主義、或華盛頓共識等——已壟斷全球政治。但本書在一九四四年問世後不久，美國與蘇聯的冷戰加劇，因而掩蓋了博蘭尼理論貢獻的重要性。當時極端對立的陣營在捍衛資本主義或蘇聯式社會主義的雙邊辯論中，沒有多少人對博蘭尼細緻且複雜的論證感到興趣。是以我們可說：隨著冷戰的終結，博蘭尼的成就才開始得到應有的重視。

後冷戰時期的主要議題就是全球化。新自由主義者堅持，由於通訊與交通科技快速發展，加速全球貿易與資本流通，加上接受英美式自由市場資本主義，更使得全球經濟整合成為無可避免且值得追求的目標。世界各地的各種運動和理論家基於不同的政治立場批評全球化想造就的未來。有些是基於民族、宗教、國家或地區認同而抗拒此事；有些則是對全球合作或協調抱持不同看法。然而，不論在此爭議上位處哪一邊，應該都能從《鉅變》一書獲益。對於市場自由化的歷史，以及早期經濟全球化所帶來的不幸後果，新自由主義者及其批評者均可從此書獲得更深層的理解。

博蘭尼的生平與貢獻

卡爾．博蘭尼（一八八六—一九六四）生長於布達佩斯一個社會參與及智識成就均極為傑出的家庭。[1]他的弟弟麥可（Michael Polanyi）成為一位重要的科學哲學家，其著作至今仍被廣泛閱讀。在第一次世界大戰之前，博蘭尼在匈牙利學生圈與知識界都很活躍。一九二〇年代博蘭尼在維也納的《奧地利經濟學人》（*Der Österreichische Volkswirt*）週刊擔任資深編輯，那是當時中歐最主要的經濟與金融期刊。他就在那段期間首次看到米塞斯（Ludwig von Mises）與他的知名弟子海耶克（Friedrich Hayek）的學說。當時米塞斯與海耶克試圖重建自由市場理論在知識上的正當性，因為自由市場理論受到第一次世界大戰、俄國大革命，以及社會主義風潮嚴重打擊。[2]米塞斯與海耶克短期間內並沒有什麼影響力。從一九三〇年代中期到一九六〇年代，認為政府應積極參與管理經濟事務的凱因斯派經濟觀念在西方各國當道。[3]但二次大戰後，米塞斯與海耶克孜孜不倦地在美國與英國鼓吹自由市場，並直接影響到後來成名的追隨者如米爾頓．傅利曼（Milton Friedman）。海耶克活到一九九二年，親眼目睹蘇聯解體印證自己的學說。他死的時候被公認為新自由主義之父，激勵了柴契爾及雷根推動去管制、自由化及私有化等政策。但是早在一九二〇年代，博蘭尼就直接挑戰了米塞斯的論點，並將批判自由市場視為個人學術生涯的中心議題。

博蘭尼在《奧地利經濟學人》週刊工作時，目睹一九二九年美國股票市場崩盤及一九三一年維也納信用銀行（Creditanstalt）破產，這些事件均導致大蕭條的出現及法西斯主義的興起。隨著希特勒在一九三三年當政，博蘭尼的社會主義觀點便成為問題，他也被迫辭職。他到英國後，在牛津大學及倫敦大學的社教課程擔任講師，在工人教育協會（Workers' Educational Association）開課。[4]此時博蘭尼為了準備教課，便浸淫於英國社會史及經濟史的資料。在《鉅變》一書中，博蘭尼熟練地運用這些歷史資料以批評米塞斯及海耶克那些後來影響深遠的觀點。

本書實際撰寫於一九四〇年代早期，當時博蘭尼在美國佛蒙州（Vermont）的賓寧頓學院（Bennington College）擔任訪問學者。[5] 由於獎助金的支助，他得以全力寫作。周遭生活環境的改變，也讓他能整合自己論點中的不同理路。本書的一項主要貢獻，也就是從制度面分析全球經濟，其實正是立基於博蘭尼本人的多重流亡經驗。他從布達佩斯遷移到維也納，再搬到英國，接著又搬到美國，加上一股深刻的道德責任感，讓博蘭尼成為某種世界公民。他晚年時曾寫信給一位老友：「我的一生是『世界性』的人生，是屬於人類世界的人生……我的著作屬於亞洲，也屬於非洲，更屬於新人類。」[6] 雖然博蘭尼對自己的故鄉匈牙利有深厚感情，但他超脫了以歐洲為中心的觀點，並洞悉了侵略型態的民族主義如何受到一套特定的全球經濟架構所促進與支持。

二次大戰後，博蘭尼到紐約市的哥倫比亞大學任教。他在那裡與學生一起研究前資本主義社會的人類學問題，如貨幣、貿易及市場等。他與亞倫斯博格（Conrad M. Arensberg）和皮爾森（Harry W. Pearson）合編《早期帝國的貿易與市場》（*Trade and Market in the Early Empires*）一書。其後他的學生將他這段時期寫的論文編輯成冊，由羅斯坦（Abraham Rotstein）主編成《達荷美與奴隸貿易》（*Dahomey and the Slave Trade*）一書，於身後出版。另外道爾頓（George Dalton）選編了博蘭尼先前出版的論文，包括《鉅變》的摘文，整合成為《原始、古代及現代經濟：卡爾·博蘭尼論文集》（*Primitive, Archaic, and Modern Economies: Essays of Karl Polanyi*）一書。最後皮爾森也將博蘭尼在哥倫比亞大學上課時的講稿編成《人類的生活》（*The Livelihood of Man*）一書。[7]

博蘭尼的論點：結構與理論

《鉅變》一書分為三個部分。第一及第三部分集中討論造成第一次世界大戰、經濟大蕭條、歐陸法西斯主義興起、美國推行新政，以及蘇聯第一個五年計畫等事件的直接因素。在開頭與結尾這兩部分的章節當中，博蘭尼提出一個問題：何以歐陸經歷從一八一五到一九一四年的長期和平昌盛，卻突然崩潰，落入世界大戰與經濟蕭條？本書核心的第二部分，則是博蘭尼對此問題的回答。他回顧十九世紀初期英國工業革命伊始，英國思想家面對早期工業革命帶來的紛擾，他們的回應是提出自由市場的理論，其核心信念是人類社會應服膺於自律性市場。博蘭尼解釋道，由於英國在當時扮演「世界工廠」的領導角色，這套信念就成為世界經濟的準則。在第二部分的下半段，亦即第十一到十八章，博蘭尼指出自由市場主義引發出不可避免的反應，也就是齊力保護社會以免受市場傷害。這些保護社會的努力顯示自由市場無法像原本預期的那樣運作，此外，當時主導世界經濟的各項制度也加深了各國國內與國際間的緊張對立。博蘭尼追溯了和平如何崩潰而走向第一次世界大戰，並指出用自由市場原則來組織全球經濟的企圖，直接導致了經濟秩序崩潰而造成大蕭條。法西斯主義興起這第二個「鉅變」，即是自由市場興起這第一個鉅變的後果。

博蘭尼的論點，運用了他在歷史學、人類學與社會理論等方面的廣泛閱讀。[8]《鉅變》對於從十五世紀到二次大戰之間的重要歷史事件都有深刻觀點，對各項廣泛的議題也有獨到創見，例如互惠與重分配在前現代社會中的重要性、古典經濟思想的局限性、以及將「自然」商品化的危險性。許多當代社會科學家，像是人類學家、政治學家、社會學家、歷史學家、經濟學家等，都從博蘭尼的論證中得到靈感。今日有愈來愈多專書及論文衍生自《鉅變》的觀點。

由於本書內容豐富，難以扼要摘錄，此處僅能簡述博蘭尼的幾個主要思路。首先需要肯定的是他在理論上的原創性。要把博蘭尼放進標準的政治分類並不容易，雖然他大致贊成凱因斯（John Maynard Keynes）對自由市場的批評，但卻決非凱因斯派信徒。他一生都認同社會主義，但卻與各種經濟決定論（包括主流的馬克思主義）截然不同。[9]他對資本主義與社會主義的定義，也異於一般的用法。

博蘭尼的「嵌含」(Embeddedness)概念

要瞭解博蘭尼的思想，最好的出發點就是「嵌含」這個概念。這個概念是他在社會思想上最重要的貢獻，但也導致許多誤會。博蘭尼指出，整個現代經濟學思想傳統（一直到當時為止）奠基在這樣的觀念上：經濟是各種市場相互連結的系統，透過價格機制來自動調節供給與需求。即便經濟學者承認有時市場機制需要政府協助以克服失調，但他們仍將經濟視為一種整合各個市場的均衡調節系統。博蘭尼的意圖就是要從人類歷史生活中，證明這種經濟觀如何嚴重背離社會現實。他強調，在十九世紀以前，人類的經濟活動總是嵌含在社會之中。「嵌含」一詞即點明經濟本身並非如經濟學理論所稱是自主運作的，而是從屬於政治、宗教及社會關係之下。[10] 博蘭尼對於這個詞的使用，其含義不只是目前一般熟悉的那樣，也就是市場交易有賴於信任、相互瞭解，以及契約的法律約束力。他用這個詞來彰顯古典經濟學者，尤其是馬爾薩斯（Thomas Malthus）及李嘉圖（David Ricardo），與以前的思想家有極大差異。歷史常規告訴我們經濟從屬於社會，但這些經濟學者的自律性市場概念卻認定社會從屬於市場邏輯。他在本書第一部分寫道：「這就是何以市場對經濟體系的控制會對社會整體產生決定性的影響，亦即社會被視為市場的附屬品。社會關係被嵌含到經濟體系中，而非經濟體系被嵌含到社會關係裡。」但這樣的說法，卻使一些人誤讀了博蘭尼的觀點，他們誤以為博蘭尼宣稱十九世紀資本主義的興起，導致經濟體系成功地從社會中「脫嵌」（disembedded）出來，並主導社會。[11]

這種誤讀掩蔽了博蘭尼觀點的原創性與理論的豐富內涵。博蘭尼確實說過，古典經濟學者希望建立一個從社會中脫嵌的經濟體制，他們也鼓勵政治人物如此做。但博蘭尼也強調他們並未達成也無法達成這個目標。他一再強調，一個脫嵌且完全自律的市場經濟只是空想，不可能存在。在本書第一章的第五段，他如此寫道：「本書的主題是，這種自律性市場的概念蘊涵著一個全然空想的社會體制（utopia）。如果不消滅社會的人性本質及自然本質，這樣一種制度根本就無法存在；它會摧毀人，並將其周遭環境變成荒野。」

脫嵌為何無法成功

博蘭尼辯稱，若要建立一個完全自律的市場經濟，必須將人類與自然環境變為商品，而這將導致社會與自然環境的毀滅。他認為自律市場論者及其盟友，正不斷將人類社會推往懸崖邊緣。但是，一旦脫韁的市場造成的後果開始明顯浮現，人們會開始抗拒。他們不願像旅鼠（lemmings）一樣成群結隊跳下懸崖自殺。反之，他們將放棄自律市場的教條，挽救社會與自然免於毀滅。由是觀之，將市場從社會中脫嵌，就有如拉扯一條巨大的橡皮筋。要給市場更多自主性，就會不斷拉高張力。進一步拉扯橡皮筋，若非使之斷裂造成社會解體，便是逼使經濟回歸社會嵌含的位置。

這個論點的基本邏輯乃是基於博蘭尼對真實商品（real commodity）與虛構商品（fictitious commodity）兩者之區分。所謂商品，按博蘭尼的定義，就是為市場銷售所生產的東西。依此定義，土地、勞動與貨幣都只是虛構商品，因它們並非為市場銷售而生產。勞動是一種人類的活動，土地則是自然的一部分，而貨幣與信用在現代社會的供給則全由政策決定。但現代經濟學卻假裝上述這些虛構商品都與真實商品一樣按同一規則運作。博蘭尼認為，這種詭辯有其致命後果。這意味經濟學理論乃是建構於謊言之上，而這個謊言會讓人類社會陷入危機。

博蘭尼的論點有兩個層次。第一個層次的道德論點認為，將自然與人類當作物件並且完全交由市場來決定其價格，根本就是錯誤的。那樣的想法違反人類長久以來的基本信念，即自然與人類生命一直被認定具有神聖的面向。認為勞動與自然隸屬於市場的想法，跟這個神聖面向是無法相容的。博蘭尼反對將自然視為商品，預示了許多當代環境保護主義的論點。[12]

博蘭尼論點的第二個層次，就是國家在經濟上扮演的角色。[13]雖說經濟領域應該是自我調節的，但國家**必須**不斷調整貨幣與信用的供給，以避免通貨膨脹及通貨緊縮的雙重危機。同樣的，市場對於勞工類型的需求持續在轉變，國家對此應提供協助，救濟失業工人，替未來的勞工提供教育與訓練，並調控移民的流量。就土地而言，國家必須透過各種政策，以保障農民不受收成好壞或價格波動的影響，從而穩定糧食的生產。在都會地區，政府藉由環境法規與土地使用法規，來管理土地利用。簡言之，由於政府必須管控這些虛構商品，因此成為三個最重要市場的核心。如此一來，市場自由論者認為政府處在經濟活動「之外」的觀點也就完全站不住腳。[14]

虛構商品的存在，充分說明了何以經濟無法從社會脫嵌。真正的市場社會**需要**政府積極管理市場，如此一來必須進行政治決策，這些都不能簡化為某種技術或行政功能。[15]當國家政策朝向脫嵌，變得更加仰賴自律性市場，一般民眾不得不承受更高的代價。工人及其家屬更容易受到失業的傷害，農民也要承受更多進口貨的競爭。此時工人與農民還必須靠著被削減的補助撐下去。通常政府需要投入**更多**努力，才能確保這些群體可以承擔這些增加的代價，而不致從事破壞性的政治活動。這也就是博蘭尼所說：「自由放任其實是有計劃的。」我們同時需要政治策略及壓制，才有可能將市場邏輯以及它帶來的風險加諸一般民眾身上。[16]

不可能的後果

自由市場學者試圖將經濟從社會中脫嵌，注定要面臨失敗。但自由市場理論的烏托邦藍圖，卻讓這個理論擁有驚人的學術復甦力。由於每當接近全面實施自由市場實驗的時候，社會就會反彈並退縮，所以這些理論家總是能理直氣壯地辯稱：失敗並不是因為他們的理論有缺陷，而是因為缺乏執行的政治決心。如此一來，自律性市場的信念也就沒辦法用歷史經驗來否定。這派學者有完整的託詞來為失敗辯解。這類狡辯最近的例子，就是試圖用「震撼療法」（shock therapy）將市場資本主義強加在前蘇聯身上。雖然這次實驗的失敗有目共睹，但震撼療法的辯護者仍將過錯歸罪於政治人物：若非他們太快向政治壓力屈服，或者要是他們能堅持得更久，快速轉向市場經濟的預期利益就會降臨。[17]

由於博蘭尼對經濟從社會脫嵌極度懷疑，引發出他強而有力的「雙向運動論」（double movement）。因為將經濟從社會脫嵌的努力必然會遭遇抗拒，他認為，市場社會包含了兩種對立的運動，即為了擴張市場的自由放任運動，以及為了防止經濟脫嵌的保護性反制運動。雖然工人階級在保護性反制運動中扮演極重要的角色，但博蘭尼明確指出，社會上的所有群體都參與了這個運動。例如，當週期性經濟萎縮傷及銀行業時，商業團體就會要求強化中央銀行，將國內的信用供給跟國際市場的壓力區隔開來。[18] 換言之，即便是資本家也時而會抗拒自律性市場所產生的不確定性與波動，要求保護措施來增加穩定性與可預測性。

博蘭尼堅稱：「自由放任係由計劃所產生，但計畫本身卻不是。」他批評自由市場論者，因為他們認為抗拒全球化市場所建立的保護措施，都是出自於「集體主義者的陰謀」（collectivist conspiracy）。反之，他認為建立保護屏障是社會上所有群體共同產生的非計劃性自發反應，以對抗自律性市場所造成的無比壓力。保護性的反制運動必須出現，以防止脫嵌後的經濟所造成的災害。博蘭尼認為，朝向自由放任經濟的運動需要反制運動以維持穩定。例如，美國在一九二〇年代（或一九九〇年代），朝向自由放任的運動太過強勢，過度的投機活動及不斷拉高的貧富差距終究摧毀了持續繁榮的基礎。不過，雖然博蘭尼基本上同情保護性的反制運動，但他也知道反制運動有時候會創造出危險的政治經濟對峙僵局。他分析法西斯主義在歐洲的興起時便指出，當此沒有任何一方可以強加自己的方案來解決困境時，壓力就會上升，直至法西斯主義獲得力量奪取權力，並背離放任主義與民主。[19]

博蘭尼的雙向運動論，截然有別於市場自由主義及正統馬克思主義（orthodox Marxism），因為在任何特定時間點，能夠想像得到的現實樣態可能性要大得多。市場自由主義及馬克思主義都認為，每個社會都必須從二者中選一：不是市場資本主義，就是社會主義。雖然兩者想法對立，但它們卻同意除此二者之外，別無其他選項。反之，博蘭尼則認為自由市場資本主義並非真的選項，它只是一個虛無幻想。而在第十九章，他將社會主義定義為：「是工業文明的先天傾向，試圖讓自律性市場服膺於民主社會，以超越自律性市場。」這個定義就表示市場可在社會主義國家當中扮演一定的角色。由於市場能以不同形式嵌含於社會中，博蘭尼認為在任何歷史時刻均有不同的選擇可能性。當然，其中有些形式較能提升產出或推動創新，而另一些卻較具「社會主義」色彩，能以民主程序來管控市場。博蘭尼認為在十九及二十世紀都存在既有效率且又民主的其他選項。[20]

全球經濟體制的重要性

然而博蘭尼是見聞非常廣博的思想家，所以他並不會以為每個國家都可隨心所欲地選擇用哪種方式來調解雙向運動。反之，博蘭尼的論點之所以適用於當前全球情勢，正是因為他將掌控全球經濟的規則，置於理論架構的中心。他分析兩次大戰之間興起的法西斯主義，把重點放在國際金本位制如何限制了各國國內行動者的政治選項。要瞭解博蘭尼的觀點，我們必須先在此轉變話題，來討論金本位制的邏輯。不過，轉變話題並非離題，因為金本位制的深層目的直至今日都對市場自由主義者有強烈影響。博蘭尼認為金本位制是傑出的智識成就[21]，這種制度創新讓自律性市場理論能夠實行，而且一旦推動後，就可以讓自律性市場看似自然產生。

市場自由主義者希望能為世界創造更多的機會，擴張國際市場。為此他們必須設法讓不同國家、持不同貨幣的人能夠相互自由交易。他們認為，如果世界各國都能遵從下列三項簡單原則的話，世界經濟就會有完整的自我調節機制。第一，各國應設定其貨幣的價值等同於一定數量的黃金，並按此價值買賣黃金。第二，各國應按其黃金儲存量來決定貨幣發行量，其流通的貨幣以黃金為後盾。第三，各國應盡最大努力，讓居民有最大的自由從事國際經濟交易。

金本位制建立了一個完美的全球自我調節機制。英格蘭的商號能向全球各地輸出商品，或在各地投資，因為它們知道賺回來的貨幣就像黃金一樣可靠。按理說，如果某國國民的國外消費超過其收入，使該國在那一年出現赤字，那麼該國的黃金儲存就會外流以償付外國債主。[22]此時，該國的貨幣及信用供給便會自動縮減，利息上升，物價與工資下降，進口需求減低，出口變得更有競爭力。如此一來，該國的貿易赤字會自動消除，各國的國際收支會自動達成平衡，不需政府出手干預。即便沒有一個全球性政府或國際金融機構，全世界也會整合為單一市場。但同時，政治主權仍是分散在各民族國家手中，它們的自利需求引導它們自動採用金本位制。

金本位制的影響

金本位制的目的是建立一個整合的全球市場，從而減低國家及政府的重要性，但其結果卻適得其反。[23]博蘭尼指出，當許多國家在一八七〇年代採用了金本位制，此項制度卻極為反諷地加強了國家做為一個統合體的重要性。雖然市場自由主義者夢想塑造出一個和平的世界，其中唯一的國際競爭就是個體或企業試圖超越其競爭對手，但他們以金本位制來實現這種夢想的企圖，卻製造出兩次世界大戰。

事實的真相是，金本位制的簡單法則帶給人們無法承受的經濟損失。當一個國家的內部價格結構乖離國際價格水平時，其解決黃金外流的唯一合理做法，就是通貨緊縮。這就意謂著讓經濟收縮，直到遞減的工資能降低消費需求，以重建外貿平衡。此時，工資與農業收入都會大幅下降，失業增加，企業與銀行破產也急速增加。

並非只有工人與農民覺得這種通貨緊縮調整策略的代價過高。商業群體也無法忍受這種不確定及波動的結果。是以一旦金本位制確立之後，各社會階層就會串謀以應對其衝擊。他們採用的第一道策略就是提高保護性關稅，以保障農業與製造業產品。[24]減低貨物流通受價格波動的影響，可讓各國在國際貿易中掌握較高的預測性，也不至因黃金突然外流而變得容易受創。

另一項對策就是在十九世紀的最後二十五年間，歐洲列強、美國和日本都紛紛建立殖民地。自由貿易的邏輯其實是強烈反殖民的，因為若是所有的貿易者都有平等的機會進入市場或投資，殖民帝國的支出便會超過其相對的利潤。但在國際貿易的保護主義高漲時，這種計算方法就翻轉過來。新建的殖民地受帝國關稅的保護，而殖民母國的商人在殖民地的市場及原料有優先權。此時，建立帝國的競爭，加深英國與德國之間在政治、軍事與經濟上的對抗，終而導致第一次世界大戰。[25]

對博蘭尼而言，建立帝國的衝動並不存在於國家的內在基因當中。只有在國家試圖自保，以減輕金本位制的無窮壓力時，帝國野心才會出現。從富庶的殖民地輸入資源，可讓該國避免黃金突然外流所造成的危機，而剝削海外殖民地的人民，可以防止內部階級關係的衝突升高。

博蘭尼指出，市場自由主義者的烏托邦藍圖指引他們發明金本位制，企圖藉之以建構一個繁榮昌盛的無疆界世界。但金本位制造成的持續震撼，卻逼使各國加強鞏固內部，並提升國家甚至帝國疆界的重要性。金本位制不斷對各國施壓，但其作用卻被興起的各種保護主義（從關稅到殖民帝國）所抵銷。然而，即便這個內在矛盾的制度隨第一次世界大戰崩潰，金本位制卻已被視為理所當然，一干政治人物也群起動員來重建它。不幸的是這齣悲劇在一九二〇及三〇年代再度上演，各國也被迫在保護匯率或保護公民之間做選擇。法西斯主義就是在這種僵持當中乘虛而起。博蘭尼認為這種法西斯衝動——亦即犧牲個人自由以保護社會免受市場傷害——是普同的人性反應。但各地不同的條件，決定了法西斯團體是否能成功奪取政權。

本書的當代意義

在當前的全球化爭端中，博蘭尼的論點更形重要，因為現時的新自由主義者又再度擁抱當年推動金本位制的烏托邦藍圖。自從冷戰終結以來，他們堅持全球經濟的整合已使國界變得過時陳腐，也為新世紀的全球和平打下基礎。一旦各國都接受全球市場的邏輯，在經濟上開放物品與資本的自由流動，國際衝突就會被良性競爭所取代，生產出更好的物品和勞務。與他們前輩相同的是：新自由主義者堅稱，我們此時只需信任自律性市場的有效運作。

的確，現在的國際金融市場與金本位時代很不一樣。匯率和國家貨幣都不再以黃金為定錨，大多數貨幣的幣值都能在外匯市場浮動。此外，還有一些強有力的國際金融組織，如國際貨幣基金組織及世界銀行等，能操控全球金融。但隱藏在這些重大差異背後的，卻是同樣的基本信念：如果每個人或每個企業都能得到最大的自由以爭取個體利益的話，全球市場就會讓大家得利。

就是這個信念隱藏在新自由主義者背後，引導他們去除貿易與資本流通的障礙，以及減少政府對經濟生活的「干預」。湯馬斯．佛里曼（Thomas Friedman）這位有影響力的全球化捍衛者，就如此寫道：「當你的國家領悟到自由市場的規則在今日全球經濟的重要性，且願意接受其規範時，它就穿上一件我所稱的『金夾克』（Golden Straitjacket）。金夾克是全球化時代中政治經濟的決定性外衣。冷戰時代有過毛裝、尼赫魯外套（Nehru jacket）、俄羅斯皮衣等，全球化則只有金夾克。若是你的國家還未穿上，它很快就會為此治裝。」[26] 佛里曼繼續說明，金夾克需要縮減政府，去除跨國貿易與資本流通的限制，並去除對資本市場的規範管制。此外，他更興高采烈地描述一群外匯及金融市場的「電子」跨國交易人，如何移除這件夾克的枷鎖。

博蘭尼對三種虛構商品的分析，明白指出這種新自由主義觀的全球市場自動調節，乃是危險的幻想。一如國家經濟需要政府積極參與，全球經濟也需要強有力的監管機制，包括最終的貸款者。若無此種機制，個別經濟體甚至全球經濟都會遭逢危機。

我們從博蘭尼的著作中學到更根本的重點是，市場自由主義者強加在一般民眾頭上的負擔，是無法長久持續的。工人、農民及小商販根本無法忍受在日常經濟活動中，經常出現激烈波動的經濟體制。簡單來說，在新自由主義那種無國界且和平的烏托邦世界中，數以百萬計的常民，必須要有極大的適應力，以忍受每五至十年便出現一次的困境，並能以減半或更低的收入生存。博蘭尼認為，這種適應力不只是道德上的錯誤，而且也毫不實際，民眾必然會動員起來以保護自身免受經濟衝擊。

近年持續提升的新自由主義，由於民眾為抵抗全球化所帶來的經濟紛擾，在世界各地遭遇各種抗議風潮。[27]隨著這種不滿加強加深，社會秩序便愈來愈難以維持。而政客們為轉移不滿情緒，從國內或國外尋找代罪羔羊的風險也就會增加。這便是何以新自由主義的烏托邦理想並不會帶來和平，反而是造成衝突加劇。例如在非洲許多地方，結構性調整政策帶來的毀滅性後果已瓦解地方社會，製造出饑荒與內戰。在後冷戰時期，其他地區也出現好戰的民族主義政權，它們對國內的少數民族及鄰國都有侵略意圖。[28]更有甚者，全球各地都見得到好戰組織，它們有時與宗教的基本教義派攪合在一起，也在準備利用全球化帶來的經濟與政治震撼有所行動。倘若博蘭尼是對的話，這些失序的訊號便是將來更危險景況的溫床。

民主的選項

雖然博蘭尼是在第二次世界大戰期間撰寫本書，但他對未來卻充滿樂觀。他認為國際衝突的惡性循環可被打破，第一步就是推翻社會生活必須服膺於市場機制的信念。一旦我們擺脫這種「陳腐的市場心態」，我們就可將各國經濟與全球經濟都置於民主政治之下。[29]博蘭尼認為小羅斯福總統的新政，即是將來的一種可能模式。羅斯福的改革意指美國經濟仍將按市場規律運轉，但卻建立一套新的管控機制，使得人與自然免於市場的直接壓力。[30]在民主體制下，人民可以決定藉由社會福利制度（social security）來照顧老人。同樣的，民主政治也擴大勞工的權利，通過《全國勞工關係法》（*National Labor Relations Act*）以組織工會。博蘭尼視這些創舉為一套新程序的開端，即社會可用民主方式來保障個人與自然免於經濟危機。

博蘭尼也預期全球會有一套國際經濟秩序，其中有高程度的國際貿易與合作。他並沒有提出具體的藍圖，但明確指出其原則：

> 然而，由於金本位制這個自動機制的消失，各國政府可放下絕對主權最具阻撓性的面向，

不再拒絕在國際經濟上合作。同時，這也可讓各國按其特色建構國內經濟體制。如此就可以超脫十九世紀虛假的教條，亦即各國在全球經濟中必須遵循統一的標準。

換言之，各國政府之間的合作，會產生各種協議來推動國際貿易。但各社會也會發展出各種策略，來減低全球經濟的壓力。此外，由於單一經濟模式的終結，發展中國家有更多機會來改善人民的生活。這個理想也假定會發展出一套全球管控機制來約束市場的運作。[31]

博蘭尼的理想圖像需要擴大政府在國內和國際的角色。他挑戰現時流行的觀點，即過多的政府只會帶來不良的經濟後果，以及國家對社會生活的過度干涉。對他來說，國家在處理虛構商品上扮演不可或缺的角色，也因此我們可以拋棄市場自由主義者認為政府必定缺乏效能的僵化看法。博蘭尼也明確駁斥政府擴張必然會導致壓迫人民的說法。他辯稱：「市場經濟的隱退，可成為一個前所未有自由時代的開端。法律上與實際上的自由能更加擴大更加普及，監督管理與調配控制不但能給少數人帶來自由，也將給所有人帶來自由。」但他此處所討論的自由，不只是減低經濟或社會不平等。他呼籲擴大公民自由（civil liberty），強調：「在一個合理的社會中，個人不須從（nonconformity）的權利必須要獲得制度性的保障。個人必須能自由依循良知行事，而不必畏懼那些剛好在社會生活某些領域負責管理任務的有權者。」

博蘭尼最後以優美的文句總結本書：「只要人仍忠於為全人類創造更多自由的任務，他就毋須擔心權力或計畫會阻礙他，並摧毀他仰賴這兩者所建構的自由。這就是複雜社會中自由的意義，它賦予我們渴望的安定感。」[32]當然，博蘭尼對二次大戰後的樂觀看法，並未得到後續歷史發展的支持。冷戰的來臨意味著新政成為美國社會改革的終點，而非起點。全球經濟合作很快就讓步給擴大市場在全球經濟重要性的新計畫。歐洲的社會民主政府，尤其在斯堪地那維亞地區，從一九四〇到八〇年代的顯著成就，確實證明博蘭尼的觀點不只有力，而且可行。但在較大的國家中，博蘭尼的理想則受到排斥，而對立的市場自由主義觀點，如海耶克等論者，卻逐漸得勢，在一九八〇及九〇年代成為主流。

但現在冷戰已成為歷史，博蘭尼原先的樂觀也可能付諸實現。對於市場自由主義的無法長久持續特性所造成的經濟危機，以及專制和侵略政權的再現，有一項替代方案存在。這項替代方案便是世界各國人民共同努力，以民主政治駕馭經濟，並藉國際合作來重建全球經濟。在一九九〇年代最後幾年，我們已見到明確徵兆顯示，這種重建全球經濟的跨國社會運動並非紙上談兵。[33]發達國家與發展中國家的倡議人士組織了各種激烈的抗議活動，以對抗推動新自由主義規範的國際組織，如世界貿易組織、國際貨幣基金組織、世界銀行等。世界各地的草根團體也展開對話，討論如何重建全球金融體制。[34]

這些萌芽中的運動必然面臨諸多挑戰。全球南方人民的需求與北方常有衝突，也因此難以化解而建立長久的聯盟。此外，當這種運動愈成功，它所面臨的策略性挑戰也就愈大。我們無法確定國際秩序的改革是否能由下而上，不致因投資者的恐慌而讓全球經濟陷入危機。不論如何，這是人類歷史上首次，跨國社會運動將全球經濟管控機制做為最大目標，確實具有重大意義。

這種跨國運動證明博蘭尼觀點持續不墜的活力與實用性。對博蘭尼而言，市場自由主義的致命傷就在於將人類的需求，放置在非人性的市場機制邏輯下。他堅持我們應使用民主政治的機制，來控制及指引經濟發展，以滿足個人及群體的需求。他告訴我們上個世紀由於無法應對這項挑戰而造成的巨大傷害。他對新世紀的真知灼見，無比清晰。

1. 迄今為止尚無一本完整的博蘭尼傳記。不過在《政治經濟研究》第二十二期（一九八七年九月）第七至三十九頁，有篇Marguerite Mendell及Kari Polanyi Levitt合寫的論文"Karl Polanyi—His Life and Times"提供甚多資料。另可參閱Levitt所編的*Life and Work of Karl Polanyi*（Montreal: Black Rose Press, 1990），及其在Kenneth McRobbie主編的專書*Humanity, Society, and Commitment: On Karl Polanyi*中的一篇文章"Karl Polanyi as Socialist"。另外，自傳式的資料可見於Kenneth McRobbie及Kari Polanyi Levitt主編的*Polanyi in Vienna*一書（Montreal: Black Rose Press, 2000）。管理學學者Peter Drucker曾在維也納與博蘭尼家族相交往，並在其回憶錄*Adventures of a Bystander*（New York: John Wiley, 1994）中有極為風趣的回憶，不過該文中關於某些特定狀況卻有誤，包括博蘭尼兄弟姊妹的名字。繁體中文版編按：目前已經有一本博蘭尼的傳記於二〇一六年出版，請見*Karl Polanyi: A Life on the Left*（New York: Columbia University Press, 2016）。

2. 關於米塞斯與海耶克從一九二〇年代到一九九〇年代的活動，可參考Richard Cockett所著*Thinking the Unthinkable: Think Tanks and the Economic Counter-Revolution, 1931-1983.*（London: Fontana Press, 1995）. Cockett指出一個極為諷刺的現象：英國雖是自由市場的發源地，此時卻需從維也納引回此制度。

3. 碰巧的是，博蘭尼此書與海耶克最著名的作品《到奴役之路》（*The Road to Serfdom,* Chicago: University of Chicago Press, 1944）於同年出版。博蘭尼的書讚美美國實施的新政，認為可限制市場的影響力，但海耶克的書卻認為推動新政會讓美國陷入沉淪的漩渦，進而導向經濟毀滅及專制政體。

4. 見Marguerite Mendell著"Karl Polanyi and Socialist Education," in Kenneth McRobbie, ed. *Humanity, Society, and Commitment: On Karl Polanyi*（Montreal: Black Rose Press, 1994）, pp.25-42.

5. 博蘭尼用英文撰寫本書。他自幼就能熟練使用英語。

6. 見一九五八年一月六日寫給 Be de Waard 的信，引自Ilona Duczynska Polanyi 著 “I First Met Karl Polanyi in 1920⋯,” in Kenneth McRobbie and Kari Polanyi Levitt, eds. *Karl Polanyi in Vienna*（Montreal: Black Rose Press, 2000）, pp. 313, 302-15.

7. Karl Polanyi, Conrad M. Arensberg, and Harry W. Pearson, eds., *Trade and Market in the Early Empires: Economies in History and Theory*（Glencoe, Ill: Free Press, 1957）; Polanyi, *Dahomey and the Slave Trade: An Analysis of an Archaic Economy*（Seattle: University of Washington, 1966）; George Dalton, ed., *Primitive, Archaic, and Modern Economies: Essays of Karl Polanyi*（1968; reprint, Boston: Beacon Press, 1971）; and Harry W. Pearson, ed., *The Livelihood of Man*（New York: Academic Press, 1977）.

8. 討論博蘭尼主要的資料來源，可參考Margaret Somers 的 “Karl Polanyi's Intellectual Legacy,” in Kari Polanyi Levitt, ed., *Life and Work of Karl Polanyi*（Montreal: Black Rose Press, 1990）, pp. 152-58.

9. 博蘭尼與馬克思主義的關係是文獻中討論最多且最複雜的議題。見Mendell and Levitt, “Karl Polanyi—His Life and Times”; Fred Block and Margaret Somers, “Beyond the Economistic Fallacy: The Holistic Social Science of Karl Polanyi,” in Theda Skocpol, ed., *Vision and Method in Historical Sociology*（Cambridge: Cambridge University Press, 1984）, pp. 47-84; Rhoda H. Haperin, *Cultural Economies: Past and Present*（Austin: University of Texas Press, 1994）。

10. 博蘭尼的嵌含概念已被許多重要學者借用與發揮，包括John Ruggie, “International Regimes, Transactions, and Change: Embedded Liberalism in the Postwar Economic Order,” *International Organization* 36（spring 1982）: 379-415; Mark Granovetter, “Economic Action and Social Structure: The Problem of Embeddedness,” *American Journal of Sociology* 91（November 1985）: 481-510; and Peter Evans, *Embedded Autonomy: States and Industrial*

Transformation（Princeton, N.J.: Princeton University Press, 1995）。至於何人最早使用此一概念已無從考證，博蘭尼有可能是從英國煤礦史的研究中借用此隱喻。英國煤礦技術發展中，對如何挖掘嵌含在礦床中的煤炭，有諸多記載。

11. 甚至著名的法國歷史學者布勞岱爾（Fernand Braudel）也誤讀博蘭尼。見Fernand Braudel, *Civilization and Capitalism Fifteenth-Eighteenth Century*, vol. 2, *The Wheels of Commerce,* trans. Sian Reynolds（Berkeley: University of California Press, 1992）, pp.225-29.

12. 要瞭解他對環境經濟學的影響，可參考 Herman E. Daly and John B. Cobb Jr., *For the Common Good: Redirecting the Economy toward Community, the Environment, and a Sustainable Future*（Boston: Beacon Press, 1989）。

13. 涵蓋於博蘭尼論述之下的是他對自律性市場的特定批評。以生產商品而言，過多的商品導致價格下跌。要重建其合理價格，可藉由增加消費及縮減生產來達成。但對虛構商品而言，這種價格機制的作用卻失效，因我們無法自動增減這些商品的供應。

14. 其他諸多商品亦如是，即市場競爭的前提就是政府的參與。下列一書就貼切反映此點，Steven Vogel, *Freer Markets, More Rules: Regulatory Reform in Advanced Industrial Countries*（Ithaca, N.Y.: Cornell University Press, 1996）。

15. 貨幣主義者曾數度試圖建立一種貨幣供應法則來決定貨幣供應量，並從而削減中央銀行的控制權，但他們失敗了。在此狀況下，他們採取第二個削減中央銀行權限的策略，就是批評他們的角色有如信教徒或占卜者。見William Greider, *Secrets of the Temple: How the Federal Reserve Runs the Country*（New York: Simon & Schuster, 1987）。

16. 這也是博蘭尼在討論英國新濟貧法的重點。創造一個勞動市場需要政府大量增加其壓制力量。關於這點，博蘭尼的解釋得到後世學者支持，如Karel Williams, *From Pauperism to Poverty*（London: Routledge, 1981）。就史賓翰連法而言，博蘭尼的觀點受到質疑。對舊濟貧法兩個重要卻對立的不同解讀，可見 K.D.M. Snell, *Annals of the Labouring Poor: Social Change and Agrarian England, 1660-1900*（Cambridge: Cambridge University Press, 1985）；及 George Boyer, *An Economic History of the England Poor Law, 1750-1850*（Cambridge: Cambridge University Press, 1990）。

17. 明確使用博蘭尼的觀點來討論東歐及前蘇聯的轉型，可參考Maurice Gloasman, *Unnecessary Suffering: Managing Market Utopia*（London: Verso, 1996）; John Gray, *False Dawn: The Delusion of Global Capitalism*（London: Granta Books, 1998）; and David Woodruff, *Money Unmade: Barter and the Fate of Russian Capitalism*（Ithaca, N.Y.: Cornell University Press, 1999）。

18. 博蘭尼在第十六章如此說明：「現代的中央銀行本質上是一種為了提供保護而發展出來的策略，沒有這個保護，市場就會摧毀它自己的產物——所有的商業。」

19. 博蘭尼討論法西斯主義，可見其 "The Essence of Fascism" in J. Lewis, K. Polanyi, and D.K. Kitchin, eds. *Christianity and the Social Revolution*（London: Gollanz, 1935）, 00. pp. 359-94.

20. 博蘭尼帶動研究各種類型資本主義的學派，尤其在一九八〇及一九九〇年代，它們顯示出嵌含在美國、法國、德國、日本及其他國家的市場，都有明顯的差異。見Rogers Hollingsworth and Robert Boyer, eds., *Contemporary Capitalism: The Embeddedness of Institutions*（Cambridge: Cambridge University Press）; and Colin Crouch and Wolfgang Streeck, *Political Economy of Modern Capitalism: Mapping Convergence and Diversity*（Thousand Oaks, Calif.: Sage, 1997）。

21. 這個概念首先是由Isaac Gervaise與David Hume 在十八世紀提出。Frank Fetter, Development of British Monetary Orthodoxy, 1797–1875（Cambridge: Harvard University Press, 1965）, p. 4.
22. 黃金流動的機制也極精巧，且不需政府干預。因赤字國家支出大於收入，其貨幣供應量加大，其價值相對於其他貨幣就會減低。當其價值低過某一點——即所謂的「黃金點」——時，國際銀行界就會購買該國黃金，並將之拋售到國外以獲利。在此情形下，黃金就會從赤字國移轉到盈餘國。
23. 當然，博蘭尼也知道金本位制的實作，與其理論有很大差異。見Barry Eichengreen, *Globalizing Capital: A History of the International Monetary System*（Princeton, N.J.: Princeton University Press, 1996）。
24. 見Peter Gourevitch, *Politics in Hard Times: Comparative Responses to International Economic Crisis*（Ithaca, N.Y.: Cornell University Press, 1986）, 第三章；Christopher Chase-Dunn, Yukio Kawano, and Benjamin Brewer, "Trade Globalization since 1795: Waves of Integration in the World-System" *American Sociological Review* 65（February 2000）: 77-95.
25. 列寧認為，在資本主義發展的最後階段，由於金融資本的增加，加深了帝國之間的衝突。博蘭尼則持不同意見且費心指出，其實金融資本家應可成為防止戰爭的主力。
26. 見Thomas Friedman, *The Lexus and the Olive Tree*（New York: Farrar, Strauss, 1999）, p. 86,
27. 見John Walton and David Seddon, *Free Markets and Food Riots: The Politics of Global Adjustment*（Cambridge, Mass.: Blackwell, 1994）.
28. 討論近代因國際經濟體制而造成國際動亂的例子，可參考Michael Cossudovsky, *The Globalization of Poverty: Impacts of IMF and World Bank Reform*（Penang, Malaysia: Third World Network, 1997）.
29. 「陳腐的市場心態」是博蘭尼一篇重要文章的標題，其後收入Dalton, *Primitive, Archaic, and Modern*

Economies。

30. 羅斯福的新政其實對環境保護幾無貢獻。不過當環境保護主義者獲得足夠政治力量來推動改革，設置環境保護署時，他們採用的就是新政的管控模式。

31. 如何落實此觀點的討論，可見 John Eatwell and Lance Taylor, *Global Finance at Risk: The Case for International Regulation*（New York: New Press, 2000）。

32. 博蘭尼認為，在一個複雜社會中政府應有裁斷權以使用暴力：「權力與強制都是人類社會的現實。認為社會不應有此二者的看法都是錯誤的。」

33. 見 Peter Evans,“Fighting Marginalization with Transnational Networks: Counter-Hegemonic Globalization,” *Contemporary Sociology* 29（January 2000）: 230-41。

34. 要瞭解北美洲的觀點，以及其他參考資料，可參閱 Sarah Anderson and John Cavanaugh, with Thea Lee, *Field Guide to the Global Economy*（New York: New Press, 2000）。

二〇〇一年新版說明

準備出版卡爾・博蘭尼的《鉅變》新版時，我對博蘭尼的一九五七年版內文做了一些細微的修正。第一，這個新版包含了博蘭尼在本書第一版於美國付梓之後所做的些許變更，這些變更在一九四五年歌蘭契公司（Gollancz）於英國發行時就已涵蓋。第二，原本出現在一九五七年版注解最末端，關於濟貧法的「其他注解」，現在已移到「資料來源注解」的適當之處。第三，有些名字有改正，拼音及標點也改為現代使用的形式。最後，這個版本的頁碼重新排過，因此不會出現早期美國版本中如258A頁及258B頁這種分頁的情形。

布洛克（Fred Block）

作者謝誌

本書是在第二次世界大戰期間於美國寫成。但其起源及終結都在英國，當時作者是牛津大學課外專修班以及倫敦大學類似課程的講師。本書一些主要的議題與觀點是在一九三九—四〇學年間成形，作者當時在倫敦的墨里學院（Morley College）、坎特伯雷（Canterbury）和碧斯秀（Bexhill）等地為「工人教育協會」開辦的社會教育課程授課。

本書的故事是一段深厚友誼的故事。作者對英國的友人，尤其是愛蓮・格蘭特（Irene Grant）和她的朋友們，積欠最多人情。共通的興趣將作者與維也納的經濟學者謝佛爾（Felix Schafer）連在一起，他目前在紐西蘭的威靈頓市（Wellington）。在美國，寇溫侯文（John A. Kouwenhoven）如同摯友般閱讀及編輯本書初稿，他的許多建議已經納入本書當中。其他對我幫助甚多的友人包括作者在賓寧頓學院（Bennington）的同事孟德豪生（Horst Mendershausen）及杜拉克（Peter F.

Drucker）。尤其是後者及其夫人，雖然他們完全不同意作者的論點，但卻持續給我鼓勵。而前者的關懷使其建議更形貼切。作者也要感謝羅格斯大學（Rutgers University）的蔡瑟爾教授（Hans Zeisel）對原文的細讀。本書在美國出版，全靠寇溫侯文主導其事，加上杜拉克與孟德豪生從旁協助。這層友誼令我感銘五中。

作者在一九四一至四三年間得到洛克菲勒基金會（Rockefeller Foundation）兩年的獎助金，得以順利地在佛蒙州賓寧頓學院完成本書，並於其後被該校校長雷伊（Robert D. Leigh）延攬任教，至為感激。作者於一九四〇—四一學年發表一系列的演講並帶領一個研究生討論班，對本書的計畫甚有幫助。本書所用的研究材料則是由華盛頓特區的國會圖書館，以及紐約哥倫比亞大學的施禮曼圖書館（Seligman Library）所慷慨提供。我至誠感謝所有的人和機構。

第一篇　國際體系

第一章　百年和平

十九世紀的文明已經崩潰。本書討論的就是這個事件的政治及經濟根源，以及它所帶來的巨大轉變。

十九世紀的文明建立在四個制度之上。第一是權力平衡制（balance-of-power system），它在整整一個世紀內防止了列強之間長久而毀滅性的戰爭。第二是國際金本位制（international gold standard），它象徵著一個組織世界經濟的獨特方式。第三是自律性市場制（self-regulating market），它造就了前所未聞的物質繁榮。第四是自由主義國家制（the liberal state）。假如從一個角度將這四種制度加以分類，那麼其中兩種是經濟的，另外兩種是政治的。假如從另外一個角度來加以分類，那麼有兩種是國家性的，而另外兩種是國際性的。這四個制度決定了我們的文明（譯按：指西方文明）的歷史獨特輪廓。

在這些制度中，金本位制最具關鍵性；它的崩潰是這個災難事件的近因。它垮臺的時候，其他制度也在徒勞無功的挽救過程中犧牲了。

但是金本位制的泉源和母體是自律性市場制度。正是這個新制度造就了一個特定的文明。金本位制其實不過是企圖將國內的市場制擴展到國際領域；權力平衡制度則是金本位制的上層結構，並且局部透過金本位制來運作；自由主義國家制度本身則是這種自律性市場制的產物。十九世紀這套制度體系的關鍵乃是支配市場的一些法則。

本書的主題是：這種自律性市場的概念蘊涵著一個全然空想的社會體制（utopia）。如果不消滅社會的人性本質及自然本質，這樣一種制度根本就無法存在；它會摧毀人，並將其周遭環境變成荒野。無可避免的，社會採取了保護自己的措施，但不論社會採取哪一種措施都會損傷市場的自我調節機制、擾亂工業生活，從而以另一種方式危害社會。正是這種進退兩難的困境迫使市場制度的發展陷進某種固定軌道，並且最終瓦解了建立在其上的社會組織。

對人類歷史中最深刻危機之一所做的這種解釋，看來必定過於簡單。或許看來最笨的莫過於，試圖將一個文明的本質及精神風貌（ethos）化約為固定的幾項制度、試圖選擇其中的一項做為基礎並根據其經濟組織方式的某種技術性特質來論辯這個文明不可避免的自我毀滅。文明就像生命一樣，是從許多獨立因素之間的相互作用產生出來的，一般而言，這些因素無法化約成有限的幾個制度。從制度結構的角度來探索文明的衰落，似乎是一個沒有希望的企圖。

然而這正是我們所要從事的工作。在這樣做的時候，我們有意識地把自己的目標調整到這個主題的極端獨特性。十九世紀文明之所以獨特，正是因為它確實是以一個明確的制度機制為樞紐。

任何令人滿意的解釋都必須能說明這個巨大變動的急劇性。變動的力量似乎已經被壓抑了一個世紀，現在一連串的事件傾瀉在人類頭上。全新型態的戰爭帶動了全球的社會轉變，其中有些國家被摧毀了，而另一些新興帝國則在血海中浮現出來。但是這股惡魔般的暴力只不過是飄浮在一道急劇而寂靜的變遷洪流之上的事物，這道洪流吞噬了人類的過去，卻不曾在表面顯出任何波痕！對這場災變的合理分析，必須同時考慮到狂風暴雨般的行動和無聲無息的崩解死滅。

本書不是歷史著作；我們所追求的並不是重大事件之令人信服的前後關係，而是從人類制度的角度來解釋這些事件的趨勢。我們將自由地討論過去的情景，以便從中瞭解現在；我們將詳細分析若干關鍵性的時期，而幾乎完全忽視這些時期之間的段落；我們將運用若干不同學科的知識，以追求這個單一的目標。

首先我們要討論的是國際體系的崩潰。我們將試著說明一旦權力平衡制所立足的世界經濟崩潰了，它就無法再保證和平。這說明了破滅何以會如此突兀，崩解的速度何以快得不可思議。

如果說我們的文明崩潰在時間上是跟著世界經濟的失敗而來，但後者卻不是前者的起因。文明崩潰的根源可以回溯到一百多年前西歐的社會及技術大變動，以及由此產生的自律性市場觀念。這場變動一直延續到我們這一代才結束；它結束了工業文明史上一個顯著的階段。

本書最後一部分將會討論支配我們時代的社會變動及國家變動的一些機制。明白地說，我們認為人類當前的情況必須從危機的制度根源加以認清。

十九世紀產生了西方文明史上前所未聞的現象，即是一八一五年到一九一四年間的百年和平。除了克里米亞戰爭——它多少是個殖民地事件——之外，英國、法國、普魯士、奧地利、義大利及俄羅斯之間的戰爭，總共加起來只有十八個月。相較之下，前兩個世紀當中，每個世紀平均各有六十至七十年的主要戰爭。但在十九世紀，即便是最兇猛的戰爭——一八七〇年至一八七一年的普法戰爭——也持續不到一年，而且戰敗國也能付出空前的賠款而沒有任何有關通貨的騷亂。

這份實用和平主義的勝利並不是由於當時缺乏衝突的起因。伴隨這幅和平景觀的是，各強權與大帝國的內在和外在情況都在不斷改變。這個世紀的前一部分，內戰、革命及反革命的外力干涉很流行。在西班牙，丹固林公爵（Duc d'Angouleme）率十萬部隊攻陷卡迪茲城（Cadiz）；在匈牙利，莫亞爾茲（Magyar）族的革命在陣地戰中幾乎打敗了奧皇，直到俄羅斯軍隊開到匈牙利境內，才將它鎮壓下去。此外，對德意志諸邦、比利時、波蘭、瑞士、丹麥及威尼斯等國的軍事干預顯示神聖同盟（Holy Alliance）無所不在。到了這個世紀的下半葉，進步的動力被解放出來；鄂圖曼（Otoman）帝國、埃及帝國、西律番（Sheriffian）帝國，都解體或被分割了；中國在武力入侵的壓迫下，向外國人打開了門戶；非洲大陸也在巨大的拉扯中被瓜分了。同時，美國及俄羅斯這兩個強權成為世界要角。德國及義大利完成了國家統一；比利時、希臘、羅馬尼亞、保加利亞、塞爾維亞及匈牙利取得或重新取得主權國家的地位，在歐洲地圖上占有一席之地。持續不斷的戰爭伴隨著工業文明的步伐，侵入古老文化或原始民族的領域。俄羅斯對中亞細亞的軍事征服，英國對印度及非洲的無數戰爭，法國在埃及、阿爾及爾、突尼斯、敘利亞、馬達加斯加、印度支那半島，以及暹邏的剝削，都引發了各強權之間的爭端，這些爭端通常只能以武力加以解決。然而這些衝突的每一個都是局部性的；其他無數的暴力變動事件不是由列強以共同行動加以對付，就是以妥協含混應付過去。不論使用的方法有何不同，結果是一樣的。在那個世紀的上半葉，憲政主義受到禁止，神聖同盟以和平之名壓制自由，而到了該世紀下半葉——同樣以和平之名——憲法被有生意頭腦的銀行家們硬塞給強橫的專制君王。就這樣，在各種不同形態的樣貌以及不斷改變的意識形態之下——有時是以進步與自由之名，有時是為了王權和教權，有時為了股票交易及支票簿，有時是以貪汙及賄賂，有時借用道德的說詞和開明的訴願，有時則使用艦炮和刺刀——達到同樣一個結果：維持了和平。

這種奇蹟般的表現要歸功於權力平衡制的運作，它在此導致了一個跟它原本應該起的作用差異甚大的結果。就其本質而言，權力平衡制應該產生一個完全不同的結果，亦即各權力單元的生存；事實上，它僅僅假設三個或更多個權力單元之間，一定是弱小單元的力量相結合，來阻止最強單元的力量增長。在世界史的領域裡，權力平衡制維持了各個邦國的獨立。但它達到這項目的，都是靠各國之間合縱連橫持續不斷的戰爭。古代希臘或北義大利諸城邦就是這樣的例子；各國之間合縱連橫的戰爭維持了這些城邦長久的獨立。同樣原則的運作保全了《明斯特及西伐利亞條約》（*Treaty of Münster and Westphalia*, 1648）所形成之歐洲諸邦的主權達二百年之久。七十五年之後，在《烏特勒支條約》（*Treaty of Utrecht*）中，所有簽約國正式宣稱遵守此一原則，從而把這個原則具體化為制度，以戰爭的手段為強國與弱國建立了生存的互相保證。在十九世紀，同樣制度所產生的結果卻是和平而非戰爭，這是對史家具有挑戰性的問題。

我們認為嶄新的因素，是一種強烈的和平利益。傳統上，這樣一種利益被認為落在權力平衡制的範圍之外。和平所帶來的工藝和藝術只是生活的裝飾品。教會可能會像祈求豐收一樣祈求和平，但在國家行動的領域中它卻鼓吹武力干涉；各國政府都將和平的位置放在安全與主權之下，也就是放在若不依靠最後手段便無法達成的意圖之下。在一個社會之中存在一種系統化的和平利益，被認為是非常不利於社會的事。直到十八世紀後半葉，盧梭還指責商人缺少愛國心，因為他懷疑他們喜好和平更甚於喜好自由。

在一八一五年以後的改變是突然而徹底的。法國大革命的餘波加強了工業革命將和平事業樹立為普遍利益的高漲形勢。梅特涅（Metternich，譯注：奧地利首相）宣稱歐洲人民需要的不是自由而是和平。根茲（Friedrich von Gentz，梅特涅的助手）稱愛國主義者為新的野蠻人。教會及君王們開始推動歐洲的去國家化。他們的說辭基於兩方面的支撐：當時流行的戰爭型態的慘烈殘酷，以及和平在經濟萌芽的情況下大幅高漲的價值。

跟往常一般，鼓吹這個新「和平利益」的是那些首先由此獲利的人，也就是那些世襲地位受到當時席捲歐陸的愛國主義革命浪潮所威脅的王公貴族。如是，在大約三分之一個世紀間，神聖同盟為積極的和平政策提供了強制武力及意識形態上的推動力；它的軍隊奔馳於歐洲，鎮壓少數民族，壓迫多數人民。從一八四六年到一八七一年——「歐洲史上最混亂多事的二十五年」[1]——和平在動盪中維繫，衰退的反動力量碰上成長中的工業主義力量。在普法戰爭之後的四分之一世紀裡，我們發現由一個新的權力體——歐洲協商（Concert of Europe）——所代表的和平利益復活了。

然而，利益跟意圖一樣仍是空想的，除非它們以某種社會制度的手段將之轉化到實際政治。表面上，這樣一種實現構想的工具並不存在；說到底，神聖同盟與歐洲協商一樣，只不過是一群獨立主權國家的結合，而且它們也因此受到權力平衡制及其戰爭機制所主宰。和平要如何維持呢？

誠然，任何權力平衡制都會傾向於防止因一個國家企圖改變現狀而無視國際權力重整所可能引發的戰爭。有名的例子是俾斯麥在一八七五年因英國與俄國的干預，取消新聞界對法國的攻擊（奧地利對法國的援助被視為理所當然）。這時歐洲協商聯手對付孤立的德國。一八七七年至一八七八年德國無法阻止俄、土戰爭，但卻支援對俄國逼近達達尼爾海峽（Dardanelles）感到眼紅的英國，成功地將這場戰爭控制住；德國與英國支持土耳其對抗俄國——因而挽救了和平。在柏林會議，列強提出了一個長期計畫要瓜分鄂圖曼帝國在歐洲握有的領土；儘管這導致現狀產生一連串的變化，但防止了強權之間的戰爭，因為各國已經事先知道它們在戰場上會遭遇到怎樣的敵人。和平在這些例子中，是權力平衡制可喜的副產品。

此外，若只涉及小國的命運，有時也會審慎消除起因以避免戰爭。小國受到各種節制以防止它們透過各種方法擾亂現狀而引發戰爭。荷蘭在一八三一年入侵比利時，導致列強讓後者中立化。一八五五年挪威中立化。一八六七年荷蘭將盧森堡賣給法國，引起德意志抗議，因此盧森堡也被中立化。在一八五六年，鄂圖曼帝國的完整被認為是維持歐洲平衡的基本條件，歐洲協商也盡力去維護這個帝國；一八七八年之後，當列強認為瓜分鄂圖曼帝國是維持平衡所必須，對它的肢解也是以同樣有秩序的方法來進行，雖然這兩種狀況都涉及到幾個較小民族的存亡。丹麥在一八五二年到一八六三年之間，德意志諸邦在一八五一年到一八五六年之間，都威脅到權力平衡；每一次這些小國都被霸權強迫就範。在這些例子中，霸權用這個制度賦予它們的行動自由來達成一個共同的利益——碰巧是和平。

但無論是藉著適時澄清權力狀況或是強制小國就範而得以偶爾避免戰爭，這與維持百年的和平之間還是有很長一段距離。國際間的失衡可能產生自各種原因——從王室的桃色糾紛到河口的淤塞，從神學的爭論到技術的發明。財富與人口的增長或者縮減，都會引起政治勢力的蠢動；而外在的平衡必然反映出內部的情況。甚至一個有組織的權力平衡制也只有在它能直接影響到那些內部因素並且在不穩定剛萌芽時就加以防範，它才能確保和平而排除永久的戰爭威脅。一旦不穩的情勢累積成衝力時，只有武力才能糾正。常識告訴我們：要維持和平必須消除戰爭的起因；但一般人並不瞭解，為了達到這個目的，控制必須及於生活的最基層。

神聖同盟因具備一些特殊的條件而得以達成這個目的。歐洲的王公貴族組成了一個國際性的親屬體；羅馬教會也在中歐和南歐為他們提供一套從最高社會階層到最低社會階層的志願性文官服務。於是這種血親與神恩的階級制度融合成一種有效的地方統治工具，只需要加上一點武力就可以確保歐陸的和平。

但是繼承它的歐洲協商卻缺少這種封建的和教會的觸鬚；它最多只能視為一個鬆散的聯盟，無法在凝固性上與梅特涅的傑作相比。它只有在極特殊的情形下才能聚集各強權國一起開會，而各國之間的猜忌導致了各種陰謀、詭計，以及外交破壞；共同軍事行動變得很少。但神聖同盟以全然一致的思想和目標，加上頻繁的軍事干預才能在歐洲完成維持和平的任務，此時卻能由歐洲協商這個影子實體，使用次數很少而且較不具壓制性的武力在世界各地達成這個任務。要解釋此一驚人成就，我們必須去找尋在這種新形勢之下未為人所知、但卻強而有力的社會工具，它能扮演舊時代王室和主教的角色，並且使得和平利益繼續維持下去。這個無名的因素就是國際金融

（haute finance）。

對於十九世紀國際銀行體系的本質至今還沒有全面的研究；這個神祕的體制幾乎不能從半隱半現的政治經濟神話中浮現出來。[2]有些人認為它只是政府的工具；另一些人認為政府只是它在追求無止盡利益時的工具；有些人認為它是國際爭端的播種者；而另一些人認為它是無力的世界主義榨取強國精髓的工具。這些說法沒有一個是完全錯的。國際金融做為一個獨特的制度而言，尤其是在十九世紀的後三十年及二十世紀的前三十年，確定是這個時期世界政治與經濟組織間的主要連繫。它為國際和平體制提供了各種工具，它在列強的協助下運作，但卻不是由列強本身所設立或維持的。歐洲協商只是斷斷續續發揮作用，而國際金融則是最富彈性的永久性機構。它獨立於任何政府之外——即使是最強大的政府——但卻與所有國家保持接觸；它獨立於所有國家的中央銀行之外——即使是英格蘭銀行——但卻與它們密切聯繫。金融與外交之間有著密切的關係；不論是和平或戰爭，雙方在未瞭解另一方的意圖之前決不會考慮任何長遠的計畫。而成功維持全面和平的祕訣，無疑是在於國際金融的地位、組織及策略。

這個獨特機構所擁有的人員及動機賦予它國際性的地位，但其根基卻深植於全然商業利益的私人領域。羅斯柴爾德家族（Rothschild，譯注：十八、九世紀德國猶太銀行家族）就不屬於任何一個政府管轄；以一個家族而言，它體現了國際主義的抽象原則；他們的忠誠只針對一個企業，其信用已經成為迅速成長的世界經濟中政府與工業系統之間超越國家的連繫。無論如何，他們的獨立性來自當時亟需一個能贏得政治人物及國際投資者雙方信心的獨立自主的代理人；而這個分布在歐洲各國首都的猶太銀行王國所享有的無實體治外法權，能為這種緊要的需求提供一個幾近完美的解決方案。他們絕不是和平主義者；他們從戰爭籌資當中賺進大筆金錢；他們對道德考量無動於衷；他們從不反對任何小型的、短促的、局部性的戰爭。但是列強之間的大規模戰爭會干擾到這個制度的貨幣基礎，因而損害到他們的事業。基於事實的邏輯，當全世界的人民都身處革命性變遷時，國際金融承擔了維護整體和平的工作。

就組織而言，國際金融是人類歷史上產生過的其中一種最複雜制度的核心。雖然它是瞬息無常的，但就其普遍性，就其形式與手段之豐富而言，只有人類追求工業及貿易的熱衷可與之相比，在某種程度上它成為後兩者的典型與相對物。除了國際金融之外，還有大約半打左右的國家金融體系建立了發行銀行與股票市場。國際銀行體系不只替各國政府籌集資金應對戰爭與和平；它也投資外國工業、公共設施及銀行，並提供外國的公共或私人企業長期貸款。國家金融則是其縮影。光是英國就有五十種不同型態的銀行；法國和德國的銀行組織也各有特定功能；而上述各國財政部的措施以及它與私人金融業之間的關係，都有顯著的、以及在細節上微妙的不同。貨幣市場處理各種不同的商業帳單、國外付款、金融期票，以及活期借款和股票經紀人的其他設施。其形式則因各國之政體與特性而互有不同，每一種都各具特殊的聲望、地位、權威與效忠的對象，都各具有其貨幣與人脈、贊助與社會氣氛的資產。

國際金融並不是設計來做為和平的工具；史家或許會說這個功能是意外落到它頭上的，而社會學家則寧可稱之為可利用性法則（law of availability）。國際金融的動機是獲利；要達到這個目的，它必然要和政府保持良好關係——而後者的目的是權力與征服。在這個階段，在政府方面我們可以忽略政治力量與經濟力量，以及經濟目標與政治目標之間的區別；實際上，在這段時期民族國家的特質使得這樣的區別不具什麼意義，因為不論它的目標是什麼，政府都會經由國家力量之使用與增強來努力達成。另一方面，雖然國際金融的組織和人員都是國際性的，但也不是全然獨立於國家組織之外。這是因為國際金融做為銀行家們參與企業聯合組織、國際借款團、投資團體、國外貸款、金融控制，或其他大規模交易的活動中心，它必須要取得國家銀行、國家資本及國家金融的合作。一般而言，雖然國家金融比較不像國家工業那樣容易屈從於政府，但仍然多少會如此，故而國際金融還是極想與政府本身保持良好關係。但是由於它的國際性地位與人員，以及它的私有財富與私人聯繫，使得它能在一定程度內獨立於任何政府之外，並使它能為一種新的利益服務，這種利益沒有自己特有的機構，也沒有其他制度能為它提供服務，而這種利益——即和平——對各國是至為重要的。這不是不計一切代價的和平，甚至也不是犧牲主權、獨立、光榮、或將來取得霸權所換來的和平，但是假如能不做這樣的犧牲而取得和平的話，仍是以和平為先。

反過來就不是如此。權力優先於利潤。不管這兩者的範圍如何互相交錯重疊，最後總是由戰爭來決定商業的法則。譬如說，自一八七〇年開始，法國與德國就是仇敵，但這並不排除兩國間不確定的交易。兩國偶爾也會為了短暫的目標而組織銀行團；有些德國投資銀行私下投資於邊界另一側的企業，但不會出現在資產負債表上；在短期貸款市場上，法國銀行給予德國貿易期票折扣並依擔保物和商業票據擔保而給予短期貸款；直接投資可見於煉焦和鐵礦的密切結合，或諾曼地的泰生（Thyssen）工廠，但這些投資只限於法國的特定地區並且一直受到民族主義者和社會主義者雙方面的攻擊；直接投資更常見於殖民地，一如德國不斷想得到阿爾及利亞的高級礦產，或如各國在瓜分摩洛哥的複雜情勢。但一個嚴酷的事實是：一八七〇年以後，法國官方對德國證券在法國交易所的嚴格管制沒有一時放鬆過。法國只是「不願冒險讓外貸資本的力量」[3]加諸在自己頭上。奧地利也受到法國的懷疑；在一九〇五至〇六年的摩洛哥危機時，這種管制也延伸到匈牙利。巴黎的金融界要求容許匈牙利證券入口，但工業界卻支持政府的強硬立場，反對向一個可能的軍事對手做任何讓步。政治外交的競爭持續不斷。任何可能增加假想敵潛力的措施都被政府否決掉。從表面上看來，這種衝突已經數度看似被消除了，但圈內人都知道它不過是轉移到深藏於和諧外表之下的底層。

或者以德國的東進野心為例。在此政治與金融也是混合在一起，但是政治仍占上風。經過四分之一世紀的爭執，德國與英國在一九一四年六月就巴格達鐵道簽訂了一份全面協定——許多人說，這已經來不及防止世界大戰了。另外一些人則辯稱：這個協定的簽署證明了英、德之間的戰爭並不是由於經濟擴張的衝突所引起的。這兩種說法都不能用事實加以證明。事實上這個協定仍留下主要的爭端沒有解決。沒有得到英國政府的同意，德國的鐵路線仍然不能超過巴士拉城（Basra），而且協定所涉及的經濟區也必然會在未來導致雙方的直接衝突。其間，列強也繼續準備戰爭爆發之日，這個日子比它們所推想的來得更快。[4]

國際金融必須巧妙應付各個大小強權互相衝突的野心與陰謀；它的計畫常常遭到外交策略的干擾，它的長期投資常常陷入危險，它的建設性努力也常常受到政治的陰謀破壞和祕密阻擾。而各國的國家銀行——沒有它們國際金融即無能為力——卻常常成為該國政府的共謀，沒有一個投資計畫是安全的，除非能在事前就分配好參與者的戰利品。然而，霸權金融通常並不是金元外交的受害者，而是受益者，它為金融界人士的絲絨手套提供了鋼筋肋骨。商業的成功意味著無情地使用武力以對付較弱的國家，全面賄賂落伍的政府，以及使用各種狡詐的手段以達到目的——這在殖民與半殖民地十分常見。但由於國際金融在機能上的決定性地位使它能不斷避免全面性的戰爭。大多數政府公債的持有人，以及其他的投資者和商人，必然都會成為這種戰爭的受害者，尤其是當貨幣受到影響的時候。國際金融對列強的影響力一向有利於維護歐洲和平。它的影響力大到各國政府在許多方面都依賴它的合作。是以每一次歐洲協商的會議都會討論到和平的利益。如果我們加上各國內部的和平利益——尤其是那些已經培養出投資習慣的國家——我們就可以看出何以在當時大約幾十個實際上已動員的國家中，武裝和平這種恐怖的發明得以從一八七一年到一九一四年籠罩著歐洲而沒有引發出毀滅性的戰爭。

在許多小國的會議及政策上，金融成為有力的調節器，這正是其影響力的管道之一。對這些小國的貸款及重新貸款有賴於信用，而信用則有賴於這些政府的良好行為。因為在立憲政體之下（非立憲政體則廣受責難），政府的行為會反映在國家預算和與預算分不開的貨幣的國際價值之上，負債國政府都被勸導要小心注意它們的匯率並避免一些會損及預算健全程度的政策。一旦一個國家採用了金本位制——它限制金融波動到最低程度——這種有用的準則就變成有說服力的行為準則。金本位制和立憲主義就是使倫敦市的聲息傳到許多服膺於新國際秩序的小國的工具。不列顛統治下的和平（Pax Britannica）有時必須要以艦炮來維持，但更常以適時地抽動國際貨幣網的絲線來達到其目的。

國際金融的影響力也經由它對世界上許多半殖民地的財務進行非官方管理而確保，其中包括火藥氣氛甚濃的近東與北非的衰敗回教帝國。在這些地區，金融家的日常工作會接觸到內政上的細微末節，並為這些和平至為脆弱的地區提供實際的行政管理。這也就是何以在面對著幾乎無法克服的障礙下，這些地區經常能確保長期資本投資的許多必要條件的原因。在巴爾幹、安那托利亞（Anatolia）、敘利亞、波斯、埃及、摩洛哥和中國等地投資興建鐵路的史詩，是一個艱苦與令人驚嘆的故事，令人想起北美洲大陸的相似事蹟。然而，尾隨歐洲資本家的主要危險並不是技術上或財務上的失敗，而是戰爭——不是小國之間的戰爭（這很容易將之隔離），也不是一個強國加諸一個小國的戰爭（這是常有而且容易發生的事件），而是列強之間的全面戰爭。歐洲不是空無一人的大陸，而是數以百萬計新舊民族的家園；每一條新建的鐵路都要穿過各式各樣社會體的邊界，其中有些社會體因這種接觸而衰落死亡，另一些則因而增強了生命力。只有對這些落後地區的衰敗政府施以金融鐵腕支配才能避免災難。當土耳其在一八七五年違約未償還債務，軍事災難立即爆發，從一八七六年持續到一八七八年《柏林條約》簽署為止。其後三十六年和平得以維持。這個令人驚奇的和平來自於一八八一年的《默哈倫宣言》（*Decree of Muharrem*），它在君士坦丁堡建立了小鄂圖曼國（Dette Ottomane）。國際金融的代表受託管理土耳其的財政。在許多場合中他們精心安排各國之間的妥協；此外，他們也預防土耳其自己製造的麻煩；除此之外，他們則單純做為各國的經紀人；就整體而言，他們為債權人的金錢利益服務，並且，假如可能，他們為試圖在這個國家取得利潤的資本家服務。這項任務由於下列事實而更加複雜：這個借款委員會並不是私人債權人的代表，而是歐洲公法下的一個機構，在此處國際金融只是非正式的代表人。但正是因為它這種雙重性質的立場，使它成為溝通當時政治和經濟組織的橋梁。

貿易變得與和平息息相關。從前的貿易組織是軍事性的、好戰的；它是海盜、流浪者、武裝旅行隊、狩獵者及設陷阱者、佩刀商人、城鎮的武裝市民、冒險者及探測者、殖民者及征服者、搜索者及奴隸商、特許公司（chartered companies）的殖民軍隊等的附屬品。現在這些都被遺忘了。貿易現在依賴於一個在全面戰爭當中無法發揮作用的國際金融體系。它需要和平，而列強也努力維持和平。但是，如我們前面已經說過的，權力平衡制並不能自己確保和平。和平是由國際金融達成的，它的存在具體表現於貿易依賴和平的原則。

我們已經習慣於認為資本主義的擴張是一個非和平的過程，而金融資本的擴張則是無數殖民罪惡及擴張侵略的主要挑動者。它與重工業的密切關係使得列寧認定金融資本是帝國主義的原因，特別是爭奪勢力範圍、租界和治外法權，以及西方強權得以壓制落後地區的無數手法，以便投資於鐵路、公共設施、港口，以及其他重工業等能取得利益的永久性設施。實際上，商業及金融資本是許多殖民戰爭的原因，但它也是全面災禍得以避免的原因。它們與重工業的連繫——雖然只有在德國才真正密切——可以同時解釋這兩者。做為重工業之頂點組織的金融資本與各種工業部門有千絲萬縷的關係，這使得任一部門都無法單獨決定其政策。如果有一個部門因戰爭而獲利，就會同時有其他部門因戰爭而遭到損失。當然，國際資本在戰爭中會是損失者；但即使是國家金融也只有在極端例外的情形下才能從戰爭之中獲利，雖然它經常足以解釋許多殖民地戰爭——只要它們是孤立事件的話。幾乎每一個戰爭都是由金融家籌劃推動的，但和平也是由他們安排達成的。

這樣一個全然實用體系的真正本質——一方面極力防止全面性的戰爭，同時也在不斷的小戰爭之中提供和平的貿易——可以從國際法的改變得到最好的說明。當民族主義及工業明顯使戰爭變得更殘忍、更全面，在戰爭期間使和平貿易得以持續的有效屏障也建立起來了。歷史上記載著腓特烈大帝於一七五二年曾因「報復」而拒絕兌付欠給英國的西里西亞貸款。[5] 赫胥（A. S.

Hershey）說：「但是在此之後就從未有過這類事情，法國大革命戰爭提供了我們最後一個在戰爭爆發時沒收交戰地區敵人私有財產的重要例子。」在克里米亞戰爭爆發之後，敵對國的商人可以離境，這個措施在其後五十年間被普魯士、法國、俄羅斯、土耳其、西班牙、日本及美國所遵從。從那次戰爭開始以後，交戰國之間也容許很大幅度的貿易。因此，在美國與西班牙戰爭期間，中立國的船隻可以裝著美國的貨品（只要不是戰爭禁運品）直接駛往西班牙港口。認為十八世紀的戰爭在所有方面都比十九世紀戰爭更少破壞性的看法是一項偏見。從敵對國國民的地位、敵對國國民擁有的貸款、敵對國財產、或敵對國商人能離境等各方面來看，十九世紀顯示出一個在戰爭期間有利於保障經濟體制的決定性轉變。只有到了二十世紀這個趨勢才翻轉過來。

因此經濟生活的新組織方式提供了百年和平的背景。在第一個階段，就像拿破崙時代的騷亂所顯示的，新生的中產階級是危及和平的主要革命力量；神聖同盟為了對抗這股動亂的新因素才組織籌劃其反動的和平。在第二個階段，新的經濟已經獲勝。這時中產階級本身已經是和平利益的受益者，也比先前反動的神聖同盟更為有力，而且受到新經濟體制的國家與國際特性所滋養。但在這兩個情況中，和平利益若要有成效，唯有讓權力平衡制為它的目標服務，為它提供能夠直接干涉和平區域內部勢力的社會工具。神聖同盟時代的社會工具，是由教會的精神與物質力量支持的封建制度和主權；在歐洲協商時代，就是國際金融和與其並存的國家銀行制。這兩個時期的區別已經沒有必要再加以誇張。在一八一六年到一八四六年的三十年和平這段期間，大不列顛已經開始鼓吹和平與貿易，而神聖同盟也不藐視羅斯柴爾德家族的貢獻。再者，歐洲協商時期的國際金融也經常依賴它與王公貴族的關係。但是這樣的事實只加強了我們的論點：在每個例子中，和平並不是只由列強的首相維繫的，同時也有一些為共同利益服務的具體組織提供協助。換句話說，權力平衡制只有在這種新經濟的背景之下才得以避免全面性的戰禍。但是歐洲協商的成就遠大於神聖同盟；後者只在還沒有經歷變遷的歐洲大陸的有限地區維持和平；而前者則在世界各地達成同一個使命——當時全球正因為社會與經濟上的進步而發生革命性的變化。這項重大的政治成就乃是一個具體事物——國際金融——出現的結果，國際金融是國際活動中政治與經濟組織的現成連繫。

現在我們已經能清楚看出這個時代的和平體制是建立在經濟組織之上。但是這兩者的特性卻很不一致。因為歐洲協商本質上並不是一個和平機構，而只是一些受戰爭機器保護的獨立主權政體，所以只有在最廣義的意義之下才可以說這是一個世界性的政治和平組織。相反的，世界性的經濟組織卻是真實的。除非我們照較鬆散的用法，將「組織」一詞限定於一些由中央控制、透過自身的部門來運作的個體，我們必須承認：沒有一樣東西會比這個機構所依賴的、而且全世界都接受的原則更為明確，也沒有一樣東西會比它的事實成就更為具體。國家預算與軍備、國外貿易與原料供應、國家的獨立與主權這時都成為隨著貨幣與信用而變化的函數。到了十九世紀的最後二十五年，世界產品的價格已經成為歐洲大陸數百萬農民生活中的主要事項；倫敦貨幣市場的波動每天受到全世界商人的注意；而各國政府也按照世界資本市場的情況來研究將來的計畫。只有瘋子才會懷疑世界經濟組織是人類物質生存的主軸。因為這個制度需要和平以便運作，權力平衡制就被塑造出來為它服務。將這個經濟制度拿走，和平的利益就會從政治中消失。除此之外，就沒有足夠的理由來追求和平，即便和平存在也不會加以保護。歐洲協商的成功源自於這個國際經濟新組織方式的需要，而當國際經濟瓦解時它也自然會終結。

歐洲協商在俾斯麥時代（一八六一—九〇）達到顛峰。在德國崛起取得列強地位以後的二十年之間，它是和平利益的主要受益者。它以奧地利和法國為犧牲而擠身進入最前端的行列；維持現狀並防止戰爭——此時的戰爭只可能是對它報復的戰爭——是對它有利的。俾斯麥刻意培育和平的觀念做為各國的共同事業，並且避免許下可能迫使德國損傷其和平強權地位的承諾。他反對在巴爾幹半島或海外的擴張主義；他一貫使用自由貿易的武器對付奧地利和法國；藉著權力平衡賽局的幫助，他阻擋了俄羅斯及奧地利對巴爾幹的野心，因而保住盟友並避免了可能使德國捲入戰爭的情況。這位在一八六三年到一八七〇年間的老謀深算侵略者，到了一八七八年卻變成一個誠實的經紀人及殖民事業的反對者。他有意識地引導當時的和平趨向以維護德國的國家利益。

然而，到了七〇年代末期，自由貿易的插曲（一八四六—七九）已經到達終點；德國實際上採用金本位制開啟了保護主義及殖民擴張的時代。[6]這時德國為了加強自己的地位而與奧匈帝國和義大利倉促結成同盟；不久之後俾斯麥就無法控制德國的政策了。從此以後大不列顛成為歐洲和平利益的領導者——歐洲當時仍然是許多獨立主權國的群體並且受權力平衡制的支配。到了一八九〇年代，國際金融達到顛峰，和平似乎也是前所未有的穩定。英國和法國在非洲有不同的利益；英國和俄國在亞洲也互相競爭；歐洲協商此時雖已殘缺卻仍繼續運作；儘管有三角同盟，但是仍然有兩個以上的獨立強權，猜忌地注意著對方。但是好景不常。在一九〇四年，英國與法國就摩洛哥與埃及做了一項全盤交易；兩年之後，英國又與俄國就波斯達成協議，而且敵對的同盟也形成了。歐洲協商這個由若干獨立國家所組成的鬆散組織最後被兩個敵對的權力集團所取代；權力平衡制已經走到盡頭。它的機能停止運作，只剩兩個對立競爭的強權集團。已經沒有一個第三集團可以和其他兩者之一聯合起來對抗試圖擴張勢力的另一者。大約在同時，現存世界經濟體制解體的徵兆——殖民地的爭奪及國外市場的競爭——變得尖銳起來。國際金融防止戰爭擴散的能力很快地消失了。和平又繼續苟延殘喘了七年，但十九世紀經濟組織方式的解體、從而將百年和平帶到終點，只不過是時間上的問題了。

基於這樣的認識，和平所依賴的這種高度人為的經濟組織方式，其真正本質對歷史學家而言極為重要。

1. Sontag, R. J., *European Diplomatic history, 1871-1932*, 1933.
2. Feis, H., *Europe, the World's Banker, 1870-1914*, 1930.
3. Feis, H., 前引書，p.201.
4. 參見資料來源注解。
5. Hershey, A. S., *Essentials of International Public Law and Organization,* 1927, pp. 565-69.
6. Eulenburg, F., “Aussenhandel und Aussenhandelspolitik,” in *Grundriss der Sozialökonomik*, Vol. VIII, 1929, p. 209.

第三章　保守的二〇年代，革命的三〇年代

國際金本位制的崩潰，是二十世紀以來世界經濟解體與三〇年代人類文明轉變這兩者之間的無形連繫。除非我們能認清這個因素的根本重要性，否則將無法正確理解這個將歐洲倉促帶上末路的制度，也無法理解客觀形勢，而可以說明一個文明之內涵與形態竟能建立在如此不穩定的基礎上這個驚人事實。

我們生活在其中的國際體系的本質，直到它失敗時都沒有被真正認識到。當時幾乎沒有人瞭解國際貨幣制度的政治功能；所以這突然的轉變震驚了全世界。當時金本位制已經是傳統世界經濟僅存的支柱；它一傾倒，其影響自然立刻浮現。對自由主義經濟學者而言，金本位制是一個純粹的經濟制度；他們甚至拒絕將它看作社會機制中的一部分。因此民主國家是最後認識到這個災變的真正本質，也是最晚應付其影響的國家。即使在災變已經臨頭的時候，一些政治領袖仍未看

出在國際體系崩潰的背後，在最發達的那些國家內部有一種長期的發展使得此一體系變得落伍。換句話說，市場經濟本身的失敗仍然沒有受到他們的注意。

這個轉變的來臨比一般所瞭解的更為突然。第一次世界大戰與戰後的革命仍然是十九世紀的一部分。一九一四年至一九一八年的衝突只不過是加速並無限惡化一個外來的危機。但是這個困境的根源在當時並沒有被人認清；在生還者看來，世界大戰所帶來的恐怖及破壞是阻礙國際組織運轉的主要原因。世界的經濟體系及政治體系突然之間都變得無法運作，第一次世界大戰為人類帶來的可怕損傷似乎可以對此提供一個解釋。但事實上，阻礙戰後和平與安定的，其實跟引發大戰的是同一個根源。一九〇〇年以來世界經濟體系的逐漸瓦解導致了政治緊張及一九一四年爆發的戰爭；因為消除了德國的競爭——這使局勢緊張的原因更加惡化，並且因而大大增加了達成和平的政治與經濟障礙——戰爭的結果以及和約的簽署使得緊張局勢表面上似乎減緩了。

就政治而言，戰後的和約隱藏著一個致命的矛盾。對戰敗國單方面解除武裝阻止了權力平衡制的重建，因為武力是這樣一個制度不可或缺的要件。日內瓦會議曾以國際聯盟（The League of Nations）這個擴大改良版的歐洲協商來重建這樣一個制度，但是徒勞無功；由於這時缺少獨立權力單元的基本前提條件，國際聯盟規約所提供的磋商及聯合行動也都徒勞無功。國際聯盟從未真正奠立基礎；關於執行條約的第十六條，以及關於和平修正條約的第十九條，都從未實行過。能夠解決迫在眉梢的和平問題的唯一可行方案——權力平衡制的重建——也就毫無進展；這些二〇年代最出色政治人物的真正意圖甚至沒有被一般人所瞭解，他們繼續活在一個難以言喻的混亂狀態中。面對這種解除一些國家的武裝、而讓另一些國家保有武力（這種情況排除了任何邁向制度化和平的可行步驟）的驚人事實，一般流行的情緒態度是認為國際聯盟具有一些神祕特性，可以使之成為和平時代的前驅，只需要經常給予口頭鼓勵就能讓和平長存。在美國就有一種流行的看法認為，如果美國參加國際聯盟的話，事情的發展就會很不一樣。沒有比這更能說明人們根本不瞭解所謂的戰後制度在機能上的弱點——我們在此稱之為「所謂的」是因為如果語詞有一個意義的話，此時歐洲根本沒有任何政治制度。像這種無可掩飾的現狀只有在各國尚未精疲力盡之前才可能持續下去；無怪乎回到十九世紀的制度似乎是唯一的解決途徑。在那個時候國際聯盟原本至少應該像歐洲協商在其全盛時期那樣扮演歐洲督導團那一類的功能，但由於在處理重大事件時必須得到全體一致通過這個要命的規定，使得一些難以駕馭的小國竟成為世界和平的仲裁者。對戰敗國永久解除武裝的荒謬措施排除了任何建設性的解決方案。應付這種災難狀況的另一個可行途徑是運用超越國家主權之上的組織化力量來建立一種國際秩序。然而，這樣的措施全然超出了當時的視野。沒有任何一個歐洲國家，更不用說美國，會順從這樣一個制度。

就經濟而言，日內瓦的政策一致強調重建世界經濟以做為保障和平的第二道防線。即使是成功重建了的權力平衡制也只有在國際貨幣制度復活之後才可能致力於和平。若缺少穩定的交易及貿易的自由，各國政府就會像以往一樣將和平視為次要的利益，只有在和平沒有與它們的主要利益相衝突時，才會加以追求。當時主要的政治人物威爾遜（Woodrow Wilson）就似乎瞭解到和平與貿易之間的互相依賴性不但是貿易的保障，也是和平的保障。無怪乎國際聯盟一貫致力於重建國際貨幣及信用制度做為維護主權國之間和平的唯一可能保障，而世界也前所未有地依賴著國際金融，此時期代表人物已經從羅斯柴爾德變成摩根（J. P. Morgan）。

依照十九世紀的標準來看，戰後的第一個十年可以說是革命的時代；但從我們現在的眼光來看，卻正好相反。那十年的內涵是極端的保守並且表現出一個普遍的信念，認為只有重建一九一四年以前的制度——「這一次是奠立在堅實的基礎上」——才可能重建和平與繁榮。事實上，也是因為這個回復舊制度的努力失敗了，才產生三〇年代的轉變。戰後十年雖然有極為壯觀的革命及反革命，但它們或只是代表對戰爭失敗的機械性反應，或至多只是在中歐及東歐重演西方文明中熟悉的自由與立憲劇碼；一直要到三〇年代才有全新的要素進入西方歷史的模式裡。

不論其情節如何，一九一七—二〇年在中歐及東歐的動亂只是以迂迴的方式重新建立那些戰敗的政權。當反革命的煙霧消逝後，在布達佩斯、維也納及柏林重建的政治制度與戰前並沒有多大差別。直到二〇年代中期，這對芬蘭、波羅的海諸邦、波蘭、奧地利、匈牙利、保加利亞，甚至義大利及德國而言也都是如此。有些國家在民族自由及土地改革方面取得極大的進展——這些成就從一七八九年以來在西歐是很普遍的。就此而言，俄羅斯也不例外。這個時期的趨勢是建立（或重建）一個與英國、美國及法國的革命理想相近似的制度。就這個廣泛的意義而言，不但與登堡（Hindenburg）和威爾遜遵循著西方傳統，連列寧和托洛斯基（Trotsky）也是。

到了三〇年代早期，改變突然發生了。劃時代的幾個重大事件是英國放棄了金本位制；蘇聯的五年計畫；羅斯福實施新政；德國的國社黨（納粹黨）革命；以及國際聯盟的崩潰而有利於獨斷獨行的帝國。在第一次大戰末期，十九世紀的理想仍然至高無上，它們的影響也籠罩了其後的十年，但到了一九四〇年，國際體系的所有痕跡都已經消失，除了少數地區之外，各國都生存在新的國際環境中。

我們認為這個危機的根源是國際經濟制度的崩潰。它從進入二十世紀以來就只能忽停忽進地運作著，第一次世界大戰及《凡爾賽和約》終於將它徹底破壞。這到了二〇年代就變得更為明顯，當時歐洲各國內部的危機，都在國外經濟問題衝到高點。這時的政治學者不是按照地理位置來替各國分類，而是依其貨幣的穩定程度來替各國分類。盧布在俄國的崩潰驚動了全球——此時盧布已因通貨膨脹而變成一文不值。德國重複了這個絕望的手法，要把問題推給協約國；接著沒收放貸者階級的財產，為後來納粹黨的革命奠定基礎。日內瓦的聲望是建立在它成功幫助奧地利及匈牙利重建其貨幣，而且因為對奧地利克朗（Krone，譯注：當時的奧地利貨幣）施以極為成功的手術（不幸的是患者並未存活），維也納成為自由派經濟學家的聖地。在保加利亞、希臘、芬蘭、拉脫維亞、立陶宛、愛沙尼亞、波蘭，以及羅馬尼亞等國，貨幣的重建給反革命者提供了分享權力的機會。在比利時、法國及英國，左派也在健全貨幣制度的名義下被逐出政壇。一連串層出不窮的貨幣危機經由國際信用制度的彈力帶將貧窮的巴爾幹與富庶的美國連結起來，它先將一些重建不全的貨幣的緊張從東歐傳送到西歐，然後再從西歐傳到美國。最後美國本身終於被這些未完全穩定的歐洲貨幣產生的效應所淹沒。最後的崩潰開始了。

最初的震盪發生在國內層面。有些貨幣，諸如俄國的、德國的、奧地利的、匈牙利的，在一年之內就應聲倒地。這些貨幣以前所未有的速率貶值，而且發生在完全貨幣化的經濟體裡面。一種細胞代謝過程被引進人類社會，其影響卻在人類經驗的範圍之外。國內、外都相同的是：貶值中的貨幣帶來了分裂。各國都發現自己與鄰國之間隔了一道巨大裂縫，而不同階層的人在這同時也感受到完全不同而且經常相反的影響。知識中產階級實際上已經貧困化了；高利貸者則滿載著可憎的財富。一個難以捉摸的融合與分解的力量已經進入舞臺。

「資本外逃」是一個新現象。在一八四八年、一八六六年甚至一八七一年都不曾有過這種事件。然而資本外逃卻在一九二五年及一九三八年法國自由派政府的傾覆事件中，以及一九三〇年德國的法西斯運動的發展中具有重大影響。

貨幣已經成為國家政治的樞軸。在現代貨幣經濟之下，每一個人在日常生活裡都會體驗到幣值的收縮或膨脹；人們變得很關注貨幣；大眾也將通貨膨脹對實質收入的影響預先加以扣除；每一個人似乎都認為穩定的貨幣是人類社會的主要需求。但是這種認識卻不能與另外一種認識，也就是貨幣的穩定有賴於國內外的政治因素，切分開來。因而上述這些社會動亂不但動搖了對貨幣內在穩定性的信心，也粉碎了在相互依賴的經濟體系內擁有金融主權這種天真的觀念。此後，與貨幣相關的國內危機常會引起嚴重的國際事件。

對金本位制的信賴是當時的信仰。對有些人而言這是天真的，對另外一些人而言這是極為重要的，對其他一些人而言則是魔鬼的信條，意味著只接受肉軀而排斥靈魂。但這個信念本身卻是一樣的，亦即銀行的幣券之所以有價值是因為它們代表黃金。不管黃金本身的價值來源是如社會主義者所稱的體現了勞動，或者如同正統學說所稱是因為它實用而稀少，在這裡都沒有差別。天堂與地獄之間的戰爭忽略了貨幣的問題，這讓資本主義者與社會主義者奇蹟般地聯合在一起。李嘉圖與馬克思在什麼地方合而為一，十九世紀時已知之甚詳。俾斯麥與拉薩爾（Ferinand Lassalle，譯注：德國社會主義者），彌爾（John Stuart Mill）與亨利．喬治（Henry George，美國社會改革倡導者），菲利普．史諾頓（Philip Snowden，英國工黨政治人物）與卡爾文．柯立茲（Calvin Coolidge，美國總統），米塞斯（Ludwig von Mises）與托洛斯基等都接受這個信念。馬克思不厭其煩地指出普魯東提議的工人券（用以取代貨幣）是基於自我欺瞞；而《資本論》則在李嘉圖理論的架構下，蘊涵著貨幣的商品理論。俄國的布爾什維克黨人索科尼可夫（Sokolnikoff）是戰後第一位採用黃金重建該國貨幣價值的政治人物。德國社會民主黨人海弗汀（Rudolf Hilferding）則因堅定主張穩定的貨幣原則而危及他的政黨；奧地利的社會民主黨人包爾（Otto Bauer）支持他的政敵賽波（Seipel）以重建克朗為目的的貨幣政策；當英國的社會主義者史諾頓認為英鎊制在工黨手中不會安全，便轉而反對工黨；墨索里尼則將黃金兌換里拉的價值刻在石上，並宣稱會誓死捍衛這項標準。就這點而言，在胡佛與列寧之間，或者在邱吉爾與墨索里尼之間，很難發現他們的言詞有何分歧。事實上，金本位制在國際經濟制度運作上的重要性，是當時所有國家與所有階級、所有宗教信仰與所有社會哲學的人之間唯一共通的信念。人類在振作起來重建自己破碎的生命時，就是這個無形的事實讓求生意志得以攀附。

重建幣制的企圖——後來失敗了——是全世界未曾有過的最全面努力。要穩住奧地利、匈牙利、保加利亞、芬蘭、羅馬尼亞或希臘那些已經徹底崩潰的貨幣，不只是這些弱小國家的信心賭注（它們幾乎都勒緊腰帶以達到黃金的海岸），也是對那些強大富有的保證人——西歐的戰勝國——的嚴酷考驗。只要戰勝國的幣值仍在波動，壓力就不會顯而易見；它們可以繼續像戰前那樣貸款到國外並協助維持戰敗國的經濟。但是當英國與法國重拾金本位制的時候，它們穩定匯率的負擔就開始出現了。到最後，位居領導地位的金本位制國家——美國，也不得不對英鎊的安全表示關切。這個跨越大西洋兩岸的首要事物，意外地將美國帶入危險境地。這一點看來似乎比較技術性，但我們必須清楚瞭解。美國在一九二七年對英鎊的支持，便包括降低紐約的利息以防止大量資金從倫敦移向紐約。聯邦準備理事會向英格蘭銀行保證會維持低利率；但這個時候美國本身卻需要高利率，因為它自己的價格制度已經開始危險地膨脹了（這個事實被當時穩定的物價水平所遮掩，儘管成本大幅降低仍這樣維持著）。過了繁盛的七年之後，鐘擺開始擺回，將美國帶入一九二九年那個遲到甚久的不景氣時，事情因當時隱藏性通貨膨脹的狀況而急劇惡化。被通貨緊縮所解放的負債者，活著看到他們的債主因為通貨膨脹而倒下。這是一個徵兆。美國此時急於脫身，便在一九三三年放棄了金本位制。傳統世界經濟的最後痕跡至此消失。雖然在當時幾乎沒有人瞭解這個事件的深一層意義，但歷史的潮流卻立即翻轉。

有超過十年的時間，重建金本位制乃是世界團結的象徵。從布魯塞爾到史巴（Spa，比利時小鎮）和日內瓦，從倫敦到洛卡諾（Locarno，瑞士小鎮）及洛桑，在各地召開無數國際會議，以便找到穩定貨幣的政治前提。國際聯盟本身也得到國際勞工組織的襄助，以便使各國的競爭條件相等，讓貿易能自由開放而不致危及生活水準。華爾街所推行的運動，核心重點就是貨幣，希望能藉此解決壓力傳遞的問題，並且將戰敗國的賠款商業化，然後讓它流通。日內瓦是這個重建工作的襄助者，在這個過程中，倫敦及維也納的新古典貨幣純正派兩邊的壓力都導向金本位制的重建；國際間的各種努力最後都是導向這個目標，而各國政府通常都會配合保障貨幣穩定的需要來制定政策，尤其是牽涉到國際貿易、貸款、銀行及匯率的政策。雖然每個人都同意穩定的貨幣終究有賴於貿易的自由化，但除了教條式自由貿易信徒之外，所有人都知道此時必須立刻採取一些必定會限制國際貿易及國外付款的措施。像進口限額、延期償債及止付的協議、票據交換制度及雙邊貿易條約、物品交換協議、限制資本外流、國外貿易控制、匯率平準基金等，都逐漸在各國發展出來以應付這些情況。但各國自給自足的夢魘卻與保護貨幣所採取的措施糾纏在一起。雖然各國的意圖是貿易的自由化，但結果卻是貿易的窒息。各國政府採取的這些措施非但不能達成世界市場的目標，反而限制了本國的國際性連結，而且各國為了要保持微不足道的國外貿易也需要愈來愈多的犧牲。為了要保護貨幣的對外價值來做為國際貿易的媒介品，各國所做的狂熱努力使得它們在非自願的狀況下掉進封閉的經濟體制。徹底背離傳統經濟學的這整套限制性措施，實際上是保守的自由貿易目標的後果。

這個趨向隨著金本位制的最後崩潰而突然翻轉。以往為了重建它所做的各種犧牲現在必須再重複一次，好讓我們能不依靠它而生存。以往為了維持穩定的貨幣制度而設計出來壓縮生活與貿易的那些制度，現在轉而用來調節永遠沒有穩定貨幣制度下的工業生活。這可能就是何以現代工業結構能承受金本位制崩潰的衝擊而能繼續生存的原因。在掙扎著維護金本位制時，這個世界已經在無意間準備好一些必要的措施和組織型態以調整自己去應付金本位制的失敗。但是這時發展的方向已經倒轉過來；為這項無法達成的目標所做的長久奮鬥中，那些承受最多痛苦的國家在復甦時卻發出無比巨大的力量。國際聯盟和國際金融都未能比金本位制活得更久；它們消逝的時候，國際聯盟的制度化和平利益，以及它的主要執行工具——羅斯柴爾德家族與摩根家族——都一併從政治舞臺上消失了。黃金線的斷裂是世界革命的徵兆。

但是金本位的失敗至多不過是為另一個即將來臨的事件訂下時間表而已，這個事件大到不可能是因金本位的失敗而起。在世界許多地方，伴隨這個危機而來的是十九世紀國家體制的全面破壞，這些體制在各地都被改變、重組得面目全非。許多國家的自由政府被極權獨裁所取代，而且十九世紀的主要制度——基於自由市場的生產方式——也被新形式的經濟所接管。當一些大國重新塑造自己的思想模式，並藉由一些前所未聞的宇宙觀將自己投入戰爭，以征服全世界時，另一些更大的國家則衝向前去捍衛自由——這概念在它們手上也同樣取得前所未有的意義。國際金融制度的失敗雖然觸發了這個轉變，但卻不能說明其深度與內涵。我們雖然知道所發生的事情為什麼突然發生，但我們仍然不知道究竟為什麼會發生。

伴隨這個轉變而來的是規模空前的戰爭，這並不是意外。歷史經常面對社會變遷；國家的命運取決於它們在制度轉變中扮演的角色。像這樣一種共生關係是許多事物的本質；雖然國家群體與社會制度各有其起源，但它們為生存而掙扎時常常會互相牽扯。這種共生關係的一個著名例子是資本主義與大西洋沿海國家的連結。與資本主義的興起有極大關連的商業革命，成為葡萄牙、西班牙、荷蘭、法國、英國和美國取得霸權的工具；這些國家都得利於這廣泛而深層的變遷所提供的機會，另一方面，資本主義本身也經由這些新興強權的媒介而傳播到世界各地。

這個法則反過來也同樣適用。某個國家可能因為它的各種制度（或其中某些制度）正好趨向沒落，而使它在生存奮鬥中處於不利的地位——第二次世界大戰時的金本位制就是這種過時制度的例子。另一方面，一些由於本身的特殊理由而反對現狀的國家，則可以很快看出現存制度的缺點而預先制訂更能適應它們利益的制度。這樣一些國家推開了那些行將就木的制度，而抓緊那些基於本身的動力向前邁進的制度。於是表面上看起來這些國家似乎開啟了社會變遷的過程，但實際上它們只不過是這個過程的受益者，而且可能誘導這個趨向去為它們自身的目的服務。

因此德國在戰敗之後就處於一個有利的位置可以認清十九世紀制度的穩藏性缺點，並利用這種知識去加速消滅那種制度。在三〇年代，德國的一些政治人物就產生了一種邪惡的知識優越性，並將他們的腦筋轉向這種破壞的工作，在他們企圖強使事情的發展配合其政策趨向的過程中，經常就發展出金融、貿易、戰爭及社會組織的新方式。然而，這些問題本身顯然不是由那些把問題變得對自己有利的國家創造出來的；這些問題都是真實的——客觀地存在著——而且不管個別國家的命運如何，這些問題都會繼續與我們共存。再重複一遍，第一次世界大戰與第二次世界大戰之間的區別是很明顯的：前者仍是十九世紀的類型——權力平衡制的失敗所導致的強權衝突；後者卻已經是世界性大變動的一部分。

這種認識可以讓我們將這個時期各國的慘痛歷史，從已經在進行的社會變遷中分離開來。這也使我們易於看出，在什麼情況之下做為權力單元的德國、俄國、英國及美國，由於它們與這項社會過程的關係，是受到幫助或者受到阻礙。但是對這個社會過程本身而言，同樣真實的是：法西斯主義及社會主義也因個別強權的興起而擴散了對它們的信仰。德國和俄國各自成為世界上法西斯主義及社會主義的代表。這些社會運動的真正廣度，只有在認清其超越的特性（不論好壞）

並且從它們所效勞的國家利益中分離出來才有可能加以判斷。

第二次世界大戰時德國或俄國所扮演的角色，或者義大利或日本、英國或美國所扮演的角色，雖然是世界史的一部分，卻不是本書所關心的重點；然而，法西斯主義與社會主義是本書關於制度轉變這個主題當中的重大力量。導致德國或俄國或美國人民產生難以理解的欲望，想要在人類史上占有更大的重要性這種生命衝力（élan vital），乃是我們這個故事開展時的部分條件，而法西斯主義及社會主義或新政（New Deal）的要旨則是故事本身的一部分。

這就將我們帶到本書有待證明的論點：這個災變的起源就在於經濟自由主義企圖建立一個自律性市場制度的空幻努力之上。這樣一個論點似乎將神祕的力量賦予自律性市場制度；它意味著權力平衡制、金本位制，以及自由主義國家制這些十九世紀文明的基本要素最後都由一個共同的母體——自律性市場經濟——所塑造。

這個看法由於某種粗陋的唯物主義而顯得相當極端甚至令人震驚。但我們所目睹的這個崩潰的文明，其特殊性正是在於：它建立在經濟基礎之上。其他社會和其他文明也都受到物質條件的限制——這是所有人類生活甚至所有生命的共有特性，不論是有宗教信仰的或是沒有宗教信仰的，唯物主義的或信奉神靈的。所有型態的社會都受經濟因素的限制。十九世紀文明卻是一個不同的、有獨特意義的經濟，這是因為它選擇了一種特殊的動機做為本身的基礎，而這種動機在人類社會的歷史上極少被認為是正當的，更從未被提高到成為日常行為的準則，這個動機就是獲利。自律性市場制度就是從這個原則衍生出來的。

這個獲利動機所推動的機制，在效能上來說，只有歷史上宗教狂熱所激發出的最劇烈暴亂可以相提並論。在一個世代之內，全人類都受到它深入的影響。就如每個人都知道的，它成長於十九世紀前半、工業革命之後的英國。它在五十年後傳到歐洲大陸及美國。最後，在英國、歐洲大陸、甚至在美國，相似的機制也將日常事務塑造成一定的型態，其特性在所有西方國家都完全一致。要探討這個災變的起源，我們必須轉向市場經濟的興起與沒落。

市場社會（market society）產生於英國——但是在歐洲它的弱點才產生最悲慘的併發症。要瞭解德國的法西斯主義，我們必須回到李嘉圖時代的英國。十九世紀是英國的世紀，這麼說一點都不誇張。工業革命是一個英國的事件。市場經濟、自由貿易，以及金本位制都是英國發明的。這些制度到了一九二〇年代在各地都崩潰了，只不過在德國、義大利或奧地利，這種崩潰更具政治性、更為劇烈。但不論這劇情結尾的景色及熱度如何，破壞這個文明的遠因必須從工業革命的起源地——英國——加以探討。

第二篇　市場經濟的興衰

第三章　居住環境與進步

十八世紀工業革命的核心，是生產工具奇蹟般的進步，這是伴隨著一般人民災難般的流離失所（dislocation）一起發生的。

我們將嘗試分析造成這種流離失所狀況——英國在一個世紀之前的最惡劣情況——的起因。什麼樣的「撒旦磨坊」會把人碾成一團？在哪種程度上這是由於新的物質條件所引起的？在哪種程度上這是由於新的物質條件下的經濟依賴性所引起的？是什麼樣的機制使得舊的社會紐帶被摧毀殆盡，而嘗試整合人與自然的新方式卻這麼不成功？

自由主義哲學最徹底的失敗在於它對變遷問題的瞭解。它對「自發性」懷有情感深刻的信仰，不願以一般常識的態度去面對變遷，而是以一種神祕的意願隨時準備接受經濟進步的社會後果，不論這些後果可能是什麼。政治科學及治國術的基本真理首先受到懷疑，然後被遺忘。當一個欠缺方向的變遷過程的步調過於迅速，如果可能的話，我們必須減緩其速度，以保障整個社會的福祉，這個道理並不需要多加說明。這種家喻戶曉的傳統政治真理經常只是反映著從古代傳襲下來的社會哲學教義，但是到了十九世紀，由於受到一種粗糙的效益主義，加上對所謂無意識成長的自我治療機能的照單全收信賴態度的侵蝕，這個政治真理便從有教養人士的思想中清除掉了。

經濟自由主義因為堅持從經濟觀點來評斷社會事件而誤讀了工業革命的歷史。要說明這點，我們將從一個看似無關緊要的題目著手：英國都鐸王朝早期的圈地並把耕地轉變為牧地的運動，當時的田野及共有地都被貴族圈圍起來，而且整個鄉村都受到人口遞減的威脅。我們這樣回過頭來看圈地以及把耕地變為牧地所帶給人的悲慘狀況，一方面是要藉此指出圈地運動及工業革命兩者所帶來的災禍（雖然它們到最後都是有利的）之間的相似，另一方面則是要藉此弄清楚一個社會在經歷毫無規範管控的經濟進步的苦痛時，所面臨的各種抉擇。

假使當時不將耕地改成牧地的話，圈地運動可以說是明顯的進步。被圈圍的土地，價值是未圈圍土地的二、三倍。在保持為耕地的地方，就業並沒有降低，而且食物的供給明顯增加。土地的收成顯著提高，尤其是在土地出租的時候。

即使當時將耕地改為牧羊場也並非全然不利於鄰近的人，儘管此舉破壞了居住環境並限制了就業機會。家庭手工業在十五世紀後半葉已經在擴散，而且在一個世紀之後已經成為鄉間普遍的景象了。牧羊場生產的毛料給小佃農及被迫停耕的無地者提供了就業機會，而且新的毛紡織工業中心也保障了一些工匠的收入。

但問題的重點是：只有在市場經濟制度之下才有可能發揮這種截長補短的補償效果。在沒有這樣的一種市場經濟時，牧羊及販賣羊毛這些高收益的行業反而可能會摧毀鄉村。那些「將沙土變成黃金」的羊也同樣會將黃金變成沙土，就如最後發生在十七世紀西班牙的財富上那樣：它那受侵蝕的土壤已經永遠無法從過度擴張的牧羊場中復原了。

一六〇七年一份為貴族院所擬的官方文件用一句強而有力的話點明變遷的問題：「窮人必須滿足於其目的：住居環境；而仕紳們的欲望則不應受到阻撓：進步。」這個公式很明顯地將純粹經濟進步的本質——以社會混亂為代價來達到進步——視為理所當然。但它也暗示著必然的悲劇：窮人戀戀不捨的茅屋，注定要毀壞於富人想要的、對他們有利的公共進步。

圈地運動很貼切地被稱為富人對抗窮人的革命。地主和貴族攪亂社會秩序，破壞舊有的法律和習俗，有時候甚至使用暴力，但通常是使用壓力和恐嚇。他們實際上搶奪了窮人對共有地的權份，剷倒了他們的房子，依照傳統習俗，窮人一向將這些權份視為他們及其子孫的產業。社會的基本結構遭到破壞；荒蕪的村落和傾倒的住屋證實了這個革命的殘暴性，它同時也危及鄉村的自衛能力，城鎮荒廢，人口減低，過度使用的田地變為廢土，讓人民困擾，並把他們從尋常農夫變為乞丐及小偷的烏合之眾。雖然這些狀況只是零星發生，但這些黑點有擴散為普遍災禍之虞。[1]

國王和樞密院、其屬僚及主教們護衛著社會的福祉，保衛社會的自然資產與人的資產以對抗這個災禍。最晚從一四九〇年到一六四〇年的一個半世紀裡，他們奮鬥不懈地對抗人口遞減。凱特叛亂（Kett's Rebellion）被敉平之後（整個過程中有數千農民被屠殺），反革命者將圈地法從政府法規中除掉並建立了畜牧業地主的專政，護國公薩默塞（Lord Protctor Somerset）由於反革命而喪生。薩默塞被指控的是（不失為真實）：他強烈詆毀圈地運動，因而鼓動農民造反。

將近一百年之後，第二輪的實力競爭在同樣的對立者之間展開。不過這時的圈地者已經不是地主和貴族，而大多是富有的鄉紳及商人。此時國王有計劃特權將世俗和教會的高階層政治捲入衝突以阻止圈地運動，並且同樣有計劃地運用圈地的爭議來加強他在立憲鬥爭中的地位以對抗仕紳，這個鬥爭的結果是史屈福（Thomas Strafford，譯注：英國政治人物）及勞德（William Laud，譯注：英國大主教）死在國會的手中。但他們的政策不論在工業上或政治上都是反動的；再者，這時的圈圍地大多已經用於耕作，而非放牧。此時內戰的浪潮已經襲捲了都鐸王朝及早期斯圖亞特王朝的公共政策。

十九世紀的歷史學家都一致譴責都鐸王朝及斯圖亞特王朝早期的政策相當煽動，甚至十分反動。他們自然較同情國會，而國會是站在圈地者這邊的。吉本（H. de B. Gibbins）雖是市井小民的真摯友人，卻寫道：「這樣的保護性立法，就如一般的保護性法令一樣，全然無效。」[2] 印尼斯（A. D. Innes）的話更是明確：「處罰流浪漢的一般對策和試圖強迫工業轉移到不適宜的地段，以及為製造就業機會而將資本導入利潤較少的投資，都一如往常般失敗了。」[3] 蓋德諾（J. Gairdner）更毫不猶疑地訴諸自由貿易的觀念做為「經濟法則」：「經濟法則當然沒有被瞭解。當地主發現將耕地改為牧場以增加羊毛的生產會更為有利時，立法者卻企圖防止地主剷除農民的住居。這些經常重複出現的法案只顯示出它們在實際上是多麼無效。」[4] 近代經濟學者黑克歇爾（E. F. Heckscher）強調同樣的信念，認為重商主義應該由一個未曾充分瞭解的複雜經濟現象來加以解釋，這是人類的腦筋還要經過幾個世紀才能完全掌握的主題。[5] 事實上，反圈地的立法似乎從未能阻止圈地運動的進行，甚至也未能嚴重擾亂它。約翰・黑爾斯（John Hales）雖然毫無保留地偏向人民福祉，但也承認無法蒐集足夠證據以對抗圈地者，他們常常將自己的僕役安插到陪審團，「而僕役和食客的數量多到要是沒有這些人便無法組成陪審團。」有時圈地者只要在田地裡隨便犁上一道溝畦就可以避免懲罰。

像這種把私人利益置於正義之上的普遍現象經常被視為立法無效的證據，而圈地者終能克服無數的阻撓而獲得最後勝利，則進一步被用來證明此種「反動的干預主義」是無效的。但是這樣一種看法似乎全然沒有掌握到問題的重點。為什麼圈地運動的最後勝利可以用來證明延緩其進展的努力是無效的呢？為什麼這些反圈地立法的目標不能從它們所達成者，亦即延緩變遷的速度，來加以認識呢？假如從這個角度來看，這些立法雖未能全面阻止圈地運動，但也並不是完全無效。變遷速度的重要性並不亞於變遷本身的方向；雖然後者經常並不由我們的主觀意願來決定，而我們所能忍受的變遷速度卻允許由我們來決定。

對自發性進步的信仰必然會使我們忽視政府在經濟生活中所扮演的角色。這個角色包括調整變遷的速度，並依實際情況使之加快或減慢；假如我們相信變遷的速度無法調節——或甚至更糟，如果我們認為調節其速度有如褻瀆神明——那麼自然就沒有加以干預的餘地了。圈地運動提供這樣一個例子。我們現在回過頭去看，可以清楚看出西歐經濟發展的傾向，是要消除農業技術、混耕地條（intermixed strips）及共有地的原始制度等人為維持的劃一。就英國而言，發展羊毛紡織對該國是一項資產，並進而引導棉花工業的建立——這是工業革命的媒介。再者，英國紡織業的增加有賴於國內羊毛生產的增加。這些事實就足以說明在經濟進步的潮流下從耕地變為牧場的變遷，以及隨之而來的圈地運動。然而，對都鐸及早期斯圖亞特王室一貫維持的政策而言，這種進步的速度可能是有破壞性的，並且把過程本身轉化為一種退化的事件而非建設性的事件。他們對進步速度的主要考量是，這些流離失所的人是否能適應改變了的條件，不會讓他們受到致命傷害，不管是人性面與經濟面，或身體面與道德面；他們是否能在與變遷間接相關的機會園地裡找到新的職業；是否會因出口增加所引起的進口增加，而使那些因經濟變遷而失去職業的人得到新的生活必需品。

上述這些問題的答案都取決於變遷與適應的相對速度。經濟理論常用的「長期性分析」在這裡是無法使用的；它們會假設事件發生於市場經濟之中而對問題加以預先判斷。不論這個假設看似多麼自然，它都缺乏理據：我們常會忘掉市場經濟是一個只有在我們這個時代才出現，而且即使在現代也只是在局部地方出現的制度結構。然而若拿掉這個假設，「長期性分析」是沒有意義的。假如一項變遷的立即結果是有害的，那麼最終的結果就是有害的，除非證明了相反的事實。假如將耕地變為牧場意味著要摧毀許多房舍，拋掉許多就業機會，以及減少糧食的供應，那麼這些結果必須視為最後的結果，直到反面的證據出現。這並不排除對下列可能結果的考量：外銷增加對地主收入的影響；地方上羊毛供應增加所創造的可能就業機會；或是地主使用他們的新財富——不論是用於再投資或侈奢品的消費等。只有將變遷的速度與人們適應的速度相比較，才能判斷何者可以視為變遷的淨結果。但是沒有一個情況我們能假定市場法則在作用著，除非證明一個自我調節的市場是存在的。只有在市場經濟的制度背景中，市場法則才具有意義；並不是都鐸時代的英國執政者背離了事實，而是現代的經濟學家背離了事實，他們的責難必須以市場制度存在為前提。

英國經得起圈地運動的災難而沒有嚴重的傷害，是因為都鐸王室及早期斯圖亞特王室運用王室的權力來延緩經濟進步的速度，直到進步的速度變成社會所能承受的程度——也就是使用中央政府的力量來救助這個變遷過程中的受害者，並且試圖把變遷的過程導引到比較不具破壞性的方向。當時那些有特權的部會大臣並不保守；他們表現了新的治國術的科學精神，歡迎外國的技術人員移民入境，積極推廣新技術，採用統計方法和精確的記錄習慣，輕視習俗和傳統，反對因時間而得到的權利，縮減教會的特權，對習慣法（Common Law）不予理會。如果創造發明會促成革命的話，他們就是當時的革命者。他們獻身的是一般人民的福祉、權力的榮耀以及君主的威嚴；但未來卻是立憲制及國會的天下。王室的政府終於讓步給代表某個階級的政府——這個階級領導著工商業的進步。立憲的大原則與政治革命結合起來剝奪了王權——當時它已經捨棄了所有的創造性職能，王室的保護性作用對這個已經經歷轉變風浪的國家已經不是那麼重要了。王室的財務政策現在不當地限制了國家的力量，並開始妨礙其貿易；王室為了維護其特權而愈來愈加濫用特權，因而損害了國家的資源。它對勞工與工業的卓越管理，以及對圈地運動的審慎控制，仍然是它不褪色的成就。但是由於新興中產階級的資本家及雇主是這些保護措施的主要受害者，因而這些成就更容易被遺忘。一直要到兩個世紀過去了，英國才再度享受到像共和制（the Commonwealth，譯注：一六四九—六〇的英國）所摧毀的那樣一個有效率、有秩序的社會行政體制。固然，這種家父長式的行政體制在這時已經不是那麼必要了。但是在某一方面來說，這個時間上的斷裂產生了無窮的傷害，因為它有助於將圈地時期的恐怖以及政府克服人口流失危機的成就從國民的記憶中塗掉。也許這可以說明何以當一百五十年以後，工業革命發生同樣的災變並威脅到國家的生存及福祉時，人們卻未能認清這個危機的真正性質。

這一次，工業革命也是英國特有的；這一次，海上貿易也是讓整個國家都受影響的變動的源頭；這一次，範圍深遠的進步同樣對一般人民的住居環境帶來前所未有的破壞。這個過程還沒有進行多久，勞動者已經被擠到荒蕪的新處所，所謂的英國工業城鎮；鄉下人已經被非人化成為貧民窟的居民；家庭走向破滅之途；這個國家有很大一部分在「撒旦的磨坊」吐出的煤渣廢料堆積下迅速消失了。所有不同立場、不同黨派的作家，不管是保守派或自由派，不管是資本主義者或社會主義者，都一致指稱工業革命下的社會狀況是人類墮落的真正深淵。

到目前為止還沒有對工業革命有一個令人滿意的解釋。當時的人心想，他們已經在支配財富與貧窮的鐵律——他們稱之為工資律與人口律——找到了懲罰之鑰；這兩者後來都被否定了。剝削是對貧窮與富裕的另一個解釋；但是這也不能說明工業貧民窟的工資高於其他任何地區並且在下個世紀繼續上升的事實。一些錯綜複雜的原因也經常被引用，但總是不能令人滿意。

本書的解答絕不是簡單的；它實際上構成本書的主要部分。我們認為超越圈地時期的大規模社會動亂已經降臨英國；這個災變伴隨著經濟進步的巨大變動而來；一個全新的制度開始在西方社會中運作；它帶來的危機——在一開始就顯得很洶湧——從沒有真正被克服；十九世紀文明的歷史包含了許多要保護社會以對抗這個機制帶來的損害的嘗試。工業革命只不過是各個宗教派別所能想像的最極端、最激烈的革命的開端而已，不過新的教條是絕對唯物的，並且相信只要有無限的物質用品，全人類的問題都可以迎刃而解。

工業革命的故事已經受到無數次談論：市場是怎樣擴張，煤與鐵的存在和潮溼的氣候一樣有利於棉紡織業的發展，十八世紀的新圈地運動奪取了無數民眾的財產，自由制度的存在，機器的發明，以及其他交互作用引起工業革命的原因。大多數人都同意沒有一個原因可以從整個鏈鎖中抽離出來做為這個意想不到的事件的唯一原因。

但是我們要如何界定這個革命本身呢？它的基本特性是什麼呢？是否就是工業城鎮的興起，貧民窟的出現，童工的長時間工作，某些種類工人的低工資，人口增長率的上升，或者是工業的集中化？我們認為這些都只是市場經濟的建立這個基本變遷的副產品，而且這項制度的本質在機器生產對商業化社會的衝擊還沒有被認識之前，是無法完全掌握的。我們並不認為機器引起了那些已經發生的事情，但我們認為一旦精巧的機器及工廠被用於商業社會的生產之後，自律性市場的觀念必然會具體化實現。

在一個農業與商業的社會裡，特殊化機器的使用必定會產生特定的效果。這樣的社會包括買賣農地產品的農民與商人。有特殊化、精巧且昂貴的機器及工廠來幫助的生產，只有在從屬於購買跟販賣的情況下才能與這樣一個社會適配。商賈是唯一適於從事這項工作的人，只要他不因而受到損失。他會以同樣的態度在不同的狀態下把物品賣給那些有需要的人；但是他會以不同的方法取得物品，也就是他並不是購買已經完工的成品，而是購買必要的勞力及原料。將這兩者按照商人的指示結合在一起，加上一些他必須承受的等待，就等於新產品。這並不是家庭式工業或者只是「投資」的描述，而是任何種類的工業資本主義的描述——包括我們自己這個時代的工業資本主義。這種生產方式對社會制度造成的重大後果接著而來。

因為精巧的機器相當昂貴，除非用來大量生產物品，否則就不划算。[6]只有在物品的出路有合理保證，並且只有在機器所需要的原料不會短缺而導致生產停頓的情形下，才有可能使用機器而不遭受損失。對商人來說這意指所有與生產有關的要素他都要賣，也就是他們必須能讓任何有能力購買的人買到需要的數量。除非能滿足這個條件，否則對於投下資本的商人，以及依賴這種持續生產以得到收入、就業和產品的社會這兩方面而言，使用特殊化的機器來生產是太過於冒險的。

對一個農業社會而言，這樣的條件不會自然產生；它們必須被創造出來。雖然社會應該逐漸創造出這些條件，但是這依然會產生各種驚人的改變。這個變遷包括社會上一部分成員在行為動機上的改變：求生存的動機被獲利的動機取代了。所有的交易都變為金錢交易——而這又需要將一種交易的媒介品引進工業生活的每一個關節。所有的收入必須是得自賣出某些東西，而且不管一個人收入的實際來源是什麼，它必須被視為賣出某些東西的結果。這些全都囊括在「市場制度」這個簡單的名詞裡，我們用這個詞來指稱前述的制度模式。但這個制度最驚人的特色是，它一旦建立了以後就必須在沒有外力的干擾下運作。沒有人能保證得到利潤，而商人必須從市場中得到利潤。必須讓價格自我調節。這樣一個自律性的市場制度就是我們所說的市場經濟。

從早期的經濟轉變成市場制度非常徹底，因此從持續成長及發展的角度來看，它比任何改變都更像毛蟲的蛻變。例如我們可以拿商人暨生產者的販賣活動與他的購買活動相比較；他所販賣的只是成品；不管他是否能找到買主，都不會影響社會的構造。但是他所購買的是原料和勞動——也就是自然和人。一個商業社會裡的機械生產實際上就是將社會的人性本質與自然本質轉化為商品。這個結論雖然不可思議，卻無可避免；假如不是這樣就無法達到目的：很明顯的，這樣的機制所引起的秩序錯亂必然會拆散人與人之間的關係，並且讓人的自然居所遭受毀滅的威脅。

這樣的危險事實上十分迫切。如果我們檢視支配自律性市場機制的法則，我們將會看出它的真正特質。

---

1. Tawney, R. H., *The Agrarian Problem in the Sixteenth Century*, 1912.
2. Gibbins, H. de B., *The Industrial History of England*, 1895.
3. Innes, A. D., *England under the Tudors*, 1932.
4. Gairdner, J., "Henry VIII," in *Cambridge Modern History*, Vol. II, 1918.
5. Heckscher, E. F., *Mercantilism*, 1935, Vol. II, p. 104.
6. Clapham, J. H., *Economic History of Modern Britain*, Vol. III.

第四章　社會與經濟制度

在著手討論支配市場經濟的一些法則（像是十九世紀所嘗試建立的那些）之前，我們必須確實理解這樣一個制度背後的特殊假設。

市場經濟意味著一套自律性的市場制度；用更專門的名詞來說，這是一個由市場價格——而且只由市場價格——來導向的經濟。這樣一個能不依外力幫助或干涉而自行組織整個經濟生活的制度，自然足以稱為自律性的。這些粗淺的分析應該得以顯示出人類史上這樣一個冒險事業前所未有的特質。

講得更明確一點。沒有一個社會能不具有某種型態的經濟制度而存活；但是在我們這個時代之前，沒有一個經濟是受市場控制的（即便只是大體上受控制）。儘管十九世紀學院的咒文持續不斷地此唱彼和（譯注：認為自利是人的本性，是人類經濟生活的基本動機），事實卻是：藉由交易獲利從沒有在人類經濟占過如此重要的地位。雖然市場制度從石器時代後期就已普遍出現，但它在經濟生活中的角色只不過是附屬性的。

我們有充分的理由就現有資料來堅持這個看法。沒有一個思想家像亞當．斯密（Adam Smith）這樣主張社會上的分工有賴於市場的存在，或者以他的話來說，有賴於人類「以物易物、買賣和交換的稟性」。他這句話後來就產生了經濟人的觀念。我們現在回顧歷史，對過去的正確瞭解有助於對未來的預測。因為直到亞當．斯密的時代，他所說的那種稟性還沒有明顯出現在任何已知社會的生活中，而即使出現也只不過是經濟生活中的附屬品而已，但在一百年後，工業制度已經全面推展到世界的主要地區，這意味著（不管是從實際上來說或從理論上來說）人類所有的經濟活動，甚至包括政治上、智識上及宗教上的活動，都受到這種特殊的稟性所支配。史賓塞（Herbert spencer）在十九世紀後半葉，也將社會分工的原理等同於以物易物和交換。再過五十年之後，米塞斯（Ludwig von Mises）及李普曼（Walter Lippmann）也重複了同樣的謬誤。那時候這種謬論已經沒有必要加以辯護了。許多政治經濟學、社會史、政治哲學，以及社會學方面的學者都跟隨亞當．斯密的足跡，並且把他這種物物相易的野蠻人模型做為他們學科上的公理。就事實而言，亞當．斯密對於早期人類的經濟心理學猜想與盧梭對野蠻人的政治心理學猜想同樣謬誤。與人類社會一樣古老的勞動分工現象，實際上起源於性別、地理環境，以及個人稟賦的差異；而將以物易物、買賣與交易看作人類的自然稟性則幾近全然無稽。就歷史學與民族學所知道的各種經濟模式而言，它們大都具有某種市場制度，但是在我們這個時代之前，沒有任何社會的經濟是由市場所控制和調節。這在我們分別綜覽經濟制度和市場的歷史以後就會非常清楚。直到近代為止，市場在許多國家的國內經濟所扮演的角色都無足輕重，其後當它們轉變為受市場模式支配的經濟時，變化就會益發清楚地顯現出來。

首先，我們必須拋掉一些有關原始人的所謂獲利嗜好的十九世紀偏見，這些偏見構成亞當・斯密的假設基礎。因為他的金科玉律對人類馬上就要面臨的未來相較於模糊的過去更具意義，這使得其信徒對人類早期的歷史有一種奇特的態度。從表面上看，一些證據似乎指出原始人完全不具有資本主義的心態，實際上他們有著共產的心態（後來這點也證明是錯的）。據此，經濟史家傾向於將他們的興趣局限於比較晚近的歷史——這時買賣及交易已經有了一定程度的發展——而將原始經濟劃歸史前史的範圍。這不知不覺使他們研究的比重偏向市場行為的心理學，他們認為在過去短短幾個世紀的相對短時期裡，每一樣東西都導向建立後來果真出現的市場制度，並因而忽視了其他暫時消失的傾向。要糾正這樣「短視」的看法，很明顯得將經濟史與社會人類學結合起來，而這是一直被忽視的課題。

我們今天不能再重蹈覆轍。這種將人類過去一萬年及先民社會視為只不過是真正文明史的序曲，而文明只從一七七六年出版《國富論》以後才開始的見解，已經是落伍的看法了。在我們的時代這樣的說法已經結束，要探索未來的可行道路，我們必須除掉跟隨前人步伐的本能癖性。但是亞當·斯密那一代的人將原始人視為傾向於以物易物及買賣的偏見，導致他們的後繼者對早期的人類完全沒有興趣，就像如今所知他本人也沒有極大的熱情投注於此。古典經濟學家的傳統——他們試圖基於所謂人類的自然習性來建立市場的法則——現在已經被另一種傾向所取代，這種傾向不再把「未開化」人類的文化看成與瞭解現代問題無關。

亞當·斯密及其徒眾對早期文明的這種主觀態度不該再吸引科學心智。文明人與「未開化」人之間的不同被過度誇張了（尤其在經濟領域）。根據歷史學家所說，直到最近為止，歐洲農村的工業生活型態與幾千年前差別不大。自從引進犁——本質上是由獸力拖曳的鋤頭——以後，西歐及中歐大多數地區的農業直到現代開始的時候都沒有多大改變。這些地區的文明進展主要是在政治、知識及宗教方面；從物質條件看，西元一一〇〇年的西歐很難比得上一千年前的羅馬帝國。甚至在這段時間之後，較容易改變的仍是在治國術、文學及藝術方面，尤其是在宗教與學術方面，而不是在工業方面。就其經濟而言，中古歐洲足可比擬古代波斯、印度，或中國，但在財富及文化上，卻絕對無法與兩千年前埃及的新王國相較量。韋伯（Max Weber）是當代經濟史家中首先反對認為原始經濟與文明社會的動機及制度無關從而加以漠視的人。其後社會人類學家的研究證明他顯然是正確的。最近對早期社會的研究所得到的最明確結論，就是人做為一種社會存在的不變本質。在任何時間及地點的各種社會裡，他的自然本質不斷以驚人的持續性一再出現；

人類社會生存的必要先決條件，看來是恆久一致的。

最近歷史學及人類學研究的重要發現是，就一般而言，人類的經濟活動是附屬於其社會關係之下的。他不是為了保障持有物質財物的個人利益而行動；他的行動是要保障自己的社會地位、社會權力及社會資產。只有當這些物質財物能為他的目的服務時，他才會重視它。生產及分配的過程並不與占有物品這個特定的經濟利益相連結；相反的，這些過程裡的每一步驟都是配合一些特殊的社會利益，這些利益驅使人們依某些特定的步驟而行動。這類利益在一個小的狩獵或捕漁社群自然有異於一個巨大的專制社會，但在這兩種社會中，經濟制度都是由非經濟的動機所推動。

從生存的角度來看，這種解釋至為簡單。舉一個部落社會為例：個人的經濟利益並不是最重要的，因為社群會保證它的成員免於饑饉，除非這個社群本身遭到災變，而即使在此時，受到威脅的仍是整體的利益，而非個人的利益。另一方面，維持社會的紐帶卻是很重要的。第一，如果一個人不顧已被整個社會接受的名譽或慷慨規範，他就會自外於社會而成為一個流浪者；其次，長久而言，所有的社會義務都是互惠的，滿足這些義務也最符合個人的互惠利益。這種狀況必然對個人產生一種持續的壓力，將經濟上的自我利益從他的意識中除去，直到他在許多（但並不是所有）情況中都無法從這種利益的角度來理解自己的行動所產生的結果。這種態度更受到間歇性的團體活動所加強，諸如分享共同狩獵的食物，或參與危險的大規模部落戰爭。從社會威望的角度來衡量，慷慨無私的回報非常大，因此使得全然無私之外的其他行為都不值得一試。個人的稟性與這個態度的形成根本無關。從不同的價值標準而言，人可以是好的，也可以是壞的；可以是合於社會的，也可以是反社會的；可以是妒嫉的，也可以是慷慨的。儀式分配（ceremonial distribution，譯注：在重大宗教儀式時，將個人或團體的財富分配給參與儀式者）的基本意義就是避免社會成員產生互相妒嫉的念頭，一如公開讚美一個勤勞的、嫻熟的或成功的園圃者（除非他太成功了，在這個情況他就可能會銷聲匿跡並假裝是被黑巫術擄走）。人類的激情（不管是好的或壞的）只導向非經濟的目的。儀式時展陳財富可以激發人們的競爭到最高點，而共同勞動的習俗則會把（勞動的）質與量的標準提高到最高點。所有以饋贈禮物形式出現的交換行為——這些饋贈者期待以後會得回報，雖然並不一定是從同一受惠者而來的回報——其過程通常都經過精心安排，並且受到公開的精巧方法、受到巫術儀式、受到各團體間以相互義務連結起來的「互惠性」所保障。這一事實本身即可說明，除了傳統上提高社會地位的物質財貨之外，這些社會缺少獲利的觀念，甚至缺少財富的觀念。

在上述這個對西美拉尼西亞（Western Melanesia）社群的一般特質的勾勒中，我們並沒有分析它的兩性及地域組織方式——這些都受到習俗、法規、巫術及宗教的影響——因為我們只想表明所謂的經濟動機是起源於社會生活之中。現代民族學家大都同意下列幾個觀點：（原始民族）缺少獲利動機；缺少以勞動取得報酬的原則；缺少最低勞力的原則；尤其最缺少基於經濟動機的特殊制度。然而，他們如何確保生產及分配的秩序呢？

答案就在於兩個與經濟並沒有直接關連的行為原則：互惠（reciprocity）及重分配（redistribution）。[1]假如以西美拉尼西亞的超布連島民（Trobriand Islanders）為例來說明這種型態的經濟的話，互惠主要是與社會的兩性組織方式——即家庭與親族——有關；而重分配則與一位共同首領底下的所有人有關，因此具有地域性的色彩。我們分別討論這兩個原則。

供養一個家庭——包括婦女及兒童——是母系親族的責任。一個男人將最好的作物收成供給他的姊妹以及她們的家庭，就此，他能因他的良好行為得到誇獎，但卻不能換取直接的物質利益；如果他懶散的話，他的名聲就會首先受損。互惠原則的運作使他的妻子及她的小孩得益，並因而在經濟上補償他的道德行為。在他自己的園圃及受惠者的倉庫前面進行儀式性展陳的食物，可以讓大家知道他在園藝上的高度才能。顯而易見的是：園圃和家庭的打理，都是社會關係的一部分，與優秀的耕作技術及良好的品德有關。互惠這個廣泛的原則有助於保障生產及供養家庭。

重分配原則的效力也如前者一樣大。這個島上很大一部分農產品是由村落首領收集後轉交給部落首領再保存於倉庫中。但是由於所有的社區活動都是環繞著宴飲、舞蹈及招待其他鄰島居民等（其時人們將遠程交易的成果拿出來分配，按照禮節贈禮或回贈，而部落首領贈送習俗性的禮物給所有參加者），這時倉庫制度的重要性就可以明顯看出來。就經濟上而言，它是現存的分工體系、對外貿易、為公共目的抽取稅金，以及防禦設施等制度的根本部分。但這些屬於經濟制度的功能，完全被極為鮮活的經驗所吸收，這些經驗為整個社會架構之下的每一項行動提供各種非經濟的動機。

但是，除非現存的制度有助於其運作，否則此類的行為準則無法發揮效力。在缺少文字紀錄及精密行政管理的幫助下，互惠及重分配得以維持這種經濟制度的運作，乃是因為這些社會的組織方式具有解決問題的一些先決條件，即對稱性（symmetry）及集中性（centricity）等模式。

互惠由於對稱性的制度模式而得以順利推展，這個制度模式在無文字民族的社會中是很常見的特徵。我們在部落所發現的「二元性」得以將人際關係成對分開，並因而在缺少文字紀錄時促成物品及勞役的互相交換。野蠻社會中的對偶族（moiety，譯注：將一個部落劃分為對稱的兩半）是為每個小群體製造一個「對等單位」（pendant），既源自於同時也有助於互惠的活動。對於「二元性」的起源我們所知不多；但在超布連島上每一個海濱的村落似乎都有一個對等的內陸村落，藉此達成麵包果與魚產的重要交易——雖然這些交易常常隱藏在互贈禮物的形式之下，時間上也不連貫。在庫拉交易（Kula trade）也一樣，每個人在別個島上都有他的交易對象，因而使得互惠關係極端個人化。但就部落的更小分支、聚落的分布，以及部落與部落間關係的對稱性出現頻率而言，長期倚賴個體間的單獨互贈活動所建立起來的廣泛互惠關係，並不實際。

出現在所有人類團體的集中性（centricity）模式，為物品及勞務的聚集、貯存和重分配提供了可循的軌跡。一個狩獵部落的成員通常都將獵物交給首領進行重分配：狩獵社會的特質，一則是有賴於集體合作，再則是獵物的量並不穩定。在這種情形下，假如這個部落要避免在每次狩獵之後就分裂，那麼捨此之外沒有其他更可行的共享獵物方法。在所有的實物經濟社會中，不論這個團體有多少人，相似的需要都存在著。領域愈大產品愈多，則重分配愈會導致有效的分工，這是因為它有助於將地理上不同的生產者聯繫起來。

在這種社會裡，對稱性和集中性會與互惠及重分配的需要相協調；制度形式與行為準則通常會互相適應。只要社會按其常規運作，個人的經濟動機就毋須介入；在這種社會裡，毋須擔心會有人逃避個人責任；分工合作會自動進行；經濟義務會按時履行；而且，最重要的是在所有公眾宴會時用以顯示富足的物品都會由此而來。在這樣一個社群裡，利潤的概念是被禁止的；討價還價會受到責難；慷慨施捨則被視為一種美德；以物易物、買賣及交易這些所謂的人類自然稟性並不明顯。事實上，經濟制度只不過是社會組織的一種機能。

這並不是說上述這種型態的社會經濟原則只限於在原始生產方式或小型社會中運作；也不是說不以獲利為動機的經濟和沒有市場的經濟就必然是簡單的。西美拉尼西亞的庫拉交易圈是人類所知最精巧的貿易方式之一，而這是基於互惠原則建立的；重分配也大規模出現於埃及的金字塔文明。

超布連群島是一個大致成圓形的群島，列島上的大多數人都花費許多時間從事庫拉交易的活動。雖然我們稱之為交易，但其過程中並不涉及利潤（不論是金錢的或物質的）；人們並不囤積物品或將物品永久占有；享受得到之物品的方法就是將它們轉送給別人；其間沒有討價還價，沒有買賣、物物相易或者交易；這整個過程完全受禮儀及巫術的規範。但這仍然是貿易，在這圈狀列島上的土著會定期組成大規模的遠航隊，將某類珍貴物品送給居於遠處順時鐘方向的島民，另一些遠航隊則將另一類貴重物品送到列島中反時鐘方向的島嶼。長久而言，這兩種珍貴物品——以傳統方法製成的白貝手鐲及紅貝項鍊——就會繞著這個列島弧打轉，其行程有時會耗上十年才周遊一圈。此外，通常在庫拉圈裡還有個人的交換伙伴。他們互相饋贈有價值的手鐲及項鍊為禮物，尤其是那些曾屬於有名望的人的東西。有系統有組織地交換長途轉運的珍貴物品，自然可以稱為貿易。但這套複雜的機制卻只依賴互惠而運轉。像這樣一個串連時間—空間—人類的複雜系統——涵蓋了幾百英里的範圍與幾十年的時間，把好幾百人與好幾千件物品連結起來——不但沒有任何紀錄或行政管理，也沒有任何獲利或買賣的動機。此時支配一切行為的並非物物相易的稟性，而是社會行為的互惠性。然而，其結果卻是在經濟領域達成驚人的組織成就。令人感興趣的是：建立在精確會計計算基礎上的最進步的現代市場組織，不知是否能應付得了庫拉貿易這樣複雜的任務，如果它願意去試的話。恐怕那些運氣不好的商人在面對無數獨賣者購入售出特殊貨品、並且在每一次交易中都有著毫無道理的限制時，會發現難以賺取利潤，而寧願歇業。

重分配制也有長遠多樣的歷史，而且幾乎一直延續到現代為止。當伯達馬族（Bergdama，譯注：西南非洲布須曼族〔Bushmen〕的北支，居住於卡拉哈利沙漠）男人狩獵回來，或者女人蒐集根莖植物、果類或嫩葉回來時，都要提供大部分的獵獲物給社群。實際上，這表示他們的活動成果要與其他生活在一起的人共享。就這一點來說，還是互惠的原則占上風：今天拿出去的，明天就會拿到東西獲得補償。然而，在某些部族裡，會有一位首領或其他重要的團體成員做為中介人；他居間收取和分配物資，尤其是需要貯存的物資。這就是真正的重分配了。很明顯的，這樣一種分配方法會對社會產生深遠的影響，因為並非所有的社會都像原始狩獵民族那樣民主。不論這種重分配是由一個有影響力的家族或是一位特出的個人、一個統治的貴族階級或是一個官僚集團來擔當，他們經常會借用重分配物品的過程來增加自己的政治實力。在夸克幽圖印第安人（Kwakiutl，譯注：加拿大西海岸的土著族）的誇富宴（potlatch）中，部落酋長把展示他的獸皮財富並將之分贈給參與者這件事看作個人的榮譽；但他這麼做也是為了給予受禮者一種義務，使他們成為他的負債人，然後成為他的屬下。

所有大規模的實物經濟都藉著重分配原則的協助來運作。巴比倫的漢摩拉比王朝（譯注：約西元前二一〇〇—前一八〇〇年），以及埃及的新王朝（西元前一五八〇〇—前七一二年）都是建立在這種經濟上的一種官僚型態的中央集權專制。父權制家族在此極度擴張，而其「共產式」的分配則劃分出等級，有很明顯差異的配給量。大量的貯藏庫用來徵集鄉下人的生產品，不管是牧牛人、獵人、麵包師、釀酒者、製陶工、紡織工，或是其他什麼職業的生產品。這些產品都被詳細地記錄下來，如果它們不在地方上消費掉就被轉送到更大的貯藏倉庫，直到送達法老王朝廷的中央行政機構。那裡有分門別類的倉庫以貯存布料、工藝品、裝飾品、化妝品、銀器、皇家行頭；

此外還有巨大的糧倉、軍火庫及酒槽。

金字塔建造者所採用的那種規模的重分配制度，並不限於不用貨幣的經濟體制。事實上，所有古代王朝都使用金屬貨幣來繳付稅款及支付薪水，但同時也用各式各樣糧食與貨倉中的實物來支付其他各種支出，貯存在倉庫中的各種物品主要是用來分配給社會中的非生產者，也就是官員、軍隊及有閒階級，供他們使用及消費。這種制度在古代中國、印加王國、印度王朝及巴比倫都採用過。在上述這些以及其他有卓越經濟成就的文明中，細緻的社會分工就是以重分配的原則來運轉的。

在封建的狀況下此一原則仍然適用。非洲一些按種族區分階層的社會裡，上層階級就包括一些放牧者，他們處身於仍然使用掘杖及鋤頭的農耕者之中。放牧者徵集的禮品主要是農產品，像穀類及酒，而他們分配出去的禮品是動物，尤其是羊（或者山羊）。在這些例子中，社會的各個不同階層之間有著分工（雖然經常是一種不平等的分工）：重分配制經常掩蓋了剝削的程度，同時，由於這種改良版分工制的優點，使得這種互依共存的關係有利於雙方的生活水平。從政治上來說，這種社會是處於封建政權之下，不管是牛群或土地都有著特權的價值。在東非洲有「特定的牛群采邑」。我們討論重分配時主要依據的人類學者屯瓦特（Richard Thurnwald）因而得以聲稱，不論在哪裡封建制度都蘊涵著一個重分配的制度。只有在非常先進的條件及特殊的環境下，這個制度才會變成像西歐那樣以政治為主，在西歐由於陪臣（vassal）需要得到保護而導致某些改變，禮品則變成封建的貢品。

這些例子顯示出重分配制傾向於將經濟制度納入社會關係之中。一般而言，我們發現重分配的過程構成政權的一部分，不論政權的形式是部落、城邦、專制王國、家畜或土地的封建制。在這些社會裡，物品的生產和分配主要是經由徵集、貯藏和重分配等方式，其模式主要以首領、廟宇、專制君王或領主為中心。在這些社會裡，因為領導集團及被統轄者之間的關係基於政治權力基礎的不同而有所差異，重分配原則所涉及的個人動機也有所不同：從狩獵者自動分享獵物，到古埃及農民因害怕懲罰而以實物繳交稅金。

在上述的討論裡，我們故意忽略了同質社會及階層化社會之間的重大差異；前者指的是所有人大致相同的社會，後者指的則是分成統治者及被統治者的社會。雖然奴隸與主人的相對地位與某些其成員皆自由平等的狩獵部落有天壤之別，而且，在這兩種社會裡個人的動機也因而極為不同，但是其經濟體制仍然可能建立在同樣的原則之上，雖然這些經濟體制會伴隨著很不相同的文化特色（這是根據與經濟制度糾纏在一起的很不相同的人際關係而顯現出來）。

第三個原則注定要在歷史上扮演重要的角色，我們將稱之為家計（householding）原則，這個原則存在於供自己使用的生產之中。希臘人稱之為家計（oeconomia），也就是「經濟」（economy）一字的字源。就民族誌紀錄而言，我們不能假設供個人或團體本身所需的生產是比互惠或重分配更為古老。相反的，正統派經濟學者在這個主題上提出的許多理論已經明確證明是錯的。他們所說的那種為了自己或家庭的需要而去採集食物及狩獵的個人主義式野蠻人，實際上從沒有存在過。事實上，只有到了更高階的農業時期，為了滿足家庭需要的生產才成為經濟生活中的特色；但即使在那時候，它與獲利動機或市場制度仍舊毫不相干。此時的經濟組織形式是封閉的群體。儘管這個自足的單元是由家庭、聚落或領地等非常不同的實體所組成，但原理是一樣的，也就是說生產與貯藏是為了滿足團體成員的需要。這個原則在實際運用上與互惠或重分配一樣廣泛。其制度核心的性質並不重要：它可以是父權家族那樣以性別為主，也可以是村落中以地域為主，或者是封建領地中以政治權力為主。這些群體的內部組織也不盡相同。它可以像羅馬的家族（familia）那樣專制，或者像南部斯拉夫民族的莊園（zadruga）那樣民主；可以大到像卡洛林王朝（Carolingian，譯注：中世紀法國王朝）的大莊園，或小到像西歐的一般農家。它對於交易或市場的需要不會比遵循互惠或重分配制的社會來得大。

兩千多年前，亞里斯多德就曾試圖將這種家計經濟活動樹立為一種模範。從世界性市場經濟急速下滑的頂峰向後回顧，我們必須承認他在《政治學》一書的緒論中將家計（householding）與生財（money-making）兩者所做的有名區別，也許是社會科學領域中最具預示性的指針；它仍是有關此一論題最好的分析。亞里斯多德堅決主張為了使用的需要而生產——而非為了獲利而生產——是家計經濟的本質；但他辯稱為了市場而生產的附屬品並不會破壞家計經濟的自給自足，只要這些農作物仍是在生產自用品的農田裡生產的，像穀類或牛隻；將剩餘的農產品賣出去也不會摧毀家計經濟的基礎。只有像他那樣一個博學之士才會主張獲利是為市場而生產時特有的動機，而貨幣將一個新的元素引進這個情況當中，然而，只要市場與貨幣對自給自足的家計經濟只是附屬品的話，這種為使用而生產的家計經濟原則就仍能適用。在這一點上他無疑是對的，但他卻沒有理解到，忽視市場的存在是如何不切實際——當時希臘的經濟已經依賴於批發買賣及借貸資本了。在當時狄羅士島（Delos）及羅德斯島（Rhodes）已經發展成貨運保險、海上貸款（sea-loans），以及匯兌銀行業（giro-banking）的商業中心，一千年之後的西歐與之相比仍然是一幅原始的景象。但是，貝利奧學院（Balliol College）的院長喬維特（Benjamin Jowett）卻犯了一個極大的錯誤，他理所當然地認為維多利亞時代的英國對家計經濟及生財兩者的本質，比亞里斯多德有更深入的瞭解。他以下列說詞來為亞里斯多德開脫：「涉及人性的各種知識互相衝突；在亞里斯多德的時代卻未能加以區分。」當然，亞里斯多德未能清楚看出社會分工的意涵，以及它與市場和貨幣的關係；他也沒有瞭解到貨幣之使用可以做為信用及資本。到此為止喬維特的非難是說得通的。但是這位貝利奧學院的院長——而不是亞里斯多德——卻無法理解到生財的人文意涵。他未能看出使用原則及獲利原則這兩者間的區別實際上是兩種極端不同的文明的關鍵，而這兩者的區別是亞里斯多德在兩千多年前初步的市場經濟還沒發展出來時就已經正確預示過了，但喬維特面對著市場經濟盛開的標本卻視若無睹。當亞里斯多德譴責為獲利而生產的原則是「不合人類的本性」、貪得無饜的時候，他實際上是針對很重要的一點，也就是說他譴責為獲利而生產的原則把在社會關係中受到各種限制的經濟動機從中分離出來。

概括地說，我們認為西歐直到封建時代末期，我們所知的各種經濟體制都是依互惠、重分配、家計，或三者之混合的原則所組織起來的。這些原則藉社會組織——特別是利用對稱的、集中的及封閉的形式——的幫助而制度化。在這個架構中，有秩序地生產和分配物品，是經由一般行為原則所控制的各式各樣動機而確保的。在這些動機當中，獲利並不是特別重要。習俗與法律、巫術與宗教都互相配合來誘導個人服膺一般的行為法則，這行為法則最後確保了他在經濟制度中所起的作用。

希臘、羅馬時代雖然有高度發展的貿易，但是在這方面卻沒有什麼突破；它的特色就是羅馬政府在家計經濟上所實施的大規模穀物重分配，這一直到中世紀末期都沒有例外，市場在經濟制度中並未扮演重要角色，流行的是其他的制度形式。

從十六世紀以後，市場在西歐不但數量很多而且也很重要。在重商制度下，它們實際上變成政府的主要關注點；但即使在這個時候，仍然沒有市場要控制人類社會的跡象。相反的，各政府對市場的規範和控制都比以前更嚴格；自律性市場的觀念並不存在。要瞭解十九世紀何以會突然轉變到一個全然新穎型態的經濟體制，我們必須考察一下市場的歷史；我們在考察過去的經濟體制時，事實上是把市場這個制度視為理所當然而忽略掉了。

1. 參見資料來源注解。這章大幅使用馬林諾斯基與屯瓦特的著作。

第五章　市場制度的演進

市場在資本主義經濟體制裡占著支配性地位，再加上以物易物或交換的原則在這種經濟體制裡具有的根本重要性，這樣的事實顯示，我們如果想要拋棄十九世紀有關經濟的一些迷信，就必須仔細探索市場的本質及起源。[1]

以物易物、交易及交換是一種經濟行為的原則，其效力依賴於市場模式。市場是為達到以物易物或者買賣目的的聚合處。除非這種形式的市場存在（至少是局部性的存在），否則交易的秉性就不能全面發揮：價格無法產生。[2]正如互惠原則有賴於對稱式社會組織模式的幫助，重分配原則因集中性而易於推展，以及家計原則有賴於封閉性，交易原則的效力有賴於市場模式。同樣的，互惠、重分配及家計可能出現在一個社會而不居於主要的地位，交易原則也可能在一個社會中居於附從的地位，而由其他原則居於主導的地位。

然而，從另一個角度來看，交易原則與其他三個原則並不是處於全然相同的地位。與交易原則相關的市場模式，相較於對稱性、集中性和封閉性都更為特殊，後三者與市場模式相較之下只是「特徵」而已，它們並不是僅僅為了一個功能而設計出來的制度。對稱性只是一種社會學配置，不會引出單獨的制度，它只是我們現存制度之外的一種模式（不論一個部落或一個村莊是否依對稱形式而組成，都不意味含有獨特的社會制度）。集中性雖然常會產生特殊的制度，並未蘊涵著為了單一特殊功能而產生特殊制度的動因（例如，一個村落的頭目或重要官員可以沒有區別地同時承擔政治、軍事、宗教或經濟的職務）。最後，經濟上的封閉自足，只是一個封閉群體的附屬特徵而已。

另一方面，與交易動機相關連的市場模式，能夠形成一個特殊制度，也就是市場。終極來說，這意指社會的運轉只不過是市場制的附屬品而已，這也就是何以市場對經濟體制的控制會對社會的整個組織有壓倒性的影響力。經濟不再是嵌含在社會關係之中，而是社會關係嵌含在經濟體制之內。經濟因素對社會生存的極端重要性，排除了其他任何結果。一旦經濟體制以單獨的制度、特殊的動機、享有特別地位等方式組織起來了，這整個社會就必須依此而改頭換面，讓這個體制能更加按自己的法則運作。這就是一般所說的市場經濟只能在市場社會中運作的意思。

從孤立隔離的市場變成市場經濟，以及從受到規範管制的市場變為自律性市場，其轉變過程是很重要的。十九世紀——不論我們讚之為文明的頂峰，或責之為癌毒的發展——曾很天真地以為這種發展就是市場擴張的自然後果。當時尚未瞭解到，市場之所以會跟強有力的自律性制度連結在一起，並不是由於市場向外膨脹的先天傾向，而是由於對社會體施予人為刺激以應付某種狀況，而這種狀況也是機器這個人為現象造成的。市場模式的有限及非擴張的本質一直沒有被人認識到；直到現代的研究才清楚表明這個事實。

「不是每一個地方都可以發現市場，缺少市場──雖然顯示出某種程度上的孤立與隔絕──無關乎任何特殊的發展，就如我們不能從市場的存在證明什麼。」從屯瓦特所著《原始社會的經濟》(*Economics in Primitive Communities*)書中所引的這段平淡的話，可以總結現代研究這個論題所得到的重要結果。類似於屯瓦特對市場所作的評述，另一名學者這樣談到貨幣：「一個使用貨幣的部族，與其他文化水平相同但不使用貨幣的部族之間，在經濟上沒有什麼差別。」對上述看法，我們只需指出其中一些較為特殊的意涵。

有無市場或貨幣的存在，不必然會影響到一個原始社會的經濟體制──這就駁斥了一種十九世紀的神話，認為貨幣發明之後就必然會因市場的形成而改變社會，加速社會分工的步驟，並釋放出人類以物易物、買賣及交易的自然本能。事實上，正統的經濟史就是建築在這種極度誇大市場重要性的看法上。唯一可以正確地從缺少市場和貨幣推導出來的經濟特色只有「一定程度上的孤立」或「隔絕的傾向」；從一個經濟體的內部組織來看，有沒有市場或有沒有貨幣並未造成什麼差別。

這個道理很簡單。市場並不是只在一個經濟體內運作的制度，它也可能在一個經濟體之外運作。市場是遠途交易的聚會點。地方性市場本身一般沒有什麼重要性。此外，不管是遠途交易或地方性市場，本質上都不具有競爭性質，所以這兩者的任一者都不會有壓力去產生區域性的貿易，即所謂國內的或全國性的市場。上述基於現代研究所得的結果，每一點都擊中了古典經濟學家視為理所當然的一些假設。

實際上，這些論點的邏輯與古典經濟學學說幾乎完全相反，正統學說是從個人有交易的秉性這個假設出發，由此推論出地方性市場的必然性、社會分工的必然性；最後推論出貿易、國外貿易（包括遠途貿易）的必然性。就我們現有的知識來看，我們幾乎可以把這個推論的順序顛倒過來：真正的起點是遠途貿易，這是物品的地域性分布以及因地域不同而導致的社會分工的結果。遠途貿易常會產生市場——一個包含交易行為與買賣行為（如果使用貨幣的話）的制度，因而最後就會提供機會（但絕非必然）讓一些人能投注於討價還價的秉性。

這個學說的主要特色，是認為貿易的起源在於與經濟內部組織無關的外在領域：「在狩獵民族中觀察到，從住居環境之外取得物品這項原則的應用，導致一定形式的交換，後來我們就視之為貿易。」[3]要探索貿易的起源，我們的出發點是要考察一個狩獵社會如何從遠處取得物品。「澳大利亞中部的代阿里族（Dieri），每年七、八月間就要組成遠征隊到南方去取得塗染在身上的硃砂……他們的鄰族楊楚翁塔族（Yantruwuna），也組成類似的團體到八百公里外的佛蘭德山丘

（Flinders Hills）蒐集紅砂以及用來壓碾草籽的石板岩。在這兩個例子中，如果當地的人拒絕外人來蒐集物品的話，可能需要經過格鬥才能取得想要的物品。」這種蒐集物質或尋寶似的行徑，不但近似搶劫及海盜行為，也類似我們所稱的貿易。基本上這是單方面的活動。它可以變成雙方面，也就是「一定形式的交易」，這經常是由強有力者在現場向外人勒索達成的；或者經由互惠性的安排，就像庫拉交易圈，或西非彭韋族（Pengwe）的訪問宴會，或像格皮爾族（Kpelle，譯注：位於賴比瑞亞），該族的酋長透過接待所有賓客而壟斷對外貿易。當然這種互訪並不是偶然的，而是——用我們的（而不是他們的）話來說——真正的貿易旅行；然而，物品的交易經常是在互贈禮物的表象下進行的，而且通常以回訪的方式完成。

我們得到的結論是：雖然人類社群從來沒有完全放棄對外貿易，但這種貿易卻不必然要伴隨著市場。對外貿易起源於冒險、探勘、狩獵、搶劫及戰爭，而不是起源於交易。它也絕少意味著和平與雙邊性，即使是意味著這兩者的時候也是基於互惠原則組織起來的，而不是基於交易原則。

對外貿易轉變為和平的交易，可以從交易及和平這兩個方面來加以探討。如前所述，一個部落的遠征隊必須遵從當地有力者所訂下的規矩，這些有力者可以從外來人手中取得一些回報；這種型態的關係雖然不完全是和平的，但可以產生交易——單方的奪取轉變為雙方的拿取。另一種發展是像非洲叢林的「沉默交易」，在那裡格鬥的風險是藉著有組織的休戰來避免的，和平、信賴及信用的因素就在這種情形下引進到貿易之中。

我們都知道，後來市場在對外貿易的結構中成為主要的部分。但是從經濟觀點來看，外貿市場全然異於地方市場及國內市場。它們的不同不僅是在規模上；就是在功能及起源上也是不同的制度。對外貿易是一種運輸；其特點是在某一個地區缺少某一種物品；像英國的毛紡品換取葡萄牙的酒就是一個例子。地方性貿易則限於地方上的物品，它們毋須運輸，因為它們太重、太大，或者易於腐敗。因此對外貿易及地方性貿易都與地理距離有關，後者受限於那些無法克服地理距離的物品，前者則是能克服地理距離的物品。這兩種貿易可以說是互補的。城市與鄉村之間的地方性貿易以及不同氣候區之間的國外貿易都是基於這項原則。這種貿易並不意味著競爭。如果競爭會使貿易無法運作的話，那麼去掉它也沒有什麼矛盾。另一方面，相對於對外貿易與地方性貿易，國內貿易在本質上是競爭性的；除了互補性的交易之外，國內貿易包含很大量的交易，在這些交易中不同來源的相似物品彼此競爭。因此，只有在對內貿易或國內貿易出現後，人們才接受競爭是貿易的一般原則。

這三種在經濟功用上極端不同的貿易，其起源也不盡相同。我們在前面已經敘述過對外貿易的起源。當駁運者在渡口、海港、河流終點及陸運交會點停歇時，市場就自然萌生。「港口」就是在轉運之處發展出來的。[4]在中古歐洲一度盛行的交易會（fair）就是遠程貿易所產生的一種特定形式的市場；英國的土產市集（staple）則是另一個例子。但是儘管交易會及土產市集再度消失使得教條式的演化論者感到錯愕，這些市集對於西歐城鎮的興起扮演了非常重要的角色。然而即使這些城鎮是建立在對外貿易市場的舊址上，但地方性市場不但在功能上和組織上都與之有所不同。是以港口、交易會、土產市集都不是內部或國內市場的前身。那我們要從何處探索國內市場的起源呢？

一個看似理所當然的假設是：由於個人的交易活動，長久下來就形成地區性市場，以及諸如此類的市場，一旦地區性市場出現之後，就自然會導致國內或國家市場的建立。但這兩種說法都不是事實。個人的交易活動在其他經濟行為原則占優勢的社會中，通常並不會導致市場的建立——這是赤裸裸的事實。這樣的交易活動幾乎在所有類型的原始社會中都很普通，但它們是被視為次要的事情，因為它們並不提供生活的必需品。在許多重分配的古老制度中，交易行為及地區性市場是很普通的，但它們只不過是一個附屬的特徵。同理也可見諸於以互惠為主的地方：交易行為經常具體表現於互信互賴的長期關係之中，這種關係有助於消除交易時的對立性。從社會學領域中的各個角度可以看出一些限制性的因素：習俗與法律、宗教與巫術都會產生同樣的結果，也就是將交易活動限於特定的個人和物品、特定的時間和場合。一般而言，從事交易的人只不過是加入一個已經決定好交易品項及數量的既有交易網。在提可披亞（Tikopia，譯注：波里尼西亞的一個小島）語中，烏塗（Utu）一詞指的就是他們傳統上在互惠交換中的一方。[5] 十八世紀思想認為是交易的基本特質——例如交易中的個人自主性，以及討價還價表現出的買賣動機等——在現實的交易中卻很少見到；如果這個動機確實潛伏於交易過程中的話，也很難浮現到表面上來。

初民社會所接受的行為準則表現出完全相反的動機。饋贈者可能故意將贈品掉在地上，而受施者則假裝無意之中將它拾起，或者甚至讓他的伙伴替他那麼做。沒有什麼事比一個受禮者仔細察看收受的禮品更違背既定的行為準則了。我們有充分的理由相信這種有教養的態度並不是對交易物品缺少興趣的結果，是以我們可以把這種交易上的成規描寫成是一種設計來限制交易範圍的抵消性措施。

事實上，從現有證據來看，我們無法肯定地區性市場是從個人的交易行為發展出來的。即使我們對地區性市場的起源不甚清楚，但可以肯定的是：這個制度從一開始就被一些防範措施所圍繞，這些措施是設計來保護社會的主要經濟組織方式以免受市場活動的干擾。市場的和平是以各種儀式和禮節為代價得來的。這些禮儀限制了交易的範圍，並保證能在給定的狹窄範圍內進行交易。市場制度最主要的成果——城鎮和都市文明的誕生——實際上是一種矛盾發展的結果。因為從市場衍生出來的城鎮不僅是市場的保護者，而且也是預防它擴展到鄉間並因而侵害到這個社會的主要經濟體制的手段。「contain」這個字的兩種意義（「包含」「遏制」）也許最足以表現出城鎮對市場的雙重作用：一方面是將之圈圍起來，另一方面是防止它發展起來。

如果以物易物四周環繞著各種禁忌以防止這種人際關係侵害到經濟體制的功能，那麼市場的紀律則更為嚴格。在此可以用查加族（Chaga，譯注：東非坦桑尼亞的一個部落）做例子：「在集市的日子裡，市場必須定時加以查勘。若有意外事件妨礙開市超過一天以上，那麼交易就不能恢復，直到市場被齋淨為止。……在市場上發生任何傷害事件並導致流血時，都必須立即進行贖罪儀式。從那時開始任何婦人不可以離開市場，而且不可以觸摸任何物品；物品在被運走或用為食物以前都必須加以淨戒。至少要立即用一隻羊做犧牲品。如果一個婦人在市集上生小孩或流產，那麼必須要有更昂貴、更重大的贖罪儀式。在這種情形下必須用一隻產乳的動物做為犧牲品。此外，酋長居所附近也必須用祭祀過的母牛的血來清滌。鄉間的所有婦人都必須接受同樣方式齋淨，按區進行。」[6]像這樣繁瑣的規則使得市場不易擴散。

典型的地區性市場——家庭主婦在此購買日常用品，農民、菜販及地方工匠在此販賣他們生產的成品——通常不受時間及空間的影響。這種市場不但在原始社會甚為普遍，甚至到十八世紀中期西歐最發達的國家也依然如此。它們是地方生活的附屬品，而且不管它是構成中非的部落生活，或梅羅文加王朝的法國城鎮，或亞當・斯密時代蘇格蘭村落的一部分，其間的差別都很小。這不但在村落中是如此，就城鎮而言也是一樣。地方市場在本質上就是街坊市場，雖然它們對該社區的生活很重要，卻完全沒有跡象顯示主要經濟體制可以化約為地方市場的模式。地方市場不是國內或國家貿易的起點。

西歐的國內貿易實際上是由於國家的干預而產生的。直到商業革命時代我們所瞭解的國內貿易實際上並不是全國性的，而是地域性的。漢薩同盟並不是德意志商人；他們是北海及波羅的海沿岸許多城鎮的貿易巨頭所組成的公會。漢薩同盟並沒有將德意志的經濟生活「國家化」，他們實際上刻意將其腹地從貿易中切開。安特衛普或漢堡、威尼斯或里昂的貿易實際上並不屬於荷蘭或德意志、義大利或法國。倫敦也不例外：它沒有那麼「英國」，一如呂北克（Luebeck，譯注：德國西北部港口）沒有那麼「德意志」。這個時期的歐洲貿易地圖很適當地只顯示城鎮，而將鄉間留下空白——就組織化的貿易而言，它的存在與否無足輕重。當時所謂的國家實際上只是政治的單位，而且非常鬆散，它包含了在經濟上無數個大大小小的自給自足家庭，以及村落中無足輕重的地方市場。貿易只限於有組織的城鎮，或者是地方性的街坊買賣，又或者是遠途貿易——兩者截然分開，而且都不得任意伸展到鄉間去。

城市組織中地方性貿易與遠程貿易的截然劃分，對演化論者又是另一個衝擊，對他們來說，一樣東西總是很容易發展成另一樣東西。然而這個特殊的事實卻是西歐城市生活社會史的關鍵。它有力地支持我們從原始經濟狀況來解釋市場起源的論點。地區性貿易及遠程貿易之間的截然劃分可能看似太過嚴格，尤其是這會導致一個使我們感到意外的結論：遠程貿易及地區性貿易都不是現代國內貿易的前身——這就使我們不得不從國家干預這個角度來解釋國內貿易的起源。就這一點而言，稍後我們就可以看到最近的研究支持我們的結論。不過首先讓我們簡略描述一下城市文明的歷史，這是因為它是在中古城鎮的局限之下，將地區性貿易及遠程貿易截然分開後形成的。

實際上，這種截然劃分是中古城市制度的核心。[7]市鎮乃是城市居民（burgess）的組織。只有他們享有居民權，而且這個制度是建立在城市居民與非城市居民的區別之上。鄉間的農民或其他城市的商人自然就不是城市的居民。雖然城市的軍隊及政治力量可以對付周圍鄉村的農民，但這種力量卻不適用於外地商人。因此，在地區性貿易及遠程貿易上，城市居民處於兩種極端不同的地位。

就食品的供應而言，城市居民所使用的規範方法包括強制性公開貿易及排除中間商，以便控制貿易量及抵制高價格。但這種規範方法只適用於城鄉之間的貿易。涉及遠程貿易的時候，情形就不一樣了。香料、鹹魚或酒類都必須從遠處運入，也因而屬於外來商人及其資本主義式批發貿易方法的範圍。這種貿易避開了地方性的規範，而城市居民唯一可做的是盡可能將它與地區性市場分開。全面禁止外來商人從事零售買賣就是為了達到這個目的。資本主義式批發貿易的數量愈大，將進口貨品排除於地區市場之外的限制也就愈嚴格。

就工業產品而言，地區性貿易及遠程貿易的分界更為深入，整個外銷生產體制都會受影響。其原因在於工匠行會——工業生產在這裡組織起來——的性質。在地區性市場上，生產是按照生產者的需要來調節的，以便把生產限制在有利可圖的水平上。這個原則並不適用於外銷，在這裡生產者的利益不會對生產有限制。因此，地區性貿易受到嚴格規範，而外銷生產卻只象徵性地受行業公會的控制。當時主要的外銷工業，亦即紡織貿易，實際上就是建立在雇傭勞動的資本主義基礎之上。

對地區貿易及外銷貿易愈來愈嚴格的區分，乃是城市居民面對流動資本逐漸威脅城鎮制度之生存時所產生的反應。中古時代的城鎮並不企圖縮小可以控制的地區性市場與難以控制的遠途貿易之間的鴻溝來消除其危機。相反的，他們採取最嚴格的排外性及保護性政策來應付這個危機，這是它們存在的理由。

實際上，這意味著這些城鎮設立了各種可能的障礙來防止形成全國性或國內的市場，而這卻是資本主義式批發商人所冀求的。城市居民藉著非競爭性的地區性貿易及在各城鎮之間同樣的非競爭性遠程貿易等手段，將鄉間排除於貿易範圍之外，並避免開放城鄉之間的貿易。這種發展使得各國政府不得不出面推動市場「國家化」並催生國內貿易。

歐洲各國政府在十五、六世紀所採取的計劃性措施，將商業制度巧妙地引導到具有強烈保護主義色彩的城鎮及公國。重商主義打破了分隔這兩類非競爭性貿易的障礙，從而摧毀了地區性貿易及城市間貿易落伍的排他性，也為全國性市場——它逐漸消除了城鄉之間、各城鎮與各省分之間的區別——奠下基礎。

事實上，重商主義是面對許多挑戰時的反應。從政治上來說，中央集權制國家的政府是商業革命所產生的，這個革命將西方世界的中心從地中海轉到大西洋沿岸，並因而迫使一些大農業國家中的落後人民為了商業及貿易而重新組織起來。就對外政治而言，主權的建立是當時所需要的；由此，重商主義者的治國術是為了國際事務上的權力這個目的而將全國所有資源都集中起來。就國內政治而言，將這些被封建主義及地域排他性所分化的國家統一起來，乃是這種努力的必然副產品。從經濟上來說，統一的工具是資本，也就是以貨幣形式貯積著，且因而特別適合於商業發展的私有資源。最後，中央政府的經濟政策背後的行政技術，將傳統的市鎮行政制度擴張到全國。在法國，行業公會有變成國家機構的傾向，行業公會制被直截了當地擴展到整個國家領域；在英格蘭，有圍牆的城鎮的衰敗對行會制度是致命打擊，而鄉間已經在沒有行會的督導下完成了工業化，此時鄉間的貿易及商業擴散到全國各地，並且成為經濟活動的主要形式。重商主義的國內貿易政策就源自於這項情勢。

國家的干預——它曾經將貿易從特權城鎮的限制中解放出來——現在被用來對付兩個密切相關的危機，即獨占及競爭，已往的城鎮曾成功應付過這兩個危機。當時的人已經深切瞭解到競爭必然會導致獨占，而獨占因為經常涉及生活必需品並因此很容易對整個社會造成危害，所以更為人所懼怕。於是對經濟生活的全面監督管理——不過此時已經不只是在市鎮範圍，而是在全國範圍——就成為必要的對策。排除競爭對現代人而言是短視的做法，在當時的情況下卻是保障市場運作的手段。在市場上對買方或賣方的暫時性干擾都必然會破壞兩者之間的均衡並使買賣雙方失望，其結果是使市場停止運作。先前的供銷者就會因為無法確定物品的價格而停止供應他們的物品，並且市場將因缺乏充分物品的供應而變成獨占商人的戰利品。在某些程度上，同樣的危險也可以見諸需求的一方，需求量突然降低也會導致需求上的獨占。政府對減低市場上的特殊限制所採取的每一個步驟——如關稅與禁令——都會危及生產及分配的組織體制，它們此時已經受到無節制的競爭及外來侵入者這兩者的威脅——後者經常在市場上搶先「賺取暴利」而不提供長期供應的保證。因此雖然這種新出現的全國性市場不可避免的有某種程度的競爭性，但占優勢的卻不是競爭性這個市場新要素，而是監督管理這個傳統特色。[8] 自給自足、為生計而勞動的農民仍是這個經濟體制的廣闊基礎，而且農民經由國內市場的形成而被整合到大的國家單位之內。全國性市場現在已經取得與地區性市場及國外市場並存（部分互相重疊）的地位。農業現在已經被國內商業——一個相對孤立的市場體系——所補充，後者與仍支配著鄉間的家計經濟原則並行不悖。

上面總結了到工業革命為止的市場的歷史。一如我們所知道的，人類歷史發展的下一個階段是試圖建立一個巨大的自律性市場。但是在重商主義這個歐洲民族國家所特有的政策中，卻沒有什麼東西可以預示這樣一個獨特的發展。重商主義所推動的貿易「自由化」，只是將貿易從傳統的排他主義中解放出來而已，但在同時也擴大了規範管制的範圍。經濟制度仍隱伏於一般的社會關係之下；市場只不過是前所未有地受到社會權威的控制與規範的制度的附屬特徵。

1. 參見資料來源注解。

2. Hawtrey, G. R., *The Economic Problem*, 1925, p.13.「個體主義原則的實際應用完全依賴於交易行為。」Hawtrey 錯誤地假設市場的存在是從交易行為而來。

3. Thurnwald, R. C., *Economics in Primitive Communities*, 1932, p.147.

4. Pirenne, H., *Medieval Cities*, 1925, p.148（注12）

5. Firth, R., *Primitive Polynesian Economics*, 1939, p.347.

6. Thurnwald, R. C.，前引書，pp.162-4.

7. 我們的說法是根據Pirenne的著名著作。

8. Montesquieu, *L'Esprit des lois,* 1748.「英國束縛商人，但支持商業。」

第六章 自律性市場及虛構商品：勞動、土地與貨幣

經濟體制與市場的這幅粗略輪廓，分別顯示出直到我們自己的時代之前，市場只不過是經濟生活上的附從品。一般而言，經濟體制是包容於社會體制之內的，而且不論支配這個經濟體系的主要行為原則是什麼，所出現的市場模式也必然與之相符合。這種市場模式立基其上的交易或交換原則，並沒有犧牲其他原則而擴張的傾向。市場在重商主義制度下高度發展的時期，是在中央集權的控制之下茁壯的——中央集權在農民的家計和全國生活這兩方面都助長了封閉自足的經濟型態。事實上，管制與市場是同時成長的。自律性市場則前所未聞；自我調節這個觀念的出現完全違反當時的發展趨勢。根據這些事實可以更全面瞭解市場經濟背後的一些不尋常假設。

市場經濟是只受市場所控制、調節和指導的經濟體制；物品之生產及分配的秩序，完全委諸於此種自律性的機制。這種經濟體制的由來，是預期人類行為的目標在於達到最大金錢獲利。它

假設市場中的物品（包括勞務）的供給會在一定的價格上與需求量相等。它並假定貨幣的存在，其作用是代表擁有者手上的購買力。生產因而受價格控制，因為管理生產的人所拿到的利潤是依價格而定；物品的分配也依靠價格，因為價格形成所得，並且由於所得的幫助而讓生產成品得以分配到社會成員手上。在這些假設之下，價格保證了生產與分配的秩序。

自我調節意謂著所有的產品都要在市場上販售、所有的所得都是從販售中得到的。據此，生產的所有要素都各有其市場，不但物品（包括勞務）有其市場，而且勞動、土地及貨幣都有其市場，它們的價格分別稱為物價、工資、地租與利息。這些詞彙暗示著價格形成所得：利息是使用貨幣的價格，並成為有能力貸出者的所得；地租是使用土地的價格，並成為有能力出租土地者的所得；工資是使用勞動力的價格，並成為出售勞力者的所得；最後，商品價格構成那些出售企業服務者的所得，而一般所謂的利潤實際上是兩組不同價格之間的差距——產品價格及其成本（也就是生產產品所需的價格）的差距。如果上述條件都能滿足的話，一切所得都是來自市場上的買賣，而這些所得會剛好足夠購買所有產品。

就政府及其政策而言，跟著這些假設而來的是另一組更進一步的假設。不能容許任何東西去抑制市場的形成，也不能容許從販售以外的方式獲取所得。此外，也不容許任何外來干涉透過調整價格來改變市場狀況——不論是物品、勞動、土地或貨幣的價格。因此不但生產的所有要素都有其市場[1]，而且任何會影響到市場活動的措施或政策都不應加以鼓勵。價格、供給和需求三者都不能加以固定或調節；只有那些創造條件讓市場成為經濟領域裡唯一的組織力量、協助確保市場自我調節的政策和措施是妥當的。

為了完全理解這意味著什麼，讓我們暫時回到重商主義制度以及它所帶來的全國性市場。在封建制度及行會制度之下，土地及勞動構成社會制度本身的一部分（貨幣在此時還沒有發展成產業的主要要素）。土地——封建秩序中的關鍵要素——是軍事、法律、行政及政治體制的基礎；其地位與功能由法律與習俗來決定。諸如：所有權是否可以轉移；如果可以的話，是在什麼樣的限制之下轉讓給什麼人；財產權包含什麼；某一種型態的土地該如何使用——所有這些問題都從買跟賣的組織方式中抽離出來，並受到另一套全然不同的制度規範。

相同的情況也見諸於勞動的組織方式。在行會制度之下——如同在歷史上其他的每一種經濟體制之下——生產活動的動機及環境都是嵌含於社會的整體組織之內。師傅、熟練工人與學徒之間的關係；同業的相互關係；學徒的人數；工人的工資等，都受到行會及城鎮的習俗與規定的規範。重商制度所達成的僅是把這些條件統一起來，在英國是經由法規來達成，在法國則經由行會的「國家化」來達成。至於土地，其封建狀態只有在與地方特權相關的情況下才被廢除；在其他情況下，土地仍是不准買賣，這在英法皆然。直到一七八九年大革命時，土地財產在法國仍是社會特權的來源，甚至在此之後，英國有關土地的習慣法在本質上仍是中世紀風格的。重商主義（儘管有著十足的商業化傾向）從未攻擊過保護生產的兩個基本要素——勞動及土地——以免它們變成交易對象的安全措施。英國經由《職工法》（*Statute of Artificers*，一五六三）與《濟貧法》（*Poor Law*，一六〇一）的制訂而完成勞動立法的「國家化」，將勞動從危險地帶移出，而都鐸王室和早期斯圖亞特王室的反圈地政策，則是對於利用土地財產來獲利的持續抗議。

不論重商主義者如何堅持商業化應該是國家政策，他們對市場的看法正好與市場經濟完全相反，從政府大幅擴張其對產業的干預最足以看出這點。在這一點上，重商主義者與封建主義者之間，采邑領主與工商利益集團之間，中央官僚與保守排他主義者之間都沒有差別。他們的差異只在於規範產業的方法：行會、城鎮與省分訴諸於習俗及傳統的力量，而新的國家權威則偏好於法令及條規。但他們全都反對把勞動及土地商業化的想法——而這是市場經濟的先決條件。一直到一七九〇年法國才廢除了產業行會及封建特權；英國到一八一三至一四年才撤銷了《職工法》，一八三四年撤銷《濟貧法》。在這兩個國家之中，直到十八世紀的最後十年以前還沒有人談及建立一個自由的勞動市場；經濟生活的自我調節這種想法則全然超出那個時代的眼界。重商主義者關心的是經由貿易與商業來發展國家的資源，包括充分就業在內；他們將傳統的土地及勞動組織方式視為理所當然。不論就這一點而言，或是就政治領域而言，他們與現代的概念相距甚遠；他們對開明專制君主絕對權力的信仰，並未受到當時民主思想的影響。一如轉變到民主體制及代議政治意味著時代潮流的全面反轉，十八世紀末從市場的規範管制改變成自我調節的市場，代表著社會結構的全面轉變。

自律性市場必須將社會在體制上分割為經濟領域與政治領域。事實上，這樣的二分法從社會整體的角度來看只不過是自律性市場確實存在的再聲明而已。或許有人會辯稱這兩者的分割實際上已經在所有時代的每一種類型的社會中達到了。然而這種結論卻是基於一個謬誤之上。誠然，要是欠缺某種制度可以確保物品生產及分配的秩序，沒有一個社會能夠存在。但這並不意味存在著分離獨立的經濟制度；一般而言，經濟秩序只不過是社會秩序的一種作用，並包含於其中。就如我們在前面所看到的，不論在部落社會、封建社會或重商主義的社會裡，都未曾有分離的經濟制度。事實上，十九世紀歐洲社會的經濟活動被抽離並歸結到一項獨特的經濟動機，是一個奇特的轉折。

這樣一種制度模式，除非能使社會屈從於它的要求，否則是無法運作的。市場經濟只能存在於市場社會。這是我們在分析市場模式時所得出的結論。現在我們可以詳細敘述這個論斷的理由。市場經濟必須包含產業的所有要素，包括勞動、土地及貨幣。（在市場經濟中，貨幣也是工業生產的基本要素，而且我們馬上會看到，把貨幣包含在市場機制中，對制度帶來了深遠的影響。）但勞動與土地只不過是每一個社會都有的人類本身，以及社會所處的自然環境。把它們包含到市場機制當中，意謂著把社會本身屈從於市場規律之下。

我們現在可以較具體地討論市場經濟的本質，以及它對社會的危害。首先我們要探討市場機制用以控制和引導工業生產所需的各種要素的方法；其次我們要探究這種機制對社會所造成的衝擊的性質。

在商品這個概念的幫助之下，市場機制得以適應工業生產的各個要素。這裡所說的商品可以從經驗上界定為：為了在市場上銷售而生產的物品；其次，市場也可以從經驗上界定為：買賣雙方的實際接觸點。因此，工業生產的每一種要素都被視為是為銷售而生產的，只服從於與價格相互作用的供給與需求機制。實際上這意謂著工業生產的每一個要素都各有其市場；在這些市場上，每一種要素都編入一個供給網和需求網；而且每一種要素都有一定的價格，這個價格由供給和需求決定。這些市場——其數目難以計算——則互相連結並形成一個大市場。[2]

關鍵點就在於：勞動、土地及貨幣都是工業生產的基本要素；它們必須在市場之中被組織起來；事實上，這些市場形成經濟制度當中一個絕對緊要的部分。但是勞動、土地及貨幣顯然不是商品；認為任何可供買賣的物品都是為銷售而生產的，這對它們而言絕不是真的。換句話說，根據商品的經驗定義來看，它們都不是商品。勞動只是伴隨生命本身的一種人類活動的另一個名稱，它並不是為了銷售而產生，是為了截然不同的理由而存在的，這種活動也不能與生活的其他面向分開，無法積存或流通；土地只是自然的另一個名稱，並不是人所製造的；最後，貨幣實際上只是購買力的表徵，一般而言，它全然不是製造出來的，而是由銀行或國家財政之類的機制所產生的。把勞動、土地及貨幣看作商品是全然虛構的。

然而，這種虛構的想法卻使勞動、土地及貨幣的實際市場被組織起來了[3]；它們在市場上被實際買賣著；它們的供給與需求有真實的量；任何足以妨礙這種市場形成的政策與措施事實上都會危及市場制度的自我調節。因而，這類虛構的商品提供了一個關於整個社會的重要組織原則，它以各種方式影響到社會上的所有制度，也就是說，根據這個組織原則，任何足以妨礙市場機制實際運作的安排或行為都不容許存在。

就勞動、土地及貨幣而言，這樣的假定卻不能成立。倘若容許市場機制成為人類與自然環境的命運、甚至購買力大小的唯一主導者，將會導致社會被摧毀。所謂「勞動力」這種商品，並不能任意加以堆積，或無限制使用，或甚至不加使用，而不致影響到剛好擁有這種特殊商品的個人。這個制度在處置一個人的勞動力時，同時也在無意間處置了這個「人」的生理、心理及道德的本質。若將文化制度的保護罩從人類身上剝下，他們就會在社會暴露的影響下消失；他們會淪落為罪惡、墮落、犯罪及饑荒等社會動亂的犧牲者而死亡。自然被還原成基本元素，街坊及風景被汙損，河川被汙染，軍事安全受到威脅，生產食物及原料的動力被摧毀。最後，只受市場調節的購買力也會週期性地消滅一些企業。這是因為過多或過少的貨幣，對商業而言，就像水災與旱災對原始社會一樣會造成極大的災害。對市場經濟而言，勞動、土地及貨幣的市場無疑都是絕對必要的。但是沒有一個社會能忍受這種純然虛構制度的影響，除非人類與自然的本性和商業組織方式都得到保障以免被這個撒旦磨坊破壞。

市場經濟之所以會極端人工化，根源在於整個生產過程本身是依買與賣的形式組織起來的。[4]在一個商業社會裡，捨此之外不可能有其他方式能為市場組織生產。在中世紀末期，外銷工業生產是由富有的城市居民所組織，並在他們的直接監督下在本市進行。其後，在重商主義的社會，生產是由商賈所籌辦，而且已經不限於在城鎮進行；此時已是「分包」（putting out）的時期，商業資本家提供原料給家庭工業並控制生產的過程，視之為純粹的商業企業。這時的工業生產已經完全處在商人有組織的領導之下。他熟知市場的行情，需求的質與量；他也可以為供銷做擔保，這在當時只包括羊毛、藏青染料，有時也包括家庭工業所使用的紡綻或織架。如果生產失敗了，家庭工業者就會暫時失業而蒙受最大損失；但這種生產卻不需建造昂貴的廠房，而且商人也不會因此承擔生產責任的風險。幾個世紀以來，這個制度的勢力和範圍不斷擴張，直到出現了像英國那樣的國家，其主要產業羊毛工業涵蓋了全國各地，由布商來組織籌劃生產。這些從事買賣的布商此時成為籌辦工業的生產者，而不需要單獨的動機。商品的製造毋須涉及互相幫助的互惠態度；生產者也毋須過問自己的成品是滿足什麼人的需要；工匠在操作其專長時也毋須考慮個人的驕傲或得自公眾讚美的自滿。這裡除了商人所熟悉的獲利動機之外就一無所有了。直到十八世紀末期，西歐的工業生產仍只是商業的附從。

只要機器仍不太昂貴而且不是專門性的工具，這個情況就會持續不變。家庭式生產者若能因使用機器而在同樣時間內生產更多的成品，他就可能採用機器以增加收入，但這項事實卻不一定會影響到生產的組織方式。不論這種便宜的機器是屬於工人所有或商人所有，對他們在同夥間的社會地位必然有所影響，而且一定會對工人的收入造成差異，他只要是擁有自己的工具，就會比較富裕；但是這並不會使商人變為工業資本家，或是專門貸款給這類的人。物品的流通極少短缺；較大的困難仍在於原料的供應，它有時無可避免會受到擾亂。但即使在這種情形下，擁有機器的商人所受的損失仍然不是很大。全面改變商人與生產之間的關係並不是由於機器的來臨，而是由於發明了精巧且功能特定的機器及工廠。雖然新的生產組織方式仍然是由商人所引進——此一事實決定了轉變的全部過程——但使用精巧的機器及廠房更需要發展出新的工廠制度，並因而在商業及工業兩者之間的相對重要性造成決定性的轉變且有利於後者。工業生產不再是由商人依買賣方式組織起來的商業的附從品；此時它已經涉及長期的投資及相對應的風險，除非合理確定會持續生產，否則這樣的風險是難以擔當的。

但工業生產變得更複雜，必須保證充分供應的工業生產要素就愈來愈多。其中最重要的三者是勞動、土地及貨幣。在一個商業社會裡，它們的供應只能以一種方式組織起來，也就是可以用購買的方式取得。因此它們必須能在市場上出售，換句話說，就是做為商品。市場機制擴展到工業生產的基本要素——勞動、土地與貨幣——是商業社會引進工廠制度所不可避免的後果。工業生產的要素必須能任意買賣。

這就意指要建立市場制度。我們知道在市場制度下，只有經由互相依賴的競爭性市場所保障的自我調節才能確實保證利潤。由於工廠制的發展已經被編入買賣過程中的一部分，因此勞動、土地及貨幣都轉變為商品，以便使生產能持續進行。當然它們並不是真正轉化為商品，一如它們事實上並不是為了在市場出售而生產的一樣。但它們為市場而生產的這個虛構卻變成了社會的基本組織原則。這三者之中有一項最特出：勞動是指稱人類的專門術語，只要他們不是雇主而是受雇者；因此勞動的組織方式會依市場制度的組織方式而改變。但由於勞動組織方式只不過是一般人的生活方式的另一個稱謂，這就表示市場制度的發展必然會引起社會本身的改變。據此推論，人類社會在此時已經變成經濟體制的附從品。

我們可以回顧一下前述的幾項歷史進展：英國歷史上圈地運動所造成的破壞以及工業革命所帶來的社會災變。我們已經指出：一般而言，進步是以社會變動為代價換取來的。如果變動的速度太快，社會就會在變動的過程中瓦解。都鐸王室及早期的斯圖亞特王室調節變遷的速度使變遷變得可以忍受，並且把其影響導至較少破壞性的方向，因而把英國從西班牙那樣的命運中挽救回來。但是其後卻沒有人將英國人民從工業革命的衝擊中挽救出來。這時人們已經盲目信仰自發性的進步，而且連當時最開明的人也像狂熱教徒般，追求無止境且無節制的社會變革。這對人類生活的惡劣影響實在難以形容。事實上，假如沒有當時一些保護性的對抗措施來打擊這個自我毀滅機制的運作，人類社會可能早已毀滅了。

十九世紀的社會史因而是一種雙向運動的結果：就真正的商品而言是市場組織方式的擴展；

對虛構的商品而言是對市場組織方式的限制，這兩者伴隨著發生。因此就一方面而言，市場已經擴散到全球各地，物品的數量也增加到不可思議的地步；在另一方面各國政府卻發展出成套的措施和政策來限制市場對勞動、土地及貨幣的影響。雖然世界商品市場、世界資本市場，以及世界貨幣市場的組織方式在金本位制的推動下，為市場機制取得空前的衝力，但卻同時產生另一個深入的運動以對抗市場經濟的危害性影響。社會保護自己以對抗自律性市場制度所具有的危害——這就是當代歷史的特色。

---

1. Henderson, H. D., *Supply and Demand*, 1922，市場的作用是雙重的：分配不同用途的要素，以及組織影響各種要素供應的力量。
2. Hawtrey, G. R.，前引書。在Hawtrey看來，其功能是製造所有商品之間相互一致的相對市場價值。
3. 馬克思對於商品價值的拜物性質的論斷，是就真正商品的交換價值而下的，與此處所指的虛構商品無關。
4. Cunningham, W., "Economic Change", *Cambridge Modern History,* Vol. I.

第七章　一七九五年的史賓翰連法案

十八世紀的歐洲社會在無意識中抗拒了將它變為市場附從品的任何企圖。沒有一個市場經濟可以不包括勞動市場而存在；但要建立這樣一個市場，尤其是在英國的鄉村，就意謂著社會傳統網絡的全面摧毀。從一七九五年到一八三四年，也就是工業革命最有生氣的時期，英國勞動市場的產生都受到史賓翰連法案（Speenhamland Law）的阻礙。

事實上，勞動市場是新工業體制之下最後一個要籌組的市場。只有在市場經濟已經開始運作，而且缺少勞動市場的災害對一般人民來說已經證明比引進勞動市場所造成的災害還要大的時候，才會進行最後這一步。自由勞動市場的最終結果——儘管在創造它時使用了非人道的方法——對所有相關的人在財務上都是有利的。但也就在這個時候，關鍵的問題出現了。自由勞動市場帶來的經濟利益並不能彌補它對社會造成的破壞。必須採用新的規範以保護勞工，只不過此時是為了防範市場機制本身的運作。雖然這些新的保護措施，像工會以及工廠法，都盡可能適應經濟制度的需要，但它們仍然干擾到市場的自我調節，最後並摧毀了這個制度。

從廣義的發展上來看，史賓翰連法案在這項歷史過程中占有重要的地位。

在英國，土地與貨幣都比勞動更早能夠流通交易。後者由於法律嚴格限制遷徙（勞工實際上是被綁在他們的行政教區）而不能形成全國性市場。一六六二年《住居法案》（*The Act of Settlement*）建立的所謂教區農奴制，直到一七九五年才放寬。假如不是同年訂立的史賓翰連法案或「貼補制」(allowance system）的引進，全國性勞動市場可能便建立起來了。這個法案是往相反的方向走：也就是走向加強承襲自都鐸王室及斯圖亞特王室的家長式勞動組織方式。伯克夏（Berkshire）的保安官們於一七九五年五月六日在靠近紐貝雷（Newbury）的史賓翰連鎮（Speenhamland）上的鵜鶘旅店開會，其時正值生產低潮期，保安官們決定工資的補貼須依麵包的價格來衡量發配，確保窮人有最低的收入，無論他們自己賺到的有多少。這些保安官的著名建議如下：「如果一加侖大小的麵包需要花費一先令，那麼每一個窮苦勤勞的人每週必須有三先令的收入以維持生計，不論這是他自己或家人的勞力取得的，或是從貧民津貼得來的，並且為了養育他的妻子及家人，每增加一人則須增加一先令六便士；如果一加侖大小的麵包需要花費一先令六便士，則每人每週要有四先令的收入，加上每一位家人的一先令十便士；麵包若超過一先令以上，每漲一便士，他自己就應多得三便士，他的家人則多得一便士。」在不同的郡縣，補貼的數目不太相同，但大多數情形下採用的都是史賓翰連法案的補貼標準。它實際上是一項非正式的急救措施。雖然大家通常稱之為法律，但這個補貼標準本身從未正式成為法案。不過它很快就成為英國大多數鄉間（其後甚至包括一些工業城鎮）的法律。事實上，史賓翰連法案引進的不只是一種社會、經濟的革新，而是「生存權利」，直到一八三四年廢止之前，它一直有效防止了在英國建立一個競爭性的勞動市場。在此兩年之前，即一八三二年，中產階級取得了政權，部分原因就是要廢除這個邁向新資本主義經濟體制的阻礙。實際上，很明顯的，工資制度不可避免地要廢除史賓翰連法案宣稱的「生存權利」——在經濟人的新政權之下，如果一個人可以不勞而獲，則沒有人會為工資而工作。

十九世紀大部分的作家沒有注意到史賓翰連法案廢棄後的另一項特色，就是工資制度的普遍化也對賺取工資者有利，即使這會剝奪他們法定的生存權。「生存權利」已經證明是一種死亡陷阱。這裡有一個弔詭非常明顯。根據其主張來看，史賓翰連法案是想要充分施行濟貧法——而實際上，它卻產生與原意相反的結果。在伊莉莎白法（譯注：即伊莉莎白一世時代制定的濟貧法）之下，不論工資多少，貧民都必須勞動，只有那些無法工作的人才可以得到救濟；當時從未考慮或給付工資補貼金。但在史賓翰連法案之下，只要一個人的工資低於貼補標準，即使他有工作，也可以得到救濟。因而，沒有勞工會因為滿足雇主而得到任何金錢利益，因為不論他的工資為何，收入總是一樣；只有在標準工資的情況下，也就是勞工實際所得的工資超過貼補標準時，才會有所不同。但這種情形在當時鄉間卻甚為罕見，因為雇主幾乎可以用極低的工資僱得勞工；不論雇主付多麼少的工資，按貼補標準得來的補助可以將工人的收入提高到標準以上。在幾年之內，勞工的生產力開始下降到貧民工人的水準，這給雇主多一個理由不將工資提高到標準以上。一旦勞工的工作強度，亦即他們的工作效率，降低到一定水平以下，他們就會變成跟「閒混」沒有什麼差別，只維持一種在工作的假象。雖然原則上工作仍是強制性的，但實際上救濟院以外的濟助已經很普遍，而且院內收容者的強制工作也已經很難稱之為工作。這可以說是出於更多的（而非更少的）家長式慈愛而拋棄了都鐸王室的立法。擴大公共救濟、訂立工資補貼並加上妻兒補貼、使每一項補貼收入都根據麵包價格的升降而升降，意味著在工業生產方面正快速被消除的規範原則，此時卻戲劇性地進入到勞動層面。

這個法案受到前所未有的歡迎。[1]父母不再需要照顧他們的小孩，小孩也毋須依賴父母；雇主可以任意減低工資，而工人不論工作與否都可以免於饑餓。人道主義者稱讚這項措施為慈善的行動（雖然不是正義的行動），而自私的人則私下慶幸它雖然是慈善的，但至少不是慷慨的；甚至地方稅的納稅人，也很慢才認識到這個制度——它宣稱一個人不論是否能賺取生活所需的工資都有「生存的權利」——會帶來怎樣的後果。

就長遠而言，其後果是可怕的。雖然要將一個人的自尊降低到寧願接受貧民救濟而不要工資得花上一段時間，但由公款輔助的工資卻必然變成一個無底洞，迫使他依靠貼補標準的補助。鄉間的人逐漸變為貧民；「一旦靠救濟，就要永遠靠救濟」的諺語是真實的說法。但是如果不從這種貼補制的長期影響來看，我們很難解釋早期資本主義對人類及社會的損害。

史賓翰連法案的插曲讓十九世紀先進國家的人看到這個他們參與其中的社會事業的真正性質。無論統治者或被統治者都永遠不會忘記這個愚人天堂的教訓；如果一八三二年的《改革法案》（*Reform Bill*）及一八三四年的《濟貧法修正案》（*Poor Law Amendment*）可以視為現代資本主義的起點，原因在於它們廢止了仁慈地主及其補貼制度的統治。要在沒有勞動市場的情況下建立資本主義秩序的企圖徹底失敗了。資本主義秩序的法則又再度肯定自己，並表現於對家長式慈愛原則的激烈敵意。這些法則的強韌性變得十分明顯，違背它們的人將得到殘酷的後果。

在史賓翰連法案之下，英國社會被兩股相反的力量扯裂，一股是來自家長式慈愛心態，要保護勞工免於市場制度的威脅；另一股則是在市場制度之下組織生產要素（包括土地），從而剝除一般人先前的社會地位，迫使他們憑出賣勞力來謀生，同時壓低他們勞力的市場價格。一個新的雇主階級形成了，但與其相對應的受雇者階級卻無法組成。新的圈地運動浪潮賦予土地流動性並造成了農村無產階級，但「濟貧法的惡政」卻阻止他們憑勞力謀生。無怪乎當時的人會為這看似矛盾的現象而感到恐怖：一方面是奇蹟般的增加生產，相伴出現的卻是餓莩般的大眾。到一八三四年時，一般的看法——尤其是許多深思熟慮的人強烈堅持的看法——是任何措施都要比延續史賓翰連法為佳。或者必須將機器摧毀，就如盧德派分子（Luddites，譯注：十九世紀初以暴力破壞機械的英國勞工）嘗試做的，或者必須建立一個正常的勞動市場。人類因此被迫走上烏托邦實驗的道路。

這裡並沒有要詳述史賓翰連的經濟措施，這在後面還會論及。從表面上看，「生存的權利」應該要將雇傭勞動整個擋下。標準工資應該要逐漸降低到零，因而將實際工資全部照行政教區來計算，這個過程應該會顯示出這種制度的荒謬性。但這時是前資本主義時期，一般人仍然具有傳統心態，並且不單單以金錢動機來主導他們的行為。大多數鄉間居民（不管是有產者或勞動者）認為，無論哪種生活方式都比貧民的身分好，即便此時貧民的身分還沒有像以後那樣被刻意烙上恥辱的印記。如果勞工能為了提高自身利益而自由組合的話，補貼制度或許會對標準工資產生相反的效果：濟貧法案的放任政策會減輕失業者的負擔而有助於工會活動。或許可以從此更進一步推論，由於史賓翰連的家長式慈愛的干涉政策引出了《結社禁止法》（*Anti-Combination Laws*）——這是更進一步的干涉。假如沒有反合併法案的話，史賓翰連法案可能會產生抬高工資的後果，而不是像以後那樣壓低工資。與二十五年以後才被廢止的《結社禁止法》一起，史賓翰連法案產生了相當諷刺的結果，也就是從財務面推動的「生存的權利」，最後卻摧毀了那些它本來想要幫助的人。

對後代的人來說，工資制度與「生存的權利」彼此互不相容是再清楚不過的事，或者換個方式說，可以運作的資本主義秩序與由公款補貼的工資兩者無法並存是再明白不過的事。但是當時的人並不瞭解他們正在建造的這個新秩序。只有在一般人的生產能力急速降低，並成為阻礙機械文明進展的全國性危機時，才使人們意識到必須廢除貧民無條件接受救濟的權利。史賓翰連的複雜經濟制度已經超越了當時最卓越專家的想像力；但結論看來很有說服力，即工資補貼必定有先天上的缺點，因為它甚至不可思議地損害了接受補貼的人。

市場制度的陷阱卻還不明顯。要清楚瞭解它，我們必須分辨自從機器發明以後英國工人所經歷過的各種變遷：先是一七九五—一八三四年間的史賓翰連時期；其次是從一八三四年以後的十年間，濟貧法修正案所帶來的困境；其三是從一八三四年以後競爭性勞動市場所帶來的損害，直到一八七〇年代承認工會以後對工人提供的充分保護。從年代上來講，史賓翰連制早於市場經濟，濟貧法修正案的十年是過渡到市場經濟的階段。與前者重疊的最後階段是市場經濟本身。

這三個時期有顯著的不同。史賓翰連制是設計來防止一般人民赤貧化，或者至少緩和赤貧化。其結果卻是一般人民的赤貧化，他們在這個過程中幾乎失去了人的樣子。

濟貧法修正案去除了對勞動市場的干擾：「生存的權利」被廢止了。這個法案的殘忍大大震撼了一八三〇與四〇年代一般民眾的感情。當時的激烈抗議使後人對這個事件的理解沒有清晰的影像。確實有許多真正需要救濟的貧民，在公共救濟停止之後就只能聽天由命。受難最大的其中一些人是所謂「值得救濟的貧民」，他們出於自傲而不願進入已經變為恥辱之屋的貧民習藝所。在整個近代史上大概從未有過比這個修正案更殘忍的社會改革法案；它假意要提供一套貧民習藝所的真正貧窮標準，卻碾碎了許多人的生命。（這個法案所引起的）心理上的折磨被冷靜地辯護著，並且由溫文的慈善家和緩地付諸實行，當作潤滑勞動磨坊齒輪的手段。但當時主要的抱怨實在是起因於這樣的突兀性：一個古老的制度被推翻，而一個激進的改革被冒然推展。迪斯雷利（Benjamin Disraeli，譯注：英國首相及作家）就曾公然抨擊這個「不可思議的革命」對民眾造成的傷害。然而，如果金錢收入本身就夠重要的話，人民的生活狀況應該早就被認為有所改善。

第三個時期的問題比前兩個時期遠為深入。從一八三四年之後的十年中，權力集中後的濟貧機構對窮人犯下的官僚式暴行仍只是零星的，而且相較於勞動市場這個現代最強大制度的全面影響根本微不足道。它在範圍上與史賓翰連所造成的威脅相似，但主要的不同在於危機的起源並不是缺少競爭性的勞動市場，而是這種市場的存在。假如史賓翰連法案曾防止勞工階級的出現，那麼現在的勞苦人民卻因冷酷無感的機制而迫使他們形成這樣一個階級。假如在史賓翰連制之下的人民受到的照顧如同不太稀罕的禽獸，那麼此時他們卻只有在各種不利的條件下自己照顧自己。假如史賓翰連意味著溫暖的落魄悲慘，那麼現在的勞工卻是無家可歸。假如史賓翰連制過度使用街坊、家庭及鄉居環境的價值，那麼現在的人卻是遠離家庭和親人，並從他的根及有意義的環境中漂蕩出來。簡而言之，如果史賓翰連法意味著停滯的腐朽，那麼，現在的危險就是遺棄至死亡。

英國直到一八三四年才建立競爭性的勞動市場；因而，做為一種社會制度的工業資本主義在此之前不能說是已經存在了。但是幾乎在同時，社會的自我保護作用也相應而生：工廠法（factory laws）及社會立法，以及政治性的工人階級運動浮現出來。由於要避免市場機制所帶來的全新危機，這些保護措施與這個制度的自我調節產生了致命的衝突。可以毫不誇張地說，十九世紀的社會史是被一八三四年濟貧法修正案所解放出來的市場制度邏輯所左右的。而這個動力的起點是史賓翰連法。

我們認為研究史賓翰連即是研究十九世紀文明的誕生，並不是只想到其經濟與社會後果，甚至也不是只想到這些後果對現代政治史的影響，而是想到我們的社會意識是以它的模板鑄造出來的——現在大多數人並不知道此事。在此之後幾乎已經被遺忘的貧民形象主宰著當時的議論，其深刻影響一如歷史上最重大的事件那樣強而有力。如果法國大革命是受惠於伏爾泰、狄德羅（Denis Diderot）、奎內（François Quesnay，譯注：法國經濟學家）及盧梭等人的思想，則濟貧法的議論形成了邊沁（Jeremy Bentham）、柏克（Edmund Burke，英國政治家及政論家）、戈德溫（William Godwin，英國作家及政治哲學家）、馬爾薩斯、李嘉圖、馬克思、歐文（Robert Owen，英國工業家及社會主義者）、彌爾（J.S. Mill）、達爾文及史賓塞等人的思想。他們與法國大革命同是十九世紀文明的精神祖蔭。在史賓翰連與濟貧法修正案之後的年代，人的心靈帶著一種新的憂慮苦悶轉向自己的社會：伯克夏的保安官試圖阻擋而後來被濟貧法修正案釋放的這個革命，將人們的視野轉移到自己本身的社會，這是他們以往從未注意到的。人們揭露了一個以往未曾注意其存在的世界，也就是支配一個複雜社會的各種律則。雖然在這個新穎而獨特的意義下出現的社會見諸於經濟領域，但其關連是全面的。

這個新生的事實以政治經濟學的形態進到我們的意識當中。其驚人的規律性與令人吃驚的矛盾被放進哲學與神學的架構，以便吸收進人類的意義之中。那些看來會廢除我們的自由的頑固事實和無情蠻橫的法則，也以某種方式與自由相協調。這就是暗中支撐著實證論者及效益主義者的形而上力量的主要動力。對人類能力的未探究領域的無止境希望和無限的絕望，就是心靈對那些限制的矛盾反應。從人口法則與工資法則的夢魘中萃取出了希望（也就是想像中的完美境界），並且具體表現在進步這個概念之中，令人感到十分鼓舞，似乎能為即將來臨的廣泛而痛苦的破壞提供辯解。絕望則是證明這項轉變的一個更有力的動因。

人類被推向塵世的地獄：不管他是停止傳宗接代，或用戰爭、瘟疫、饑荒和罪惡來消滅自己，他都終將毀滅。貧窮還存在於社會之中；而有限的糧食和無限的人口已經在財富無限增加的承諾破滅時成為一個問題，使得這個諷刺變得更加難堪。

這就是整合了人類精神面貌的社會的發現過程；但是社會這個新的實體又是如何轉化到日常生活之中呢？做為實際行動指標的和諧與衝突的道德原則已經被扭曲到極點，並被導向一種全面矛盾的形態。據說，和諧是經濟制度中本有的，個人與社會的利益最終是一致的——但這種和諧的自我調節卻要求個人服從經濟規律，即使它會毀滅他。衝突似乎也是經濟制度中本有的，不論是人與人之間的競爭或者階級之間的鬥爭——但是這樣的衝突卻可能是導向現在或未來社會深層和諧的唯一工具。

貧窮、政治經濟學，以及社會的發現這三者密切相連。貧窮使人注意到一個無法理解的事實，即貧苦似乎總是與富庶並存。不過這只是工業社會帶給現代人的第一個不可理解的弔詭。通過經濟學的門檻，他進入新的住居環境，這個偶然的狀況使得這個世代具有強烈的物質主義氣息。對李嘉圖及馬爾薩斯而言，沒有一樣東西會比物質財貨更為真實。對他們而言，市場法則代表人類能力的極限。戈德溫相信人類有無限的能力，因而必須否定市場法則。歐文是唯一理解到人類的能力並不是受市場法則的限制，而是受到社會法則限制的人。他是唯一認識到市場經濟的面紗後面的實體——社會——的人。但是他的看法卻被忽略了一整個世紀。

其間，由於貧窮的問題使得人們開始探究生命在複雜社會中的意義。政治經濟學從兩個相反的角度進入思想領域中：一方面是進步及完美境界，另一方面則是決定論及毀滅；它也經由兩個相反的方式轉化到實際行動中：一方面是和諧及自我調節的原則，另一方面則是競爭及衝突。經濟自由主義及階級觀念即預先形成於這些矛盾之中。由於一項重要事件的終結，一套新的觀念已經進入我們的意識之中。

1. Meredith, H. O., *Outlines of the Economic History of England*, 1908.

第八章　前提與結果

史賓翰連制原本不過是一個權宜做法。但沒有一個制度像它那樣更具決定性地塑造了整個文明的命運，而後在新紀元開始之前被拋棄。它是一個轉變中時代的典型產物，並值得今天每一位研究人類活動的人注意。

在重商主義制度之下，英國的勞工組織是建立在《濟貧法》及《職工法》的基礎上。一五三六年到一六〇一年間的各項法規統稱濟貧法，這很明顯是錯誤的名稱；這些法規及其後的修正案實際上只構成英國勞工法令的半數；另外的一半則包括一五六三年的職工法。後者是針對受雇者；濟貧法則是針對我們所稱的失業者及無法就業者（老人及兒童除外）。除此之外，後來還加上一六六二年的《住居法》，它關係到人的法定居所，極度限制人的遷徙流動。（對於受雇者、失業者及無法就業者之間的精細區分，當然是不符年代的，因為它需要有現代工資制度存在，而實際上它要再經過兩百五十年才出現；我們使用這些詞彙只是為了讓非常寬泛的說明更簡單明瞭。）

根據職工法，勞動的組織方式是建立在三根支柱之上：強迫勞動、七年的學徒見習年限，以及由官員鑑定工人每年的工資。這裡必須強調的是：這個法律同時適用於農業勞動者及工匠，也同時實行於鄉間及城鎮。在大約八十年之間，職工法受到嚴格遵行；後來部分學徒見習年限的條款廢而不用，其效力只限於傳統技藝；對於新興工業，像棉紡業，它們並不適用；根據生活費用而鑑定每一年工資的條款在一六六〇年王政復辟後英國的大多數地方都被擱置了。形式上，這個法令裡的官方鑑定條款一直到一八一三年才廢止，而有關工資的條款則廢於一八一四年。然而，從許多方面來說，學徒制的規則卻比這個法規長命；它仍是英國技術行業的一般慣例。鄉間的強制勞動則逐漸被廢除。不過我們仍然可以說在這兩百五十年之中，職工法所規劃的全國性勞動組織方式是建立在規範管制與家長式慈愛之上。

職工法從而受到濟貧法（對現代人來說這個詞很混淆，「貧民」〔poor〕與「窮人」〔pauper〕聽起來都一樣）的補充。事實上，英國的紳士認為任何沒有足夠收入以保持悠閒的人，都屬於貧民。「貧民」一詞實際上就相當於「平民」，而所謂平民則包括所有土地階層以外的人（當時所有成功的商人都會購買土地產業）。因此「貧民」一詞意指所有仍有所需的人，以及所有不時有所需的人。這當然包括窮人，但卻不只是窮人而已。社會中的老、弱、孤、殘等都需要受到照顧，尤其是這個社會聲稱在其疆界之內，每一位基督徒都有其歸宿。但更重要的卻是有些我們稱為失業者的有工作能力的窮人，他們若能找到工作，就可以憑勞力謀生。乞丐受到嚴酷的懲罰；流浪者，若是累犯，則可處死罪。一六〇一年的濟貧法規定有能力工作的窮人必須從事行政教區提供的勞役以賺取生計；救濟的重擔直接放在行政教區上，它有權從地方稅收中徵取所需的費用。這些稅收就是從所有的房主及房客，不論貧富，依其房租與地租價格加以徵收。

職工法加上濟貧法就構成所謂的《勞工法》（*Code of Labor*）。但濟貧法是由各地方自行主管的；每一個行政教區——通常是極小的單位——都有自己的條例以安置有工作能力者工作；或支持一家濟貧院，或安插孤兒貧戶子女為學徒，或照顧年長者、殘廢者，或安葬窮人；每個行政教區也各有本身的救濟標準。但不是每個教區都能夠這樣。許多行政教區沒有濟貧院；更多的行政教區沒有足夠的設施以安插有工作能力者工作；此外有更多的問題，如地方稅納稅人遲不繳稅，負責濟貧的人漠不關心，以及對濟貧興趣的冷淡，都減低了這個法律的作用。儘管如此，全盤來看，英國近一萬六千個濟貧機構仍設法保住了鄉間生活的社會肌理沒有受到破壞和損傷。

但是在全國性的勞動制度之下，這種失業及救濟的地方性組織安排很明顯是一種反常。地方救濟窮人的規定愈多樣，則職業性窮人湧至條件較好的行政教區的可能性也愈大。王政復辟之後通過了《住居法》來保護那些「較好」的行政教區，以防止蜂湧而至的窮人。再過一個多世紀以後，亞當．斯密痛責這個法案，因為它限制了人的流動性，並因而妨礙他們找到適當的工作，一如它妨礙資本家找到受雇者。只有在地方官及行政教區當局的同意下，一個人才可以居住在別的行政教區；否則即使他品行良好而且有職業，也會遭到驅逐出境的下場。是以人的自由平等法定地位受到各種清楚界定的限制。在法律之前他們是平等的，就個人而言是自由的。但是他們並沒有為自己及子女選擇職業的自由；他們也沒有遷徙的自由；他們並且被迫工作。伊莉莎白一世的兩大法案加上住居法，構成了一般人民的自由憲章，同時也是使他們動彈不得的封印。

工業革命繼續進行著，到一七九五年，在工業需要的壓力下，將一六六二年住居法的部分條文取消，教區農奴制被廢止，並且恢復了工人流動的自由。全國規模的勞動市場現在可以建立起來了。但就在同年，如同我們已經知道的，採用了一個類似濟貧機構的措施，這意味著伊莉莎白一世的強制勞動原則被翻轉，史賓翰連法案保證了「生存的權利」；工資補貼變成很普遍；家庭津貼也被追加上去；而所有這些都是採取公共救濟的形式，也就是接受救濟者不必到貧民習藝所去。雖然救濟的範圍很小，但卻足以勉強糊口。正當蒸汽機吵吵鬧鬧地要求自由，機器呼吁著要人手的時候，勞工政策卻又徹底回到規範管制及家長式慈愛。不過史賓翰連法案在時間上與取消住居法一致。其間的矛盾相當明顯：住居法的取消是因為工業革命需要為工資而工作的勞工的全國性供應，而史賓翰連法案則宣稱人不需恐懼饑餓，而且不管收入多少，行政教區會照顧他和家屬的生活。這兩種工業政策之間有顯著的矛盾；同時推行這兩者，除了社會的滔天大惡之外還能期待什麼呢？

但是，史賓翰連時代的人卻沒有意識到他們是走在什麼樣的道路上。在歷史上最偉大的工業革命的前夕，沒有出現任何徵象或預兆。資本主義沒有預告就來了。沒有人預料到機器工業的發展；它完全出乎意料地來到。當水閘迸裂，邁向世界性經濟的浪潮吞沒舊世界時，英國有很長一段時間實際上預期對外貿易會永久性衰退。

但是直到一八五〇年代之前，沒有人能說得如此肯定。要瞭解史賓翰連保安官這個建議的關鍵，乃在於這些保安官對他們所面臨的發展的廣泛意涵懵然無知。從現在回過頭去看，可能覺得他們不但企圖達成不可能的事，並且是以當時明顯相互矛盾的方法在做。事實上，他們在保護村落以防止動亂這個目標上甚為成功，然而他們的政策對其他未曾預見的方面所產生的影響，則造成災難。史賓翰連政策是勞動力市場發展過程中一段特定時期的結果，應從那些決策者對當時處境的看法加以理解。從這個角度來看，津貼制看起來就像是一種由鄉紳設計的措施，以應付無法再限制工人的遷徙這個新情勢，因為仕紳們希望能在接受全國性的自由勞動市場時，避免造成地方狀況的不穩，包括工資上升。

史賓翰連制的動力深植於其起源的環境中。農村貧窮加劇是這個即將來臨的變動的第一個徵兆。但當時的人沒有一個這樣想。農村貧窮與世界貿易兩者之間的關連一點都不明顯。當時的人沒有理由將鄉間貧民的數目與世界貿易的發展連在一起。貧民數目難以解釋的增加，一般幾乎都歸諉於濟貧法管理的方法，這不是沒有理由的。事實上，在這些表象底下，鄉間貧窮的增加，是直接與經濟歷史的整體趨向相關連的。但是這個關連很難看得出來。許多作者探討貧民以什麼樣的管道滲入鄉間，他們提出一些令人驚訝的理由來解釋貧民的增加。但是只有少數當時的作者像我們今天這樣從工業革命的角度來指出這些動亂現象之間的關係。一直到一七八五年，除了一陣陣貿易的增加及貧窮的增長之外，一般英國人仍然沒有覺察到經濟生活上的重大改變。

窮人是從什麼地方來的呢？這個問題是當時愈來愈多的小冊子作者提出來的。貧窮的原因和撲滅它的手段在這類文件中很難分開來，這些小冊子寫作的信念是：只要能充分消滅貧窮最明顯的罪惡，它就會全然消失。大多數人都同意的一點是：導致貧窮增加的理由相當多。譬如說：糧食不足；農業工資過高導致高糧價；農業工資偏低；城市工資過高；城市就業不穩定；自耕農的消失；城市工人不適合鄉間的工作；農民不願付高工資；地主擔心如果付出較高的工資會招致租金降低；家庭手工業無法與機器競爭；缺少全國性的經濟；不適當的住居環境；頑固的飲食習慣；服藥的習慣等。有些作者將貧窮歸罪於新種的大型羊隻，另外一些作者則歸罪於馬，認為必須以牛隻來取代；另外有人則鼓吹少養狗。有些作者認為窮人應該少吃，或者不吃麵包，而另一些作者則認為即使他們「以最好的麵包維生也不應該責備他們」。當時有人認為茶會損害窮人的健康，而「自釀的啤酒」則會使之康復；相信這種看法的人認為茶不會比最廉價的酒好。四十年後海莉葉・馬蒂諾（Harriet Martineau，譯注：英國女作家，熱心於社會改革）仍然鼓吹改掉喝茶的習慣以減少貧窮。[1]當然，有許多作者抱怨圈地運動的不良後果；另一些人則堅持製造業的興衰傷害了農村的就業。但就總體而言，當時流行的看法是將貧窮視為一種獨特的現象，一種由各式各樣的原因引起的社會疾病，其中最主要的原因是濟貧法未能適當施展補救措施。

貧窮增加及地方稅升高的真正原因，必定是起因於我們今日所稱的隱藏性失業的增加。在當時那種甚至連就業都是隱藏性的狀況下（在家庭工業下，某一程度內必然如此），這樣的事實自然不會明顯。但是問題卻仍然存在：如何解釋失業者及隱藏性失業者人數的增加？為什麼當時具有洞察力的人都沒有注意到工業即將改變的訊號？

主要的解釋是早期貿易的巨幅波動常常掩蓋了貿易量的絕對增加。雖然後者可以解釋就業的增加，但是巨幅的波動卻造成更多的失業。當就業的整體水平增加得很慢，失業者及隱藏失業者的人數增加卻傾向於加快。因此，建立恩格斯所稱的產業後備軍的速度，在當時更快於創造工業部隊本身的速度。

這個趨向的重要後果，是失業與總貿易額增加這兩者間的關連容易被忽視。雖然人們常常指稱失業的增加是由於貿易的大幅波動，但是這仍然沒有使人注意到這些波動本身乃是另一個更大過程的一部分，也就是一般商業的成長，逐漸依賴於工業生產。對當時的人而言，他們看不出都市中的工業生產與鄉間窮人增加之間有什麼關係。

貿易總額增加自然擴大了就業數量，而地區的專業分工加上貿易的急劇波動則導致鄉村和城鎮的職業產生劇烈變動，其結果是失業人口快速增長。高工資的謠言使得窮人不再滿足於農業的收入，這也造成民眾對農業工作的嫌惡，認為農業的報酬過低。當時的工業地區就像一個新的國家（如美國那樣）吸引著無數的移民。移民通常還伴隨著可觀的再移民。從鄉村人口並沒有絕對減少這個事實，似乎可以證明這種往鄉村回流的情形必然發生過。因而，當不同人群在各個時期被吸入商業及工業生產的工作，然後又漂蕩回原本居住的鄉間，來回累積的人口動蕩一直在持續。

對英國鄉間社會的許多損傷，起初是來自貿易直接對鄉村本身造成的動亂效果。農業革命必然先於工業革命。公有地的圈圍及農地的合併，伴隨著新引進的農作方法，造成強而有力的動盪結果。農舍的爭奪、農家果菜園與庭園的合併、沒收使用公有地的權利等措施，剝奪了家庭手工業的兩大支柱：家庭的收入與農業的底子。只要農村家庭手工業仍能從園圃，一小塊地，或放牧權中得到部分收入，他們就不是那麼全然依賴著金錢的收入；一片馬鈴薯園或「拾穗的鵝群」，在共有地上的一頭牛或騾子都會造成重大差別；家庭副業的收入就具有失業保險金的作用。農業生產的理性化無可避免地將勞工的根拔掉，漸漸傷害了他的社會安全。

在都市裡，就業波動造成的新的傷害性影響，自然非常顯著。一般而言，人們視工業為一項沒有前途的職業。戴維斯（David Davies）就曾這麼寫過：「今天充分就業的工人，明天可能就在街頭求人施捨麵包……，勞動條件的不確定性是這些新發明最凶險的後果。」他並說：「當一個從事於某種工業的城鎮失去了這種工業，其居民就像中了風一樣，立即變為行政教區的負擔：而且這個不幸並不因這一代人的消逝而終結。」同時勞動分工也造成了報復反撲：失業工匠徒勞無益地回到村子，因為「紡織工人一無所長」。都市化致命的不可改變性是基於亞當．斯密所預見的一個事實：他指出產業工人的智識能力比最庸劣的耕地者還差，因為後者通常能從事各種工作。不過，在亞當・斯密出版《國富論》的時候，貧窮並沒有顯著增加。

其後的二十年間，景象卻突然改變了。柏克（Edmund Burke）在一七九五年提交給匹特（William Pitt，譯注：英國政治家及作家）的著作《對匱乏的思考與詳述》（*Thoughts and Details on Scarcity*）當中，承認即使在整體進步的狀況下，仍有「二十年的不良週期」。事實上，從七年戰爭（一七六三）以後的十年間，失業率明顯增加，這可以從公共救濟的增加看出來。貿易量暴增伴隨著貧民困苦增加的跡象，這是第一次出現。這個明顯的矛盾注定成為西方下一代人在社會生活的所有重複現象當中最感困惑的現象。人口過多的幽靈開始縈繞在大家心頭。湯生（William Townsend）在《濟貧法研究》（*Dissertation on the Poor Laws*）書中就如此警告：「姑且不論一般人的臆測，在英國有多於我們能供養的人口，而且比現有法律制度下我們能適當僱用的還多，這是事實。」在一七七六年，亞當・斯密尚反映出溫和進步的心態。但不過是十年之後，湯生就已經意識到一波巨浪。

然而，許多事情發生了（只在五年之後），使得像鐵爾佛（Telford）這樣一個不關心政治，而且甚為成功的英格蘭造橋者，突然開始尖刻地抱怨起政府的無能，而且認為只有革命才是唯一的希望。鐵爾佛寄了一本潘恩（Thomas Paine，譯注：美國獨立革命的理論家）寫的《人類的權利》（*Rights of Man*）回家鄉，就在那裡引發一場暴動。巴黎正在催化歐洲的動盪。

坎寧（George Canning，譯注：英國政治人物）卻堅信濟貧法將英國從革命的危機中挽救回來。此時他談的主要是一七九〇年代及法國的戰爭（譯注：指拿破崙一世及拿破崙三世時的戰爭）。此時復燃的圈地運動進一步壓低了鄉村地區窮人的生活水平。克萊漢（J. H. Clapham）這位圈地運動的捍衛者承認：「在工資依賴補貼增加得最快的地方，以及最近進行大量圈地的地方，兩者之間有驚人的巧合。」換句話說，如果不是工資補貼，英國鄉間許多地區的窮人生活水平會下降到饑餓線以下。焚燒禾草堆抗議非常普遍。到處流傳要用空氣槍刺殺英國國王。暴動經常發生；而關於暴動的謠言則更多。在罕普夏（Hampshire）——但不只這裡而已——法庭威脅要將意圖「強使物價下降，不論是在市場上或路上」的人處死；但在同時，這個郡的地方官卻緊急呼籲給予工資補貼。很明顯的，採取防範措施的時機已經到了。

但是在各種可行的措施中，為什麼選擇了這個事後看來最不切實際的措施呢？對此我們可以考慮一下當時英國的情勢及所牽涉的勢力。仕紳及教士仍然統治著當時的鄉村。湯生歸結當時的情勢，指出擁有土地的仕紳將工業生產「保持在一定距離之外」，因為「他認為工業生產波動太大，而且由此得到的利益不足以抵銷它對財產造成的負擔」。這些負擔包括工業生產所造成的，兩項看似互相矛盾的影響：貧窮的增加，以及工資的增加。但這兩者只有在假定競爭性勞動市場存在時，才會互相矛盾。這樣的市場當然會傾向壓低受雇者的工資來減少失業。假如沒有這樣的市場——此時《住居法》仍然有效——貧窮與工資就可能同時上升。在這種情形下，都市失業的

「社會成本」就要由工人的家鄉來負擔——失業工人通常會回到家鄉去。城鎮裡的高工資對鄉間經濟是更大的負擔。農業的工資高於農民所能負擔的水準，但卻低於勞工賴以維生的水準。農業工資終究無法與城鎮的工資相較量。另一方面，當時一般都認為《住居法》必須廢除，或至少要放寬，使勞工能找到職業，讓雇主能請得到工人。當時認為這樣做會增加所有勞工的生產力，同時減低工資的真正負擔。但如果讓工資「自動調整到適當水平」的話，城鄉之間工資的差別這個馬上面臨的問題，很明顯就會在鄉間形成更迫切的問題。工業僱傭的流動性，加上間歇性的失業，會全面攪動鄉村社區。鄉紳及教士必須建立起一道堤防以保護村落免於遭受工資高漲的洪流沖襲。同時也必須及時設立一些能保護鄉村以對抗社會變動的措施，加強傳統的權威，防止農村勞力流失，並提高農村工資而不致過度加重農民的負擔。這樣一個措施就是史賓翰連法案。若將它擲入工業革命的狂流裡，它必定會產生經濟的旋渦。但是，如果從鄉村的主導利益，也就是仕紳的利益這個角度來看，其社會意涵卻與當時的環境相吻合。

從濟貧法行政的觀點來看，史賓翰連法案是嚴重倒退。過去二百五十年的經驗已經顯示行政教區對濟貧行政而言是太小的單位，因為任何一項措施若不能區分有工作能力而失業的人與年邁者、殘疾者及兒童的話，它必定是不適當的。這就像是在現代以一個城鎮單獨應付失業保險，或像是將失業保險與對老年人的照顧混淆起來一樣。因此，只有在一些短暫的時期內，當濟貧行政能同時涵蓋全國並有所區別時，它才多少符合需求。這樣的一個時期是在柏爾萊（William Bruleigh，譯注：伊莉莎白一世的首席顧問）及勞德（William Laud，英國國教會大主教）當政的一五九〇—一六四〇年間，當時王室經由治安推事（justice of peace）來主掌濟貧法，並且推動了一個野心勃勃的計畫來建立收容所並實施強迫勞役。但是共和政體（the Commonwealth）時期再度摧毀了當時被抨擊的王權個人統治。諷刺的是，其後的王政復辟卻完成了共和政體的任務。一六六二年的住居法限制濟貧法只能以教區為基礎單位，而且一直到十八世紀的第三個十年，立法機關對貧窮問題只付出不充分的關注。最後終於在一七二二年建立起區分貧民的措施；貧民習藝所由聯合行政教區建立，並與地方上的救濟院相區別；此外有時也允許貧民接受受公共救濟，就如貧民習藝所可以執行檢定貧民需要的真實性。到了一七八二年，《吉爾伯特法案》（*Gilbert's Act*）展開長期措施以鼓勵設立聯合行政教區來擴大濟貧的行政單位；同時，各行政教區被敦促要替有能力工作者在鄰近的行政教區找工作。這個政策並且得到公共救濟以及工資補貼的幫助，以減低救濟有能力者的花費。雖然設立聯合行政教區並不是強制性的，而只是一個許可，但是它卻意味著邁向更大的濟貧行政單位，以及各種各類被救濟的貧民的區分。因此，儘管這個制度有缺陷，但吉爾伯特法案代表著往正確方向的一個嘗試，而且只要公共救濟及工資補貼僅是正向社會立法的附屬品，它們也就不一定會對一個理性解決方案造成致命傷害。但史賓翰連法案卻扼殺了所有的改革。由於它將公共救濟及工資補貼普及化，它不但沒有承襲吉爾伯特法案的路線（有人誤以為兩者是一致的），而且全然倒轉其意向，並且在實際上摧毀了整個伊莉莎白一世時代的濟貧法。此時，在貧民習藝所及救濟院之間費力建立起來的區分已經變得沒有意義；各種各類的貧民和有工作能力的失業者此時全都混成一群有待救濟的窮人。一個與區分過程相對的過程開始了：貧民習藝所合併入救濟院；救濟院本身逐漸消失；行政教區又再度成為這個制度退化的真正傑作的最終單位。

在一般情形下，史賓翰連法案的影響甚至提高了仕紳及教士的權力。貧民救濟委員所抱怨的這種「權力一視同仁的慈善」，在扮演「托利社會主義」（Tory socialism）時最為成功：治安推事濫施仁慈，而稅負的重擔卻由農村中產階級來承擔。在農業革命的浪潮下，大多數的自耕農都已經消失了，其餘的房地產所有人及領地者在鄉間統治者眼中已經與手工業者和拾破爛者合併為一個社會階層。他並不仔細區分真正需要救濟的人，及碰巧需要救濟的人；從他優雅的山莊俯視農村裡為生活而掙扎的人，他看不出貧民與窮困者之間的區別，而且他可能會很驚訝地發現在收成不好時，一個小農非得依賴救濟不可，尤其是當地承受各種災禍般的稅負時。當然這種例子並不普遍，但其存在的可能就已經點出這個事實：許多繳納這種稅負的人，本身就是窮人。就社會整體而言，納稅者與貧民之間的關係很像今日失業保險制度下有職業者與失業者之間的關係：有職業的人承擔著供養暫時失業的人的責任。不過一般繳稅的人通常不能取得救濟，而一般農業工人並不繳稅。從政治上來說，仕紳對窮人的影響隨史賓翰連法案而加強，而農村中產階級對窮人的影響則轉弱。

這個制度最荒唐的地方是在經濟上。對於「由誰來支付史賓翰連制（所需費用）」這個問題，實際上是無法回答的。當然最主要的負擔是直接落在納稅者頭上。但農民也因他們付低工資給雇工而得到部分補償——這是史賓翰連制的直接結果。此外，如果農民願意僱用一個村人——否則此人就會依賴救濟——那麼他通常可以減除一部分的稅。結果是造成農家的廚房和園子裡有過多的幫閒者，但他們有些並不是很好的工作者，反而不划算。僱用那些實際上已領取救濟的人工作必然更為便宜。他們經常在不同的地點像「巡邏員」一般工作，只需給他們食物做為工資，或在村落的收容所被拍賣，一天只得到幾個便士做為工資。這種契約工人到底能值多少錢是另一個問題。除此之外，有時窮人也可以得到房租津貼，而那些無恥的房東則將不潔的房子以苛刻的租金租出去；只要這間破房的稅捐源源而來，村政當局通常對此視若無睹。這種糾纏不清的利益必然損及所有財務上的責任感，並鼓勵人們在各種小地方舞弊。

但是，在更廣的意義上，史賓翰連制仍是值得的。它最初是一種工資津貼，表面上看對被雇者有利，但實際上則是用公款來補助雇主。這種補貼制的主要效果是把工資壓低到生存水平之下。在極端貧困的地方，農民不願意僱用擁有小片田地的農業工人，「因為有田產者不能得到行政教區的救濟，而標準工資又非常低，如果沒有某種救濟的話，一個已婚者根本不足以養家。」結果，在某些地方，只有得到救濟的人才有受僱的機會；那些試圖避免領取救濟並且靠自己勞力維生的人，則難以找到工作。就整個英國來說，屬於後者的人還是居多，而做為一個階級的雇主們則從這些人頭上得到額外的利潤，因為雇主只需付出低工資，並且不需依救濟標準而多支付差額。長久來說，像這樣一個不經濟的制度必然會影響工人的生產力並壓低標準工資，最後甚至會壓低治安推事為造福貧民而訂定的「救濟尺度」。到了一八二〇年代，麵包的救濟尺度在許多郡實際上已經逐漸降低，而窮人可憐的些許收入則更加減少。一八一五至三〇年間，史賓翰連制的救濟尺度——當時在全英國甚為平均——約減少了三分之一（這個下降實際上是全面性的）。克萊漢甚至懷疑全部稅負的負擔是否確實像突然增加的抱怨那樣嚴重。沒錯。雖然稅負的增加甚為迅速，在有些地方甚至令人感到災禍臨頭，但問題之根源所在，最可能的並不是這些稅負本身，而是工資補貼對勞動生產力所產生的經濟效果。在情況較嚴重的英格蘭南部，濟貧所支付的款項只占總收入的百分之三點三左右——克萊漢認為這是相當可以忍受的負擔，尤其是考慮到這筆錢的一大部分「本來就應該以工資的形式給予窮人」。事實上，在一八三〇年代，救濟金的總額繼續下降。而其相對的負擔對增長中的國家福利而言也急速下降。在一八一八年，實際用於濟貧的總金額大約接近八百萬英鎊；到一八二六年已持續下降到低於六百萬英鎊，而其時英國的國民所得卻迅速上升。但這時對史賓翰連制的批評卻日益激烈，因為這種非人性化的措施已經開始使全國癱瘓，尤其是局限了工業本身的活力。

史賓翰連制加速了社會的災變。我們現在已經習慣於把早期資本主義「引人一掬同情之淚」的悲慘描述打折扣。但這是無可辯解的。馬蒂諾這位濟貧法修正案的狂熱信徒所描述的狀況與憲章運動鼓吹者所述的一致，而這些鼓吹憲章運動的人卻帶頭反對濟貧法修正案。著名的《濟貧法委員會報告》（一八三四）所陳述的事實，雖然鼓吹立即廢止史賓翰連法案，但也同樣可用於狄更斯（Dickens）反對這個委員會的政策的運動當中。金士里（Charles Kingsley，譯注：英國教士及小說家）、恩格斯、布雷克（William Blake）及卡萊爾（Thoams Carlyle）等人認為人類的形象已因一些可怖的災變而玷汙，他們說的並沒有錯。而比這些詩人及慈善家所喊出的苦痛及憤怒更令人刻骨銘心的，卻是馬爾薩斯及李嘉圖等人在目睹慘象時的冷酷無言，他們的塵世地獄哲學就是來自這些慘狀。

無疑的，由機器所引起的社會變動以及人們被迫為機器服務的狀況，必然產生了許多無可避免的後果。英國的鄉村文明缺乏那些都市的環境，這種都市的環境產生了後來歐洲大陸的工業城鎮。[2]這些新興市鎮裡沒有定居的中產階級，沒有工匠、技工，以及令人尊敬的小資產階級這樣的核心，以做為同化外來粗工的媒介物——這些粗工是因高工資的吸引力或被狡滑的圈地者所逐出，而在早期的工廠中做苦工。英國中部及西北部的工業市鎮是文化上的荒原；它們的貧民窟缺少原有的傳統及市民的自我尊重。這些流動的農民，甚或包括一些早先的自耕農或土地領主，在被逐入這種悲慘的境遇以後，很快就變為泥沼中莫可名狀的動物。這不單是因為他的工資過低，或工作時間過長——雖然這兩者都經常發生——而是他現在生活在否定他做為人的生活條件下。非洲森林裡的黑人被裝在籠子裡，並在奴隸販子的船艙中渴望新鮮空氣的感受，大概就是這些人的感受。但所有這些並非無法補救。只要人能得到一點社會地位，能過上他的親人或同伴所珍視的生活方式，他就會為此奮鬥，並恢復他的精神。但此時對這些勞工而言，可以發展的途徑只有一條：把自己變成一個新階級的成員。他如果不能用自己的勞力謀生，他就不再是一個勞工，而是一個貧民。史賓翰連制的最大壞處就是將他下降到這種狀況。這個含混不清的人道主義方案，阻止了勞工形成一個經濟的階級，並因而剝奪了他們唯一能避免這種命定生活在經濟磨坊之命運的手段。

史賓翰連制是使公共道德敗壞的有效工具。如果社會是一部自我運作的機器，目標是維護自身賴以建立的規範，那麼史賓翰連制就是要摧毀所有社會賴以建立的各種規範的自動機器。它不只獎勵逃避工作或假裝無能力，同時也增加了貧窮的吸引力，尤其是當一個人正要掙扎避開貧困的命運的話。一旦一個人進入救濟院（他和家人依賴救濟金一段時間以後，就會被送到此），他就掉進這個道德與心理陷阱被困住了。多少個世紀的安居生活所培養出來的尊嚴及自我尊重，在這個混雜的救濟院裡很快就消磨殆盡了，在這裡每個人必須小心，以免被視為高於他人，否則就會被強迫送出去找工作，而不是在院裡做一些瑣碎的雜事。馬蒂諾如此敘述：「濟貧的費用已經變成公眾的贓品……為了得到他們的一份贓物，強悍者恐嚇管理人員，淫蕩者表示她們的私生子必須餵食，懶人則捲起雙手等待他們的一份；無知的男孩女孩依此結婚；偷獵者、小偷及娼妓用威脅來強取它；鄉村的治安推事濫施救濟以抬高名望，而貧民救濟委員則為了方便而濫施救濟。這就是濟貧基金的下落……」「農人並不自己付工資以僱用適當數目的人手來耕種土地，而是被迫僱用一倍以上的人，這些人的工資有一部分是由濟貧費用支付的；他通常無法控制這些強迫他僱用的雇工——這些雇工工作與否隨他們的高興——而使田地的品質降低了，還使他無法僱用較好的工人，這些人願意為自己的獨立自主而努力工作。較好的工人在最低劣者之中也隨著下沉；那些繳納稅負的小農在經過一番徒勞無益的掙扎後，也到登記處去尋求救濟了。」[3] 日後，那些靦腆的自由主義者，卻毫不領情地忽略這位他們宗派裡的率直信徒。然而即使她有所誇張——這正是他們所害怕的——但她仍點出了要害。她自己屬於那個掙扎的中產階級：他們有教養的貧窮使他們對濟貧法的道德複雜性更為敏感。她瞭解到，並清楚地表達出來，社會需要一個新階級，「獨立勞工」的階級。他們變成她夢想中的英雄。她並且塑造出一個長年失業，但卻拒絕領救濟的工人，驕傲地對一個領救濟的朋友說：「我堂堂正正站在這裡，拒絕任何輕視我的人。我讓我的小孩坐在教堂的中排，不怕任何人會因他們在社會上的地位而斥責他們。有些人可能比我聰明；有很多人可能比我更富裕；但是沒有人比我更光榮。」但這時統治階級的大人物仍然沒有瞭解到這個新階級的需要。馬蒂諾女士指出：「貴族階級的粗鄙錯誤在於認定社會上除了有錢人之外，就只有一個階級存在，貴族由於責任所在，必須要去應付這些貧民。」她抱怨艾登爵士（Lord

Eldon，譯注：英國政治人物及法學家）與其他見聞廣博的人一樣：「將這所有收入低於最富裕銀行家的人——企業家、商人、工匠、工人及貧民——都包括到下層階級裡。」[4]她認為最後兩者之間的區分，是社會的未來發展所依恃者。她寫道：「除了主人及僕役之間的區別外，英國沒有其他的社會分野會比獨立工人與貧民之間的差別更大了；將這兩者混淆在一起，是截然無知、不道德且不恰當的。」這段話當然不是事實的陳述；在史賓翰連制之下，這兩個階層的區別已經不復存在。這段話毋寧是一種基於先知式預期的政策性宣言。這個政策由濟貧法改革委員會提出；這個預言期待一個競爭性的勞動市場，以及因而出現的工業無產階級。廢除史賓翰連法案是現代工人階級真正的誕生之日。他們切身的自我利益使他們成為對抗機械文明內在危機的社會保護者。但是不論他們將來的變化如何，工人階級與市場經濟在歷史上一起出現。他們痛恨公共救濟，不信任國家的措施，強調尊嚴及自力更生等，這些成為後世英國工人的特色。

廢除史賓翰連法案是一個新階級——英國的中產階級——進入歷史舞臺時的成就。仕紳階級無法完成中產階級命定要達成的使命：將社會轉變為市場經濟。在這個轉變還沒有開始之前，已經有數十條法律被廢除，而另外一些法律則被制訂出來。一八三二年的《國會改革法案》（*Parliamentary Reform Bill*）剝奪了王室指派議員的陳腐權力，將國會的權力全部轉移到下議院。他們第一個重大的議案就是廢除史賓翰連法案。現在我們瞭解到史賓翰連法案的家長式慈愛措施與國家命運密切結合的程度後，就會瞭解何以最強烈支持漸進改革的人，也不願提議十年或十五年的過渡時期。實際上，廢除史賓翰連法案是那麼突然，使得後世為對抗激進改革而炮製的英國式漸進改革的傳說變得毫無意義。這個事件的殘酷衝擊在以後幾個世代都是英國勞工階級的夢魘。然而這個有傷害性的手術之所以會成功，是因為各階層的人，包括勞工本身，此時已經更深刻認識到，這個表面上看起來照顧他們的制度，實際上是在腐蝕他們，而「生存的權利」是致命的疾病。

新法律規定以後不得發放任何公共救濟金給貧民。它的施行是全國性而略有差異的。就此而言，它也是徹底的改革。工資補貼當然停止了。貧民習藝所的測驗在新的意涵下重新引入。現在是由申請者本人決定自己是否真的如此落魄，願意自動前往收容所。這時收容所已經被刻意弄成一個可怖的地方。貧民習藝所代表著恥辱；居留在那裡會遭受心理上及道德上的痛苦，在那裡必須遵照衛生與禮儀要求的規定行事——事實上這是用以進一步剝奪貧民的藉口。在集權式中央管理制度下執行法律者，不再是治安推事或地方監護員，而是較精明的權威者——貧民救濟委員。連窮人的葬禮，甚至也包含其同伴在死後與他斷絕關係的儀式。

一八三四年，工業資本主義即將開動，濟貧法修正案也已經通過。曾經保護過英國鄉村和一般勞動人民，防止了市場機制全面衝擊的史賓翰連法案已經侵入到社會的骨髓。到了將它廢止時，大多數的勞動人民已經像惡夢中出現的鬼魂，不具人形。假如說勞工們是身體上被非人化了的話，那麼有財產者是在道德上沉淪了。基督教社會在傳統上的和諧性已經蕩然無存，富人們否認對其他同胞的生活條件負有任何責任。兩個對立的國家已經形成。有思考能力的人感到困惑的是：前所未聞的財富竟然與前所未聞的貧窮無法分開。學者們一致宣稱發現了一門科學，這門科學使支配人類世界的律則無可置疑。在這些律則的引導下，憐憫從人的感情中消除，並以堅毅的決心，憑著最大多數人的最大利益之名——這已贏得世俗宗教的地位——去拋棄人類的團結。

市場的機制固執己見，並且為其成就而大聲嚷嚷：人的勞動力必須成為一種商品。反動的家長式慈愛徒勞無益地抗拒這項必然的趨勢。由於史賓翰連制的恐怖，人們盲目地奔向市場經濟烏托邦的保護罩之下。

---

1. Martineau, H., *The Hamlet,* 1833
2. 厄普爾（Usher）教授將都市化開始的時間訂為大約一七九五年。
3. Martineau, H., *History of England During the Thirty Years' Peace (1816-46)*, 1849.
4. Martineau, H., *The Parish,* 1833.

第九章 貧窮與烏托邦

貧窮的問題環繞著兩個密切相關的主題：貧窮與政治經濟學。雖然我們將分別討論這兩者對現代意識的衝擊，但它們都是一個不可分割的整體的一部分——這個整體就是社會（society）的發現。

直到史賓翰連制的時代，人們對於窮人是從哪裡冒出來的這個問題沒有滿意的答案。然而十八世紀的思想家一般都同意貧窮與進步是無法分開的。麥法連（John M'Farlane）在一七八二年寫道，窮人最多的並不是貧窮或野蠻的國家，而是那些最富庶與最文明的國家。歐蒂斯（Giammaria Ortes）這位十八世紀的義大利經濟學家在一七七四年宣稱一項公理：一個國家的富裕程度跟它的人口相對應，一個國家的痛苦程度則跟它的財富相對應。即使謹慎如亞當・斯密，也聲稱在最富裕的國家工資並不是最高的。可見，麥法連所表達的看法，也就是隨著英國進入極盛期，「窮人的數目會持續增加」[1]，並不是大膽提出一個不尋常的見解。

再者，一個英國人預測商業不景氣，只不過是附和一種廣泛接受的意見而已。雖然一七八二年以前那半個世紀的外銷增加甚為驚人，但貿易的起伏則更令人印象深刻。貿易正要開始從低落期復元，這個低落期將外銷數量減低到大約半個世紀以前的水平。對當時的人而言，隨七年戰爭而來的貿易大擴張及國家財富的增加，只不過表示英國跟隨在葡萄牙、西班牙、荷蘭及法國之後，也有它致富的機會。它在國力上的急速上升這時已經成為過去。此外也沒有理由相信它的進步會持續不斷，因為這段進步似乎只是一場僥倖的戰爭帶來的結果而已。幾乎所有人都同意（一如我們所見的），貿易的衰退在預期當中。

但事實上，繁榮富庶就要到來——史無前例的繁榮富庶命定要成為全人類（而不只是英國一個國家）新的生活方式。但是這時英國的政治人物或經濟學家都絲毫沒有新時代即將來臨的預感。對政治人物而言，這是可有可無的事，一如對另外兩個世代而言，貿易量的猛漲對公眾的悲慘痛苦只有些許影響。但是對經濟學家而言卻是相當不幸，因為他們全部的理論體系都是建立在這一段「不正常」的湍流之下，當時貿易與生產的驚人上升，卻碰巧伴隨著人類痛苦的急劇增加——事實上，馬爾薩斯、李嘉圖、詹姆士．彌爾（James Mill）等人的理論所根據的明顯事實，只不過是反映出在一段界線分明的轉變期內，所發生的各種互相矛盾的趨勢。

這個情形確實令人困惑不已。十六世紀前半葉，窮人第一次出現在英國；他們因不屬於任何采邑「或任何封建領主」而變得十分顯眼，他們之所以會逐漸轉變成一個自由勞工的階級，是政府對流浪者的凶猛追捕，以及因對外貿易持續擴張而崛起的家庭工業，這兩者共同導致的結果。英國在十七世紀期間很少提及貧窮，即使是住居法這種苛刻的政策，也沒有激起什麼公眾的議論就通過了。到十七世紀末重新開始討論住居法時，距摩爾（Thomas More）《烏托邦》（*Utopia*）一書及早期的濟貧法已經有一百五十年之久（譯注：前者出版於一五一六年，後者頒布於一六〇一年），解散修道院及凱特叛亂（Kett's Rebellion，英國一場農民革命）早已被遺忘。某些圈地及「占地」仍一直進行著，一如查理一世在位時，但是新的階級整體上已經安定下來了。雖然窮人在十六世紀中葉是社會的危害（他們像敵軍一樣降臨），但在十七世紀末，窮人變成只是濟貧稅負的負擔。另一方面，當時英國不只是一個半封建社會，同時也是一個半商業社會；一般公民願意為工作而工作，既不接受中世紀認為貧窮並非問題的看法，也不接受成功的圈地者認為失業者只是四肢健全但懶惰的看法。但是在這之後，對貧窮者的看法開始反映出哲學外貌，就如以前對神學問題一樣。對窮人的態度，愈來愈反映出對人類存在整體上的看法。因此，這些看法多樣且看似混亂，但也是對研究我們文明的歷史學家的主要吸引力。

貴格派教徒可說是探索現代存在之可能性的先驅者，他們首先理解到非自願性失業必然是由於勞動組織方式本身的缺陷所造成的結果。懷著對事務性方法的強烈信心，他們將集體互助的原則應用在他們自己當中的窮人，他們有時基於良知不服從（譯注：因道德或宗教原因而拒絕服兵役、繳稅等）而使用此一原則，為的是拒絕付稅維護監獄或支持官方權威。虔誠的貴格教徒勞森（Lawson）曾出版一本《關於在英國沒有乞丐的貧民問題一事向國會條陳》（*Appeal to the Parliament concerning the Poor that there be no Beggar in England*）做為一個「行動綱領」，其中建議成立勞動交換所，就是現代所謂的公立就業機構。這是一六六〇年的事；在此之前十年，魯賓遜（Henry Robinson）已經建議成立一個針對「請願與遭遇困難的政府機構」。但是復辟政府偏好陳腐的方法；一六六二年住居法的傾向是跟任何理性的勞動交換制度直接相反，後者會產生一個較寬廣的勞動市場；住居單位——首度出現在法案上的用詞——則將勞工束縛在行政教區。

一六八八年光榮革命之後，貴格派哲學產生貝勒斯（John Bellers）這位提出了未來社會思想趨向的真正預言家。來自於受難禮拜會的氣氛（這種聚會運用統計學讓宗教濟貧政策具有科學的精確），他在一六九六年建議成立「工業團體」（Colleges of Industry）。在此建設中，窮人的非自願空閒，可以轉化為正面的成效。這個計畫著重的不是勞動交換的原則，而是一種很不同的勞動交換。前者指的是一般為失業者找雇主這種平常想法；而後者意味的卻是勞工只要能直接交換勞動成品，就不需要有雇主。貝勒斯說：「窮人的勞力就是富人的礦源。」那為什麼他們不能為自己的利益來開採這些財源，甚至多餘一些利潤呢？唯一必要的步驟就是將勞工組成一個「團體」或公會，使他們在這裡共同盡力。這就是後來所有社會主義者關於貧窮問題的核心思想，不論它是以歐文的聯合合作新村（Villages of Union）、傅立葉（Charles Fourier）的法蘭司蒂爾（Phalanstères）、普魯東（Pierre J. Proudhon）的交換銀行、布朗克（Louis Blanc）的國家工作房（Ateliers Nationaux）、拉薩爾的國家工廠（Nationale Werkstätten）、或史達林的五年計畫等形式出現。貝勒斯這本書實際上已經包含如何解決機器出現以後對現代社會造成大變動的方案。「這種工人成員的團體會使得勞動，而非金錢，成為衡量所有生活必需品之價值的標準……」這個計畫包括「各種行業團體，每一團體都為另外的團體而努力，但不需依賴救濟……」。勞動券、互助及合作之間的連結是很有意義的。為數三百左右的工人應能自立，並為基本生存而共同工作，「多做者，應多得。」因此，按基本生存所需的配給以及依工作成果而得到報酬相輔為用。有些小型實驗性互助單位得到的盈餘則歸諸受難禮拜會，以便分派給教派裡的其他成員。這種盈餘注定會有光明的遠景；利潤這個新觀念在當時已經變成萬靈丹。貝勒斯的全國性失業救濟計畫實際上是由資本家為了利潤而運作的！在同一年，即一六九六年，凱瑞（John Cary）倡建的布里斯托貧民公會（Bristol Corporation for the Poor），經過開始階段的成功後，卻與其他類似的事業一樣，未能產生利潤。但貝勒斯的方案與洛克的勞動比例制度建立在相同的假設上，後者在一六九六年付諸實施，規定窮人必須被分派到地方繳納賦稅者處，按後者繳付的稅率比重工作。這就是在吉爾伯特法案下，窮人巡迴工作制度的起源。使窮人付出代價的觀念此時已深入人心。

整整一個世紀之後，邊沁（Jeremy Bentham）這位多產的社會計畫家擬定了一個計畫，大量使用窮人來操作他那位更有創造天才的哥哥山謬爾．邊沁（Samuel Bentham）所設計的機器，來製造木具及鐵具。史蒂芬爵士（Sir Leslie Stephen，譯注：英國作家及哲學家）說：「邊沁與他哥哥原來是期待蒸汽機。後來想到何不僱用囚犯以代替蒸汽機？」這是一七九四年的事；邊沁的圓形監獄計畫——依此設計監獄能夠更廉價且更有效進行監督——已經存在了兩年，他現在決定將之應用到囚犯工作的工廠中；只是囚犯的位置由窮人取代。現在，邊沁兄弟的私人企業已經併入解決社會問題的整體計畫中。史賓翰連保安官所做的決定，惠特布略（Whitbread）的最低工資方案，以及匹特草擬的濟貧法改革方案，使得貧窮成為政治家們的一項論題。邊沁——他料定對匹特法案的批評必定會導致該案撤回——於一七九七年在楊格（Arthur Young）的《年鑑》（*Annals*）中提出自己的詳盡方案。他在圓形監獄計畫中的工作廠房——十二幢五層樓高的建築——是用以剝削那些領取救濟的貧民的勞力，它由設於倫敦、模仿英格蘭銀行董事會的中央評議會所掌管，只要擁有五鎊或十鎊股份的會員都有投票權。他在幾年後出版的一份報告中提及：「第一，所有英國南部貧民福利的管理，應由一個機構來執行，所有的費用由一個基金撥出。第二，這個機構是以『國家慈善公司』之類名稱為名的合股公司。」[2]他想要建立不下二百五十個工作廠房，大約有五十萬名收容者。這個計畫並且詳盡分析各種類型的失業者，邊沁在這方面比其他研究這個問題的人領先一個世紀。他清晰的頭腦顯示其能力最擅長現實主義。最近被解僱的「熟練工人」應該與那些因「偶爾不景氣」而找不到工作的人分開；季節性工人的「定期不景氣」則與「被代替的工人」加以區分，後者像是那些「因使用機器而成為多餘者」，或用更現代的名稱叫「技術上的失業者」，最後一群包括「解散的工人」，是在邊沁的時代，由於法國大革命而變得顯著的另一個現代類別。其中最有意義的類別是上面所說的「偶爾不景氣」者，它不只包括「依賴潮流」的熟練工人及技工，更重要的是包括那些「因製造業不景氣」而失業的人。邊沁的構想相當於大規模將失業商品化，而使產業週期平緩。

歐文在一八一九年重新出版貝勒斯在一百二十年前提出的建立工業團體的計畫。間歇性的貧困此時已經擴展為苦難的洪流。他自己倡建的聯合合作新村與貝勒斯的主張，主要不同點在於聯合合作新村的規模更大，包括一千二百人及同樣畝數的土地。呼籲採用此一高度實驗性的計畫以解決失業問題的人士包括像李嘉圖這樣的權威。但是沒有贊助者出現。其後不久，法國人傅立葉因為終日盼望隱名的股東來投資他的法蘭司蒂爾計畫而備受嘲笑，這個計畫是根據當時最出色的一個財務專家的概念而來。歐文在紐拉那克（New Lanark，譯注：英格蘭中南部小鎮）的企業——邊沁是隱名股東——不是也因其慈善計畫的財務成功而舉世知名嗎？這時對貧窮或對從窮人身上牟利的可行辦法仍沒有一致的看法。

歐文從貝勒斯那裡借用了勞動券（labor-notes，譯注：以勞動時間表示價值，若生產者需要別的物品，可以持勞動券至勞動交易所交換所需的物品）的概念，並在一八三二年將之應用到他的全國公平勞動交換所（National Equitable Labor Exchange），但失敗了。勞動階級在經濟上應自給自足的原則——也是貝勒斯的概念——成為其後兩年著名的工會運動的理論基礎。工會是包括所有工匠、同業公會、不排除小業主的一般性組織，其模糊的目標是將他們以和平手段組成一個團體。誰會料到這就是其後一百年間所有激烈的大工會的胚胎呢？不論是工團主義、資本主義、社會主義或無政府主義，在對窮人的措施上實在是沒有什麼分別。普魯東的交換銀行是哲學無政府主義的第一個實際運用，這基本上是衍生自歐文的實驗。馬克思這位國有社會主義者（state-socialist）則尖銳抨擊普魯東的觀念，認為今後應由國家提供資金來達成這一類型的集體計畫。由此，布朗克及拉薩爾的思想在歷史上留名。

為何不能從窮人身上牟利的理由是顯而易見的。一百五十年前，狄福（Daniel Defoe）就曾在一七〇四年出版一本小冊，暫緩了貝勒斯及洛克起頭的討論。狄福認為如果貧民得到救濟的話，就不會為工資而工作；如果將他們安置到公家機構去從事生產的話，只會在私人企業中造成更多失業。他的小冊子就有這麼一個邪惡的標題《施捨不是仁慈，僱用貧民是國家的苦惱》（*Giving Alms No Charity and Employing the Poor a Grievance to the Nation*），緊接著又出現孟迪維爾博士（Bernard Mandeville，譯注：英國諷刺作家）著名的打油詩（譯注：蜜蜂的寓言），認為蜜蜂社會之所以會繁富，是因為它鼓勵虛榮與嫉妒，邪惡與浪費。雖然這位古怪的博士沉迷於一種膚淺的道德矛盾，狄福卻點出了新的政治經濟學的基本要素。他的小冊子很快就被「下層政治」（十八世紀對於規範管理濟貧問題的稱呼）圈子之外的人遺忘了，而孟迪維爾廉價的矛盾問題則盤桓在柏克萊、休姆及亞當．斯密等人的腦中。很明顯的，在十八世紀前半葉，流動性財產仍是一個道德上的問題，而貧窮則還不是。清教徒階級震驚於封建貴族的奢侈浪費，他們的良知將之譴責為奢靡及罪惡，但他們同時不得不同意孟迪維爾的蜜蜂寓言：如果不是這些罪惡，商業及貿易會很快衰退。後來那些富商必須對商業的道德性放心：新的織布廠不只是要為無聊的炫耀而服務，同時是為了滿足日常生活的需要，他們並且發展出更微妙的浪費方式——表面上看不甚明顯，但實際上卻比以往更為浪費。狄福對救濟窮人的嘲弄，在當時還不足以穿透眾人關心財富的道德危險的良知；工業革命還未來臨。不過，就此而言，狄福的矛盾論點卻預示了即將來臨的困擾：「施捨不是仁慈」——這是因為如果去除了饑餓的威脅，反而會妨礙生產、製造出饑荒；「僱用貧民是國家的苦惱」——這是因為如果創造公共就業，則只會導致市場上的物品過度供應、加速毀滅私人商賈。大約十七世紀初期，在貝勒斯這位貴格教徒及狄福這位熱衷經商的人之間，在聖人與憤世嫉俗者之間，已經提出了這些問題，其後兩個世紀的努力與思考，希望與煩惱，都對這些問題提供了費盡心血的解決方法。

但是在史賓翰連制的時代，貧窮的真正性質仍然沒有被人瞭解。當時大多數人都同意人口多的優點，且愈多愈好，因為人民構成國家的力量。同時大多數人也同意廉價勞力的優點，因為只有勞力低廉，生產才會興旺。此外，假如沒有窮人的話，誰又肯到船上當水手或去打仗呢？不過當時對於貧窮並不是罪惡這一點仍有疑問。總之，為什麼窮人不能為公共利益而受僱於公家機構，一如他們為私人利潤而受僱於私人企業一般？這些問題沒有令人信服的答案。狄福偶而發現的真理，七十年後亞當．斯密可能會（也可能不會）理解；由於市場制尚未發展起來，反而掩飾了它的先天性弱點。不論是新的財富或新的貧窮，當時都不能完全瞭解。

各種不同想法的人——像貴格派的貝勒斯、無神論的歐文及效益主義的邊沁等——所提出的極為相似的計畫，顯示真正的問題還在成形階段。歐文這位社會主義者虔誠地相信人類的平等及天賦權利；而邊沁卻斥責平等主義、嘲笑天賦人權，並深深傾向自由放任。但是歐文的平行四邊形（parallelograms）計畫極為近似邊沁的工作廠房，很容易會誤以為歐文完全只受邊沁的影響，但其實還有貝勒斯。他們三人都相信一個將失業者的勞力組織起來的妥善方式必然可以產生盈餘，對於這些盈餘，貝勒斯這位人道主義者希望能用於其他受苦痛者的救濟，邊沁這位講求效益的自由主義者則希望將盈餘交給股東們；歐文這位社會主義者則希望將盈餘還給失業者。雖然他們的分歧已顯示出他們未來的分裂，他們共同的錯誤則暴露了在市場經濟萌芽的時候，他們對貧窮本質的極度誤解。更重要的是，當時窮人的數目不斷增長：在一六九六年貝勒斯寫作時，救濟金的總數約為四十萬英鎊；一七九六年，當邊沁公開反對匹特法案時，金額已經超過二百萬英鎊；到歐文時代開始的一八一八年時已經接近八百萬英鎊。從貝勒斯到歐文的一百二十年間，人口大約變成三倍，而稅負增加了二十倍。貧窮已經成為一個預兆。但其意義仍然無人知曉。

1. J. MFarlane, J., *Enquiries Concerning the Poor,* 1782. 又參見一七五七年 Universal Dictionary 討論一五三一年十月七日荷蘭濟貧法，Postlethwayt的編按。

2. J. Bentham, J., *Pauper Management.* 1797.

第十章 政治經濟學與社會的發現

當貧窮的意義被瞭解時，已是十九世紀了。分水嶺大約是在一七八〇年。在亞當．斯密的偉大作品裡，貧民救濟還不是問題；但是才十年之後，湯生的《濟貧法研究》卻將之視為一個明顯的議題，而且在其後一百五十年間未曾從人們的腦海中褪去。

從亞當．斯密到湯生的十年之間，氣氛的改變著實驚人。前者標誌著一個時代的終結，那個時代由國家（state）的發明者摩爾、馬基維利、馬丁．路德、喀爾文引領開啟；後者則屬於十九世紀，李嘉圖與黑格爾從相反的角度發現社會（society）的存在；社會並不是由國家的法則來支配，正好相反，是國家受到社會自己的法則所支配。沒錯，亞當．斯密把物質財富視為獨立的研究領域；如此，再加上他高度的現實主義意識，使他成為經濟學這門新科學的創立人。即使如此，對他來說，財富仍只不過是社會生活的一面而已，也是附從於社會的目的；它是各個國家在歷史上為生存而奮鬥的附屬物，而且不能從這些國家分離出來。對他來說，支配國家財富的一組條件，是從整個國家的進步、停滯或衰頹的狀態中衍生出來的；另一組條件是從安全至上以及權力平衡的需要中衍生出來的；另外一組條件則看政府決策是有利於城鎮或鄉村、工業或農業等來決定；因此，他認為只有在既定的政治架構下才有可能明確陳述財富的問題，他所指的財富是「對大多數人而言的」物質享受。他的著作裡沒有暗示過資本家的經濟利益決定了社會的法則；他也沒有暗示過資本家就是支配經濟世界的神聖旨意的世俗發言人。在他的學說裡，經濟領域還沒有受自身法則的支配——一套提供我們善惡標準的法則。

斯密把國家的財富視為國民生活（包括物質的與精神的）的一項機能；這就是何以他的海運政策如此切合克倫威爾（Cromwell）的《航海法》（*Navigation Laws*），以及他對人類社會的觀念與洛克的天賦權利體系和諧一致的原因。在他的看法當中，完全沒有跡象認為社會裡面存在一個獨立的經濟領域，並成為道德法則及政治義務的來源。自利（self-interest）只不過促使我們做一些本質上有利於他人的事，就像屠夫的自利，最後就會供應我們晚餐所需要的肉食。亞當．斯密的思想瀰漫著樂觀主義，因為主宰宇宙中經濟領域的法則與人類的命運相一致，一如與主宰其他領域的法則相一致。這裡沒有幕後黑手試圖假自利之名而強將人吃人的儀式加諸我們頭上。人的尊嚴就在於人是道德的存在，是家庭、國家及「人類大社會」公民秩序的一部分。理性與人性對個人行為設下限制；競爭與獲利都必須在它們之前讓步。自然就是與人類心靈的原則相一致；自然秩序則是與那些原則相一致。亞當．斯密在討論財富問題時，有意識地排除物理意義的自然。他說：「不論一個國家的土壤、氣候及疆域的大小如何，它每年的產出是富饒或缺乏，其特定狀態必定依兩個情況而定」，亦即勞動的技術，以及社會上生產者與逸樂者之間的比例。他所考慮的並不是自然的因素，而是人的因素。他在書中一開始就刻意將生物及地理因素排除掉。重農學派的錯誤對他是個警惕；他們因偏愛農業而混淆了物理的自然天性與人類的自然天性，並誤使他們辯稱唯有土地本身真正具有創造力。重農學派對土地的讚美與亞當．斯密的想法可說是南轅北轍。政治經濟學應該是一門人的科學；它研究的是人的自然天性，而不是自然本身。

十年後湯生的《濟貧法研究》則聚焦在山羊與狗的法則。背景是在智利海外太平洋中魯賓遜飄流記那樣的小島上。費南德茲（Juan Fernandez）在這個小島上放牧了幾頭山羊，以備將來再訪時肉食所需。這些山羊以空前的速度繁殖，並成為一群英國海盜的糧倉，這些英國海盜不時騷擾西班牙貿易商。為了要消滅他們，西班牙當局就放了一條公狗和一條母狗到這座島上，過了不久也大量繁殖，並減少了海盜所吃的山羊的數目。湯生寫道：「因此，一個新的均衡重建起來了……這兩個物種中的弱者首先死掉：最有生氣和最強健的保存了生命。」他並加上一句：「食物的數量調節了人類的數目。」

我們注意到其後的調查無法證實這個故事的真實性。費南德茲確實曾放生過一些山羊到這個小島上；但故事中的狗，據汾尼爾（William Funnell）說卻是美麗的貓，而且不論是貓和狗都不曾大量繁殖；而所有的山羊都是住在無法攀援的石丘上，此外，所有的報告都一致指出在海邊有許多肥大的海豹可以做為野狗的掠食品。然而，這個模型卻毋須經驗事實的支持。缺少真實性無法損及馬爾薩斯與達爾文的靈感都是由此而來的事實——馬爾薩斯是從孔多塞（Nicolas de Condorcet，譯注：法國哲學家及數學家）那邊得知這個故事，而達爾文則是得自馬爾薩斯。達爾文的天擇說及馬爾薩斯的人口法則若非遵從湯生這個山羊與狗的原理，是不會對現代社會有什麼顯著影響的。湯生希望將他的論點運用到濟貧法的改革：「饑餓可以馴服最凶猛的野獸，它會把禮節和謙恭、恭順與服從教導給最頑固的人。一般而言，只有饑餓可以激使（窮人）去工作；但我們的法律卻說他們不應遭到饑餓。必須承認的是法律也同樣說他們必須被強迫去勞動。但是法律上的限制卻伴隨著許多紛爭、暴力及喧囂；製造了不健康的心意，而且從未能有物品和合意的服務產生，反之，使用饑餓為驅策手段不僅是和平、平靜、不間斷的壓力，而且，做為工業及勞動最自然的動機，它也激使工人盡量發揮能力；當他們因得到別人的自由施捨而感到滿足時，將產生長遠的好意及感激。奴隸應該強迫工作，而自由人應該聽由自己的判斷與考慮；不管所得是多是少，他應該得到充分就業的保障；若他侵犯鄰居的財產則應受到懲罰。」

從此政治科學有了一個新的起點。從獸性的角度來看人類的社群，湯生避開了政治的基礎這個多半不可避免的問題；由此他把一個新的法則概念引入人類事務，就是自然法則（laws of Nature）的概念。霍布斯（Thomas Hobbes）的幾何學偏見，一如休姆（David Hume）、哈特萊（David

Hartley）、奎內、愛爾維休（Claude Adrien Helvetius）等人嚮往社會現象的牛頓定律，只是比喻性質而已：他們熱切想找出在人類社會中普遍有效的法則，一如自然界中的萬有引力定律一般，但他們所想的是一種關於人類本身的法則，例如一種精神力量，像是霍布斯所說的恐懼、哈特萊心理學中的聯想力、奎內的自利，或愛爾維休的追求效益等。他們對此也不太嚴謹：奎內與柏拉圖一樣偶而會用牲畜畜養者的觀點來看人類，而亞當．斯密也不會忽視實際工資與長期勞動供應之間的關係。然而，亞里斯多德曾說過只有神與野獸才能生活於社會之外，而人類則不屬於這兩者。基督教思想中認為人與獸之間的區分是本質上的；對生理現象的研究絕不會與神學上研究人類團體的精神起源相混淆。對霍布斯而言，假如人是披豺狼獸皮的人，那是因為人在社會之外就會像豺狼一般，而不是在人與狼之間有什麼共同的生物因素。最後，我們更可以指出每一個人類社群都必須建立大致相同的法律及政府。但是在費南德茲的小島上卻是既沒有政府，也沒有法律；然而在山羊與狗之間卻有某種均衡。這兩者之間的均衡是因狗無法捕食躲在石堆上的山羊，以及山羊成功逃避狗的追捕才得以維持住的。維持兩者之間的平衡不需要任何政府；它一方面是由於饑餓的痛苦，另一方面是由於食物的缺乏。霍布斯認為人類需要有專制君主，因為人類像禽獸一般；湯生則堅持人類實際上就是禽獸，而且正因為如此，只需要最小限度的政府。從這個新奇的觀點來看，一個自由社會可以視為包括兩種不同的人：有產者和勞動者。後者的數目受到食物供應量的限制；而且只要財產安全無虞，饑餓就會驅策他們去工作。這時已經不需要保安官，因為饑餓是比保安官更好的懲罰工具。湯生尖刻地說，訴諸於保安官是「從訴諸一個強而有力的權威者轉而訴諸一個軟弱的權威者」。

這種新的理論基礎，密切吻合即將出現的社會。從十八世紀中葉起，全國性市場已經發展起來；穀類價格不再是地方性的價格，而是地區性的價格；這預設著貨幣的普遍使用與物品廣泛的市場性。市場價格與收入（包括地租與工資）都相當穩定。重農學派學者最先注意到這些規律性，但他們卻無法將之在理論上統合起來，因為當時法國封建采邑的收入仍然很普遍，而勞力經常是半農奴式的，所以地租及工資大都不是由市場決定。但是在亞當．斯密的時代，英國鄉間已經變成商業社會的一部分；付給地主的地租以及付給農業勞動者的工資都明顯受到市場價格的影響。只有在極端例外的情形下，才由官方規定工資或價格。然而，在這種奇妙的新秩序下，舊有的社會階級雖然已經失去法律的特權並喪失了能力，但是卻仍然或多或少在從前的階級制度中繼續存在。雖然當時已經沒有法律強制規定勞動者要為農民服務，也沒有規定農民必須充分服從地主，但是勞動者及農民的行事卻如同這些強制仍舊存在一般。是什麼樣的法則使得勞動者注定要服從主人，注定要在沒有法律束縛的情況下受到束縛？是什麼樣的力量使得社會的各階級分離開來，一如他們是不同類的人？在人類的集合體裡，是什麼樣的力量使得平衡與秩序能夠維持住而不需要訴諸政府的干涉，也不需要容忍政府的干涉？

山羊與狗的模型似乎為這些問題提供了一個答案。人類的生物本能是社會的既定基礎，而非政治秩序的基礎。因此當時的經濟學家放棄了亞當·斯密的人文主義基礎，而加入了湯生的陣營。馬爾薩斯的人口法則加上李嘉圖的報酬遞減律使得人與土地的生產力成為這個新發現領域的基本要素。經濟社會（economic society）獨立於政治國家之外出現了。

對十九世紀思想史而言，最重要的問題是在什麼狀況之下，這個人類集合體的存在——一個複雜的社會——會變得顯而易見。由於這個即將出現的社會只是市場制度而已，人類社會此時面臨一個危機，也就是被轉移到一個舊有道德秩序（政治是其中一部分）所不熟悉的基礎上。貧窮這個無法解決的問題迫使馬爾薩斯與李嘉圖承認了湯生所陷入的自然主義。

柏克則從公共安全的角度去探討貧窮的問題。他對西印度群島情況的瞭解，使他認識到豢養一大群奴隸而沒有給白種主人提供適當安全保障的危險性，尤其是在允許黑人持有武器的情形下更是如此。他認為同樣的顧慮也適用於英國日增的失業者，而覺得政府手上缺乏足夠的警力。雖然他全心全意捍衛家長式慈愛傳統，卻也熱情支持經濟自由主義，他認為在經濟自由主義之中可以找出貧窮管理問題的答案。棉花作坊對貧苦兒童——他們在學徒期間由行政教區照顧——的意外需求，使得地方政府當局樂於從中得利。數以百計的行政教區（通常是在英國偏僻地區）與工廠簽訂服務契約。總而言之，這些新城鎮逐漸產生對貧民的高度需求；工廠甚至準備為使用貧民而支付薪資。成人則被分派到任何願意供養他們的雇主那裡，一如他們在行政教區之內的農家，循著巡邏員制度的各種形式輪流住宿。讓他們外宿耕作，總比維持這些「沒有罪犯的監牢」（這是當時對貧民習藝所的稱呼）更為廉價。從行政的角度來看，這意味著藉「雇主更加持久也更加周詳的權威」[1]來取代政府及行政教區的強制性工作。

很明顯的，這就涉及了一個治國術的問題。如果資本主義企業家渴望得到貧民來填滿自己的工廠，甚至願意付錢來獲取他們的勞力，而行政教區則將有工作能力的貧民交給廠家以履行他們的責任，那麼這些窮人為什麼要成為公家的負擔，而由行政教區來維持他們的生計呢？這難道不是明白指出另外有一個比行政教區更便宜的方法來驅策貧民去賺取他們的生計嗎？解決的方法在於取消伊莉莎白一世的濟貧法案而且不以其他任何法案來取代。取消工資的估定，取消能工作者的失業救濟，取消最低工資，也取消對生存權利的保障。勞動應該被當作一種在市場上找尋其價格的商品來處理。商業的法則實際上就是自然的法則，因而也就是上帝的法則。這就是從依賴柔弱的保安官，轉而仰賴萬能的饑餓煎熬。對政治人物及行政官僚而言，自由放任乃是成本最少而又能確保治安的原則。讓市場來對付貧民，其他事情就會各得其所。

在這一點上，邊沁這位理性主義者與柏克這位傳統主義者立場一致。對痛苦與快樂的衡量使人避免任何可以逃避的痛苦。如果饑餓能達成這個任務，就毋須其他形式的懲罰。對於「法律能為人民的生計做些什麼？」這個問題，邊沁回答道：「直接上來看，什麼都不能。」[2]貧窮是自然遺存在社會的現象；它在物質上的懲罰就是饑餓。「物質懲罰的力量已經足夠了，再使用政治懲罰是多餘的。」[3]唯一需要的是對窮人進行「科學而經濟的」處理。[4]邊沁強烈反對匹特的濟貧法改革法案，因為它實際上等於重建史賓翰連法案，並允許公共救濟及工資補貼。然而，邊沁（不像他的門徒）在那個時代並不是嚴格的經濟自由主義者，也不是一位民主主義者。他的工作廠房是瑣碎的效益主義管理（以各種科學管理策略來實施）的夢魘。他堅信由於社群不能完全不關心自己在窮困中的命運，因此永遠需要這種工作廠房。邊沁相信貧窮是富庶的一部分。他說：「在社會繁榮的最高階段，大多數人民除了他們日常的勞力之外，就沒有多少資源了，因而總是在貧窮邊緣……。」因而他建議「為了貧窮的需要應設立定期的補助（措施）」，不過他懊惱地指出，這樣做的話「在理論上，需求會減退，並因此打擊工業」，因為從效益主義的觀點看來，政府的任務是提高人們的需求，以便使饑餓的物質懲罰有效。[5]

這種使大多數人民生活在貧窮邊緣來換取繁榮的看法，伴隨著非常不同的人生態度。湯生耽迷於偏見及感傷主義以維持他情緒上的平衡。窮人的不幸是自然的法則，否則低賤、汙穢、可恥的工作就不會有人去做。如果不是我們能依賴窮人來工作，英國會變得怎麼樣呢？他說：「不正是由於下層階級的痛苦與貧困而使他們在狂暴的海洋或戰場上面對所有的恐懼嗎？」但是發揮過他橫暴的愛國主義之餘，卻還有些許空間來容納較溫柔的感性。貧民救濟當然應該立即廢止。濟貧法「是肇因於一些近乎荒謬的原則，並主張去達成那些（在世界的本質與構造上）辦不到的目的」。但是一旦這些貧困者完全由富人的慈悲主宰，誰又會懷疑「唯一的困難」就是如何去約束後者的慈善所造成的魯莽行動？此外，訴諸慈悲的感性又比來自冷酷的法律責任的感性高尚多少呢？「在自然界有什麼比為善而來的自足更為美麗？」他反對將慈善事業與「行政教區供餐桌」的冷酷相對比，認為後者從未有過「因意外得到關切，而表露出筆墨難以形容的真誠感激」。「當窮人必須與富人培養友誼，富人絕不會缺少解決窮人困難的傾向。」沒有一個人在讀到這些對這兩個國度（窮人與富人）內在生活的動人描寫後，會下意識地懷疑維多利亞時代的英國是從山羊與狗的島嶼上得到了他們的感情教育。

柏克卻是一個完全不同氣質的人。像湯生那樣的人在小處犯錯，他卻在大處犯錯。他的才華使他將殘酷的事實提升為悲劇，而將感性賦予神祕主義的光圈。「當我們矯揉造作去憐憫那些不工作就不能生存的人，我們是在戲弄人類的身分地位。」這當然是比漠不關心、空洞的悲嘆、或虛假的同情更好。但是這種現實主義的態度所具有的剛強力道，卻因他不可思議的自負而受損。其結果就是比希律王還要暴虐，並且失去了適時改革的機會。假如柏克還活著的話，可以猜想得到一八三二年的國會改革法案（它廢除了舊制度）必然只有經過一場可以避免的流血革命才可能通過。但是柏克可能會反駁道：如果一般人民按照政治經濟學法則必須要在悲苦中工作的話，那麼平等這個觀念豈不是驅使人們走向自毀的釣餌嗎？

邊沁既沒有湯生那種圓滑的自得，也沒有柏克那種輕率的歷史感。反之，對他這個理性與改革的信徒來說，這個新發現的社會法則可以視為效益主義實驗的最佳場合。他與柏克一樣拒絕遵從生物決定論，而且他也拒絕把經濟抬高到政治之上。雖然他曾經寫過《論高利貸》（*Essay on Usury*）及《政治經濟學手冊》（*Manual of Political Economy*）等書，但他對經濟學實際上是門外漢，而且未能從效益主義的角度對經濟學提出重大貢獻，也就是發現價值源自於效益。反之，他因過分著重聯想心理學，而束縛了做為社會工程師所應具有的豐富想像力。對邊沁來說，自由放任只不過是社會機器裡的另一個策略而已。工業革命在智識上的主發條是社會上的發明，而不是技術上的發明。自然科學對工業技術的決定性貢獻要在一個世紀之後才出現，那時候工業革命早已結束了。對橋梁或運河的建造者、機械或引擎的設計者而言，在機械及化學等新的應用科學還沒有發展起來以前，關於一般自然法則的知識是全然無用的。鐵爾弗（Telford）這位土木工程師協會的創始人及終身會長，就拒絕讓學物理學的人入會，而且，根據布魯斯特爵士（Sir David Brewster，譯注：蘇格蘭物理學家）的說法，他從沒有通曉過幾何學的原理。自然科學的勝利在理論上固然是真的，但就當時的實際重要性而言，卻無法與社會科學相比。正是由於後者，才使自然科學取得反對因襲與傳統的地位，並且，對現代人而言似乎不可思議的是，自然科學因其與人文科學的關連而得到很多好處。經濟學的發現是個令人吃驚的意外，它大大促進了社會的轉變與市場制度的建立，而當時那些重要的機器卻是由一些沒有受過教育的工匠發明的，他們之中有些人甚至不會閱讀書寫。我們可以公平而恰當地說：工業革命的智識源泉是社會科學而非自然科學，它把自然的力量變成由人類支配的力量。

邊沁相信自己發現了一門新的社會科學——道德與法律。它建立在效益原則上，並容許在聯想心理學的幫助下進行精確計算。在十八世紀的英國，因為科學在人類生活上甚具實效，因此被視為是基於經驗知識的實用技藝。這樣一種實用心態在當時確實是壓倒性的。在缺少統計資料的狀況下，很難掌握當時人口增減、對外貿易收支的趨勢，或財富的分配。關於國家財富究竟是增加還是減少，窮人是從什麼地方來的，信用、銀行及利潤的狀況究竟如何等問題，通常都只有依靠猜測。對這些問題採取經驗性的研究方法，而非純粹猜想式、引用古人說詞的研究方法，就是「科學」最初的意義；由於最重要的是實際利益，因此開始以科學來建議如何調整、組織各種新的現象。我們已經提到許多先賢是如何為貧窮的本質感到困惑，是如何精巧地嘗試各種自我幫助的方式；利潤的觀念是如何被認為是各種病態的萬靈藥；是如何沒有人能說貧窮是好的徵候還是壞的徵候；熟練的貧民習藝所管理者是如何為他們無法從窮人身上弄到錢而不知所措；歐文是如何像辦理慈善事業那樣運轉他的工廠而致富；其他許多類似的實驗卻不幸失敗了，因而使那些慈善事業的創辦者感到困惑。如果我們把視野從貧窮擴大到信用、硬幣、獨占、儲蓄、保險、投資、公共財政，或者監獄、教育及彩券等，我們可以很容易在上述每一項目中舉出數量繁多的事業實驗。

大約在邊沁去世時（一八三二），這個時代也告結束；自一八四〇年代開始，商業上的計劃者單純就只是特定事業的推動者，對於人類的相互關係、信賴、冒險或其他進取氣質等普遍原則的新發揮，不再有所謂的發現者。此後的生意人認為他們已經知道應該從事什麼樣的活動。在創設一個銀行以前，他們不會去探究貨幣的本質。現在通常只在一些具怪癖的人或騙子之中可以找到社會工程師，而且大都被關在牢裡。過去不斷湧現的各種工業制度和銀行制度，從派特生（William Paterson）與約翰．勞（John Law）到佩雷爾兄弟（Pereires）的各種宗教的、社會的、學術宗派的計畫一齊灌滿股票交易所，現在已經變得稀稀落落。對那些忙於商業瑣事的人來說，分析性的概念已經不受歡迎了。當時流行的看法是：對社會的探究已經結束了，人類事務的地圖上已經沒有空白處留下。一個世紀之後，像邊沁那樣的人已經無法存在。以市場方式組織工業生活一旦變成支配性的制度，其他所有制度都必須臣服於這種模式；改造社會的奇想現在已經沒有容身之處了。

邊沁的圓形監獄不只是一個「把無賴變誠實、把懶惰者變勤勞的工廠」[6]；它也像英格蘭銀行一樣分派紅利。此外他所贊助的各種議案還包括改良專利制度；有限責任公司；每十年一度的人口普查；設立衛生部；有利息的儲蓄券；冷藏蔬菜及水果，由犯人或貧民作業而且以新技術來生產的軍火工廠；把效益主義教給中上階級的學校；財產登記署；公共會計制度；改革公共教育；全民兵役登記；免受高利貸之苦；放棄殖民地；使用避孕法以減低貧民比率；組成合股公司以連結大西洋及太平洋地區；以及其他。這些計畫中包含許多小幅度的改良，例如工作廠房就是基於聯想心理學的成就，集合各種發明的結果，目的是要對人加以改良與利用。雖然湯生與柏克把自由放任與法制的被動無為連結在一起，但邊沁並不認為它會成為改革的障礙。

在我們討論一七九八年馬爾薩斯給戈德溫的覆函——古典經濟學即肇始於此——之前，先讓我們回述一下這個時代的背景。戈德溫的《政治正義》(*Political Justice*) 一書是針對柏克《法國大革命的反思》(*Reflections on the French Revolution*, 1790) 一書而寫。它出版於取消人身保護令（一七九四年）以及迫害民主派的通信協會（Correspondence Societies）等一系列高壓政策之前。這時英國正在跟法國作戰，而法國大革命的恐怖使得「民主」一詞變成社會革命的同義詞。但是英國的民主運動——這是由派萊斯博士（Dr. Price）的「老猶太人」講道詞（一七八九）所激起的，並且在潘恩《人的權利》(*The Rights of Man*, 1791) 書中達到文學高峰——只局限於政治領域；貧苦勞動者的不滿仍然得不到迴響；在那些鼓吹全民投票制與定期召開國會的小冊子裡，都只略為提及濟貧法的問題。然而實際上，地主們的決定性對抗手段卻是以史賓翰連法案的形式出現在濟貧法的範圍內。行政教區退到一種人為的亂局後面，在其掩護之下較滑鐵盧之役多活了二十年。一七九〇年代一些倉促制訂的政治迫害措施，若單獨存在的話，其惡劣影響必能很快加以克服，但是由史賓翰連法案所引發的退化過程卻在英國留下了無法洗刷的汙點。它將地主階級的壽命延長了四十年，其代價卻是犧牲一般人民的活力。曼圖（Mantoux）曾說：「有產階級抱怨濟貧的稅負愈來愈重，但他們卻忽視了一個事實，也就是這實際上是他們為了防止革命所付出的保險費，對工人階段而言，當他們收到些許分派的津貼時，他們不知道這實際上是從他們應該得到的收入中削減下而來的。津貼制不可避免的結果就是將工資壓到最低水平，甚至強迫他們接受低於最低生活水平的工資。農民與工廠主人依靠行政教區來補足他們付給工人的工資與實際生活所需之間的差異。他們為什麼要多花一筆開銷，如果這筆開銷很容易就能轉嫁到繳稅者身上呢？另一方面，接受行政教區救濟的人也願意領較低工資工作，這使那些沒有得到行政教區補助的人難以跟他們競爭。其弔詭結果是，所謂『濟貧稅負』對雇主而言是一項優惠，但是對沒有得到公共救濟的勤奮工人而言卻是一項損失。因而在各種不同利害關係的交互影響之下，慈善的法律已經變為一付鐵枷。」[7]

我們認為工資法則及人口法則就是建立在這個鐵枷之上。馬爾薩斯自己就像邊沁與柏克一樣，都強烈反對史賓翰連法案，並建議全面廢止濟貧法。他們都沒有預見到史賓翰連法案會把工資壓低到生活水平之下；相反的，他們預期它會使工資上漲，至少會保持原來的水準；如果沒有結社禁止法，這有可能成為事實。這個錯誤的預期有助於說明他們在解釋農村工資的低水平時，為何沒有追溯到史賓翰連法案（這其實是真正的原因），卻將之視為所謂工資鐵律運作的明確證據。我們現在必須轉向新的經濟科學的這項基礎。

湯生的自然主義，並不是政治經濟學這門新科學唯一可能的基礎。經濟社會（economic society）的存在顯示在價格的規律性，以及仰賴於這些價格的所得的穩定性；據此，經濟的法則或許直接以價格為基礎。使得古典經濟學在自然主義中尋找基礎的原因，是當時許多生產者面臨了除此之外就無法解釋的困境——就我們今天所知，這是完全無法從市場法則推衍出的結果。當時的人所面臨的事實大致是這樣的：勞動人民過去經常生活在貧困的邊緣（至少考慮到不斷改變的一般標準時是如此）；自從機器出現以後，他們的生活水平仍然沒超出生存水平之上；現在經濟社會終於實現了，一個無可置疑的事實是：經過若干世代之後，這些貧苦的勞動人民在物質生活水平上，如果不是變得更壞的話，也絲毫沒有改善。

如果事實的確切證據是指向一個方向的話，就工資鐵律而言，它實際上是源自於一條法律（譯注：即史賓翰連法），其作用就是使工資壓低到最低標準。當然，從資本主義制度下任何一致的價格理論與所得理論來看，這看起來不只具有誤導性，而且實際上蘊涵著一種荒謬性。總之，由於這個假的表象，工資法則無法立基於任何人類行為的理性規則上，只能從人與土地的生產力這個自然事實中推衍出來，如同馬爾薩斯的人口法則加上報酬遞減法則所呈現出來的那樣。正統經濟學基礎中的自然主義成分，主要是史賓翰連法案製造出來的條件所產生的結果。

李嘉圖或馬爾薩斯都沒有瞭解到資本主義制度是如何運作的。在《國富論》出版了一個世紀之後，人們才逐漸瞭解在市場制度之下，產品包含了生產元素。在產品數量增加時，其包含的生產元素也必定會增加。[8]雖然亞當．斯密跟隨洛克而誤以為價值源自於勞動，但是他的現實感使他並未保持一致立場。他雖然弄不清價格因素的各種觀點，但卻正確地指出在一個社會裡，如果大多數成員都是窮困的，這個社會必然無法興旺。這個在今天看來幾乎是不喻自明的事實，在他那時候卻是一個費解的現象。亞當・斯密自己的看法是：全面的繁富必然會下滲到一般的人民；不可能社會愈變愈富而人民卻愈來愈窮。不幸的是，後來出現的現象並不支持他的論點；當這些理論家不得不面對事實，李嘉圖於是辯稱：社會愈來愈進展，會愈來愈難以購得食物，而且地主會愈來愈富，進而剝削資本家及工人；資本家及工人的利益互相衝突，但是這些衝突卻沒有長遠的影響力，因為工資永遠無法超出基本生活水平，而利潤最後也會乾涸。泛泛而言，上述這些論點的確包含了一些道理，但是做為對資本主義的解釋而言，沒有比它們更不真實和玄奧難解了。然而，這些事實本身就形成自相矛盾的模式，而且即使在今天我們仍難以瞭解事實。難怪一套科學理論必須乞靈於動植物的繁殖這種天外救星，而這些理論的作者卻號稱自己是從人類的（而不是動物與植物的）行為中演繹出生產與分配的法則。

讓我們簡略考察一下經濟理論的基礎奠定於史賓翰連制時期這個事實所造成的後果：看起來似乎是競爭性的市場經濟，實際上卻是沒有勞動市場的資本主義。

首先，古典經濟學家的經濟理論在本質上就混淆不清。財富與價值之間的比較，使李嘉圖經濟學的每一個部門都充斥著令人困擾的假問題。亞當・斯密遺留下來的工資—資金理論（wage-fund Theory）就是導致誤解的豐富源頭。古典經濟學理論除了一些像地租、賦稅、國外貿易等特殊理論確實具有真知灼見之外，它包括毫無希望的企圖，想要就一些空洞的名詞得到明確的結論——這些名詞打算解釋價格的行為，所得的形成，生產的過程，成本對價格、對利潤水平、對工資水平與對利息水平的影響，而這些大都像以往一樣曖昧不清。

其次，就當時這些問題出現的情況而言，並沒有其他可能的結果。沒有任何單一的理論體系可以解釋這些事實，就如它們並不是任何一個體系的一部分一樣，這些事實實際上是兩個互相排斥的制度同時在社會上交互作用的結果，也就是新生的市場經濟以及家長式慈愛的規範管制在生產最重要的要素——勞動的領域內交互作用的結果。

第三，古典經濟學者所提出的看法，對瞭解經濟社會的性質，有深遠的影響。隨著支配市場經濟的法則逐漸被人瞭解，這些法則就被置於自然本身的權威之下。報酬遞減法則是植物生理學的法則。馬爾薩斯的人口法則反映出人類繁殖力與土地生產力之間的關係。這二者的驅動力都是自然的力量，也就是動物的性本能以及土壤中植物的生長。其中的原則跟湯生所舉山羊與狗的原則一樣：自然有其限制，一旦超過這個限制，人類就無法繁殖，而這個限制是由食物的供給量所決定的。跟湯生一樣，馬爾薩斯下結論說多餘的人會被消滅；當山羊被狗消滅了，狗就會因食物不足而挨餓。對馬爾薩斯而言，這個抑制性的制止工具就是藉著自然的殘酷力量來除掉多餘的個體。除了饑餓以外，人類也會被其他原因摧毀，如戰爭、瘟疫、惡行等，這些與自然的摧毀力相等同。嚴格來說，其中有矛盾之處，因為這是藉社會的力量來達成自然所要的平衡，然而，馬爾薩斯對這個批評可能會答辯道：如果沒有戰爭與惡行——也就是在一個完美的社會裡——餓死的人數大概會不下於因和平的美德而挽回生命的人數。本質上，經濟社會就是奠立在自然的冷酷現實之上；如果不遵從支配這個社會的法則，可怕的劊子手就會扼殺那些沒有遠見者的子孫。一個競爭性社會的法則是置於叢林制裁之下的。

貧窮這個令人苦惱的問題，其真正的意義現在已經很明顯了：支配經濟社會的法則並不是人類的法則。亞當．斯密與湯生之間的歧見已經擴大為一道鴻溝；一種對立二分出現了，它標誌著十九世紀意識的誕生。從這個時候開始，自然主義的陰魂糾纏著人文科學；把社會重新整合到人的世界當中，變成社會思想發展過程中不斷追求的目標。就此而言，馬克思經濟學並未成功達到這個目標，其失敗的原因是因為馬克思太過固守李嘉圖及自由主義經濟學的傳統。

古典經濟學者不是沒有意識到這個需要。馬爾薩斯與李嘉圖並不是對窮人的命運漠不關心，但他們的慈悲心腸卻只將一個假的理論推進到一個更曲折的途徑上去。工資鐵律就包括一項廣為人知的保留條款，也就是勞工階級的需求愈高，基本生活水平就會提升得愈高，就算是工資鐵律也無法將工資壓到這個水平之下。馬爾薩斯就把希望寄托在這個「貧困的標準」之上[9]；他希望用各種方法來提高這個標準，他認為如此一來，就可以將那些依他的法則原應貧困潦倒的人從最低形式的貧困中挽救出來。根據同樣的原因，李嘉圖也希望在所有的國家裡，勞工階級可以分享到舒適與快樂，「而且他們也應該在各種合法的途徑下，被鼓勵去努力爭取這些。」可笑的是，為了要避免殘酷的自然法則，人們此時被要求去提高自己的饑餓水平。然而，就古典經濟學者而言，這些無疑是他們真誠的意圖，也就是將窮人從他們理論所造成的厄運中解救出來。

以李嘉圖來說，他的理論就包含有抗拒僵硬的自然主義的成分在內。這個成分廣泛存在於他的整個理論體系之中，並且深植於他的價值理論之中，那就是勞動的原則。他完成了洛克與亞當．斯密開始的工作，也就是經濟價值的人性化；重農學派歸諸於自然者，李嘉圖還諸於人類。他在一個錯誤前提之下研究勞動，並視之為產生價值的唯一來源。因此，這就將經濟社會中各種可能的交易化約為自由社會裡公平交易的原則。

在李嘉圖的理論體系裡，自然主義及人本主義共存，並且為了取得經濟社會的主導地位而互相競爭。這個情勢的動力具有壓倒性的力量。其結果是競爭性市場的推動力取得自然過程中無法抗拒的趨勢。自律性市場現在已經被認為是順從自然冷酷無情的法則，而解除市場束縛也成了無可避免的必然。創造勞動市場乃是在社會體上從事解剖，要能決心這麼做，就只有科學才足以提供手術安全的保證。廢除濟貧法就是這個手術的一部分。李嘉圖寫道：「與那些把財富跟活力轉變為貧困與愚弱的法律所造成的傾向比較起來，萬有引力原理並沒有更為確實……至少直到所有的階級都感染到普遍貧窮的疾病時是如此。」[10]事實上，他並不是道德上的懦夫，但是卻未能找到精神上的力量，透過廢除貧民救濟這個無情的手段把人類挽救回來。在這一點上，湯生、馬爾薩斯、李嘉圖、邊沁及柏克都是一致的。不論他們的看法在方法上與外觀上的歧異有多大，但是都一致贊同政治經濟學的原則，並且一致反對史賓翰連法案。由於當時這些分歧的學派所達成的一致意見，使得經濟自由主義成為一股不可抗拒的力量；既然這是極端改革者邊沁與極端傳統主義者柏克都一致贊許的觀點，那麼它自然就會成為自明之理。

這時只有一個人瞭解到這項痛苦經驗的意義，這可能是因為當時這些社會思想家中，他是唯一具有實際的工業知識，而且有內省洞察力的人。歐文對工業社會的深刻認識在當時首屈一指。他深深理解到社會與國家之間的區別；雖然他不像戈德溫一樣對後者懷有敵意，但他卻只從它能擔當什麼作用的角度來看國家；它能進行有益的干涉以避免受到社會傷害，明確而言不是對社會進行組織。他也不反對機器，他認為機器是中立的。但不論是國家的政治機制，或是機器的技術裝置，都不能使他無視於真正的現象：人類的社會。他反對從動物的角度來看社會，並據此駁斥馬爾薩斯與李嘉圖的一管之見。他思想的支點是他對基督教的批評，他責備基督教「個體化」，責備基督教把責任固著於個人本身，因而否定了（歐文心目中）社會的實在樣貌以及它對個人強而有力的影響。他攻擊「個體化」的真正意義是他堅持主張人類動機的社會源起這個看法：「個體化的人，以及基督教中真正有價值的事情，兩者間已經分離到永遠都無法結合起來。」正是歐文對社會的發現，使他超越了基督教並立足於基督教之外的基點。他領悟到這個真理：因為社會是真實的，人必須從屬於社會。人們可以說他的社會主義是基於人類意識的改造（這是經由對社會實在的認識而達到的）。他寫道：「如果人類即將得到的新力量也無法清除惡的起因，我們就該知道這些惡是必然且無可避免的；幼稚而無意義的抱怨也就不會再出現。」

歐文可能刻意誇張了那些力量，否則他很難以向拉那克郡（Lanark，譯注：位於蘇格蘭中南部）

的保安官們建議：社會應該立刻從「社會的核心」重新開展——這是他在他的實驗村落社區發現的。這種源源湧現的想像只有天才才有，如果沒有這樣的天才的話，人類就會因為缺少對自身的瞭解而無法存在。但更重要的是他指出由於社會要消除罪惡所產生的必然限制，自由有不能消除的邊界。但是歐文認為直到人類運用他新取得的力量去轉變社會之後，這個邊界才會變得明顯；然後人們才會以成熟的心態，而非幼稚的抱怨，來接受這個邊界的限制。

歐文在一八一七年描述了西方人已經踏入的路途，他的觀點總結了那個世紀將面對的問題。他指出，「如果任他們自由發展」的話，機器生產會產生巨大的影響。「在一個國家之內機器生產的擴散，會使居民產生新的特質；由於這種特質不利於個人或公眾的幸福，它會產生可悲而持久的罪惡，除非這種傾向能以法律的干涉和導向來加以對抗。」根據獲利與利潤的原則來組織整個社會必定有影響深遠的結果。他從人類特性的角度將這些結果加以明確陳述。這種新的制度體系最明顯的影響是摧毀了人們安土重遷的傳統特性，並且把他們蛻化為一種新型態的人：遷移、飄蕩、缺乏自尊與自律——粗暴、無情，勞工與資本家兩者都是。他由此進一步推論：這種原則自然不利於個人及社會的幸福。這種情狀會產生嚴重的罪惡，除非市場制度的內在傾向能以法律有效抑制。的確，他所指出的勞動者的悲慘狀況部分可歸咎於「貼補制」。但是，本質上他在城鎮工人與鄉間工人都看到相同的情形，也就是「他們現時所處的狀況比在引進機械生產之前更為沉淪、更為悲慘，而他們的生存卻有賴於機械生產的成功」。他在此再一次強調沉淪與悲慘，而非收入，才是事情的真相。至於導致這種沉淪的主因，他再度正確指出是因為工人依賴工廠來維持基本的生存。在此他瞭解到一個事實，也就是表面上看似經濟問題的，實際上是社會問題。從經濟上來說，工人確實是被剝削了：在交易中他沒有得到應有的一份。雖然這一點很重要，但卻不是重點。工人儘管受到剝削，他在財務上的情況可能比以前更好。對個人幸福與公眾幸福的最大傷害，是市場制摧毀了他的社會環境、他的街坊、他在社會中的地位以及他的技藝；總而言之，也就是摧毀了以往包含在經濟活動中的那些與人的關係、與自然的關係。工業革命導致了大規模的社會解體，而貧窮問題只不過是這個事件的經濟面而已。歐文正確指出：除非以法律干預與導引的方法來對抗這些破壞性的力量，更廣泛而持久的罪惡會接踵而至。

當時他並沒有預料到他所呼籲的社會自保措施，根本無法抗衡經濟制度本身的運作。

1. Webb, S. and B., *English Local Government,* Vols. VII-IX, "Poor Law History."
2. Bentham, J., *Principles of Civil Code,* Ch. 4, Bowring, Vol. I, p.333.
3. Bentham, J.，前引書。
4. Bentham, J., *Observation on the Poor Bill,* 1797.
5. Bentham, J. , *Principles of Civil Code,* p.314.
6. Stephen, Sir L., *The English Utilitarians,* 1900.
7. Mantoux, P. L., *The Industrial Revolution in the Eighteenth Century,* 1928
8. Cannan, E., *A Review of Economic Theory,* 1930.
9. Hazlitt, W., *A Reply to the Essay on Population by the Rev. T. A. Malthus in a Series of Letters.* 1803.
10. Ricardo, D., *Principles of Political Economy and Taxation,* ed. Gonner, 1929, p.86.

第十一章 人、自然，與生產組織

有整整一個世紀，現代社會的動力是由一種雙向運動支配著：一方面是市場不斷擴張，另一方面它又遭到一個反向運動的對抗，試圖把市場擴張局限在特定方向。這樣一個反制運動對於保護社會雖然極為重要，但是卻跟市場的自我調節互不相容，因而也跟市場制度本身互不相容。

市場制度急速發展；它吞噬了時間與空間，而且藉著銀行通貨的創造而產生了前所未聞的動力。大約在一九一四年，市場制度發展達到巔峰時，它已將全世界的每一個角落、所有的住民以及他們還沒有降生的後代子孫、自然人以及所謂法人的巨大虛構實體，都包含在裡面。一種新的生活方式擴散到全球，這是基督教開始其事業以來空前未有的，只是這個時代的市場擴張完全是在物質層面。

但同時一個反制運動也開始了。它不只是社會在面臨變遷時所採取的一般性保護措施；它是為對抗社會構造被破壞所產生的反應，這種破壞將會摧毀市場制度所產生的生產組織方式。歐文可說是洞燭先機：如果讓市場經濟按著自己的法則去發展，必然會產生全面而持久的罪惡。

生產是人與自然之間的互動；如果這個過程是經由以物易物及交換的自律性機制而組織起來，那麼人與自然都必須納入這種機制的軌道；他們都必須受到供給與需求的支配，也就是要被視為商品，如同為銷售而生產的物品。

這正是在市場制度之下的狀況。人以勞動的型態，自然以土地的型態被銷售；勞力的使用可以照某個價格普遍被買賣，稱為工資，而土地的使用可以照某個價格進行協議，稱為地租。勞動與土地都有各自的市場，兩者的供給與需求分別受到工資與地租的高低所左右；勞動與土地是為了銷售而存在——這種假定一直受到支持。據此，投資於勞動與土地的各種組合中的資本，因而就可以從一個生產部門流到另一個生產部門，因為必須自動調整各個部門的收益水平。

雖然生產在理論上可以用這種方式來組織，但是這種視土地與人為商品的假定卻忽視了一項事實：把土地與人的命運委諸市場，等於是毀滅土地與人。因此，反制運動就是在生產、勞動與土地等要素上抑制市場的活動。這就是干預主義的主要功能。

生產組織也受到同樣來源的威脅。不論是工業、農業或商業，只要它們直接受價格波動的影響，就會面臨危險。在市場制度之下，如果價格下降，企業就受到傷害；除非所有與成本支出相關的因素也都按比例下降，否則「各個有關的企業」就會面臨破產，價格下降有時並不是導因於生產成本降低，而只是導因於貨幣制度的組織方式。事實上，正如我們以後會看到的，這在自律性市場下經常發生。

大體上，購買力是由市場本身的活動來供給與調節；這意味著：當我們說貨幣是一種商品，其數量是被物品（其作用如同貨幣）的供給與需求所控制，這就是大家所知道的古典貨幣理論。根據這個理論，貨幣只不過是一種比其他商品更常用於交易的商品的別稱，因而取得貨幣的主要目的就是為了促進交易。無論是用皮革、牛隻、貝殼、還是黃金做為貨幣並不重要；用作貨幣的物品，決定其價值的就好像只有它們的用處，比如用作食物、衣服、裝飾品或其他目的。假如黃金被用來當作貨幣，支配其價值、數量與變動的法則，跟支配其他商品的是完全一樣的法則。其他任何交易手段都需要創造市場以外的通貨，而創造通貨這件事，不管是由銀行或者是由政府創造，就是在干預市場的自我調節。其關鍵是做為貨幣使用的物品與其他商品沒有什麼差別；其供給與需求像其他商品一樣受到市場的調節；因此，所有賦予貨幣任何不同於商品的特徵、用來當作間接交易手段的想法，先天上就錯了。也因此，如果黃金用來做為貨幣的話，銀行票券就代表黃金。根據這種看法，李嘉圖學派主張由英格蘭銀行來發行通貨。事實上，捨此之外就沒有其他更好的方法能夠讓貨幣制度不受國家「干預」，從而保障市場的自我調節。

因此，關於商業方面，也存在著與社會的自然本質及人文本質極為相似的情境。自律性市場對它們而言都是威脅，原因本質上十分相似。如果工廠立法與社會法是用來保護工人以免勞力被視為商品，如果土地法與農業關稅是用來保護自然資源與鄉村文化不被視為商品，那麼同樣也需要中央銀行以及對貨幣體系的管理，以使製造業與其他生產企業不會受到把貨幣當作商品的傷害。很矛盾的是，不只是人與自然資源需要避免自律性市場的毀滅性影響，就連資本主義生產的組織方式本身也需要避免自律性市場的毀滅性影響。

現在讓我們回到前面所說的雙向運動。它可以比擬為社會中兩種組織原則的作用，兩者各有其特定的制度目的、各有特定社會力量的支持，而且根據本身特有的方法行事。其中之一就是經濟自由主義的原則，目的是要建立自律性市場，仰賴於商人階級的支持，而且使用自由放任與自由貿易為手段；另一個原則是社會保護的原則，目的是保護人類、自然與生產的組織方式，仰賴於最直接受市場制度傷害的人的支持（主要是勞動階級與地主階級，但不限於此），它使用保護性立法、限制性公會，以及其他干預工具為手段。

在此，強調階級是很重要的。地主階級、中產階級與勞動階級對社會提供的服務，構成了整個十九世紀的社會史。他們的重要性在於他們完成了當時社會分派給他們的任務。中產階級是初生的市場經濟的鼓吹者；整體來看，他們的商業利益跟生產及就業的一般利益並行不悖；如果商業興盛，所有人都有工作機會，地主有收取地租的機會；如果市場不斷擴張，他們就可以自由而迅速地進行投資；如果商業群體能成功與外國商人競爭，那麼國家的幣值就會穩定。另一方面，商人階級卻沒有感覺到各種危機，如對勞工體力的剝削，對家庭生活的破壞，對街坊鄰里的侵襲，對森林的濫伐，對河川的汙染，行會規範的退化，風俗習慣的凋蔽，生活（包括住居與工藝）的全面退化，以及並未影響到利潤的許許多多私人與公共生活型的全面退化。中產階級對利潤具有的普遍好處發展出幾近神聖的信念，這是他們完成自己歷史功能的方式，雖然這使他們沒有資格成為其他利益的守衛者，這些利益對於良好生活的重要性跟促進生產一樣重要。這裡就是其他階級的機會，這些階級並不使用昂貴、複雜、特殊的機器進行生產。概略地說，地主仕紳與農民仍承擔維護國家軍事體制的任務，因為它仍然依賴人力與土地，而勞工則或多或少代表人類共同利益（這已經沒有真正的承擔者）。但是曾經，每個社會階級都代表著（即使並未意識到）比自己本身更廣大的利益。

到了十九世紀末——普選權這時已經很普遍——工人階級已經成為國家當中具有影響力的因素；另一方面，商人階級因為已經無法全面控制立法機構，而變得開始關注他們在工業領域內的政治權力。只要市場制度繼續運轉而不產生較大壓力的話，這種獨特的權力分配便不會導致差錯；但是一旦內在的理由使情況改變，或產生社會階級之間的對立緊張，社會本身就會受到威脅——這是因為各個競爭的階級會企圖使政府與商業、國家與工業分別成為他們的據點。當他們為局部利益而相互爭奪，社會的兩個主要功能——政治的功能與經濟的功能——就成為他們濫用的武器。就是由於這種危險的僵局，才在二十世紀產生法西斯的危機。

本書就是試圖從這兩個角度，來探討塑造十九世紀社會史的雙向運動。其中一個角度是經濟自由主義的組織原則與社會保護措施的衝突，這導致了長遠的制度壓力；另外一個角度是社會階級的衝突，它與第一個衝突互相影響之下，危機終於變為災禍。

第十二章　自由主義信條的誕生

經濟自由主義是社會建立市場制度時的組織原則。它原本只是一種非官僚作風的方法傾向而已，後來演變成一種真實的信念，認為人可以經由自律性市場得到俗世救贖。這樣的狂熱信念源自於它們自己獻身其中的事業突然間急劇惡化了：這可見諸無辜人民遭受的傷害深度，以及在建立新秩序時所引起的連鎖變化。一直到要回應充分發展的市場經濟的需求時，自由主義信條才取得傳道般的熱誠。

經常有人將自由放任政策的出現提早到十八世紀中期，也就是這個宣傳口號首次在法國使用的時間，但這是全然不符史實的；我們可以很有把握地說，在這個時間點之後的兩個世代中，經濟自由主義只是一種間歇性的傾向。直到一八二〇年代，它才代表三個古典教義：勞動的價格應該由市場決定；貨幣的發行必須受一個自動運行的機制的控制；物品應該在國際間自由流通而不受阻撓或保護；簡單地說，就是代表勞動市場、金本位制，以及自由貿易。

認為奎內設想過這樣的事態是很荒唐的。重農主義者在重商主義世界所要求的不過是穀類的自由輸出，以確保農民、佃戶及地主有更好的收入。除此之外，他們所謂的自然秩序（ordre naturel）只不過是一個調節規範著工業與農業的指導原則，由設想中權力極大且無所不在的政府執行。奎內《農業國經濟治理的一般準則》（*Maximes générales du gouvernement économique d'un royaume agricole*, 1768）一書就是要為這樣的政府提供所需的觀點，把他在《經濟表》（*Tableau économique*, 1758）當中基於統計數字的原則轉化為實際政策。自律性市場的觀念，從未在他腦中出現過。

在英國，對自由放任的解釋也十分局限；它指的是生產不受規範管制；貿易並不包括在內。當時最主要的棉紡業，就是從微不足道的地位，發展為全國的主要外銷工業——然而，法令仍禁止進口印花布。英國生產的白洋布或棉布，儘管一直壟斷著國內市場，仍然得到外銷補助。保護主義在當時極為根深柢固，在一八〇〇年，曼徹斯特的棉紡業主還要求禁止棉紗外銷，雖然他們知道這樣做會導致生意上的損失。一七九一年通過的一項法案將處罰範圍從原本的出口棉紡生產工具，擴大到出口設計圖或設計說明書。自由貿易起源於棉紡工業的說法，只是一個神話。工業界只要求在生產方面不受規範管制；在貿易方面不受規範管制仍然被認為十分危險。

我們可以推想生產上的自由，自然會從純粹技術性的領域，擴散到勞動僱傭上。然而，要到比較晚之後，曼徹斯特才開始要求勞動上的自由。棉紡業從未受職工法管轄，因此沒有受到每年一度的工資鑑定與學徒見習規章的困擾。另一方面，後來自由主義者強烈反對的舊濟貧法，卻是對棉紡業者的一項幫助；它不但供應他們行政教區的學徒，而且容許他們逃避解僱工人應負的責任，因而將失業的負擔轉嫁到公共基金上。即使是史賓翰連制，在開始時對棉紡業者而言，也並不是不受歡迎；只要津貼制在道德上的影響不會減低工人的生產力，工業界視家庭補貼有助於維持產業後備軍，當時確實是迫切需要這支產業後備軍，以應付貿易上的巨幅波動。在農業僱傭仍是按年計酬的時代，這種流動勞工的貯備軍對於應付工業擴充時期所需的勞力非常重要。因此當時的業者會攻擊住居法，因為它限制工人的流動。直到一七九五年這個法案才被廢除——但是取代它的濟貧法卻具有更多的（而不是更少）家長式慈愛色彩。貧窮仍然是鄉下地主與鄉間的主要關切；即使是嚴格批評史賓翰連法案的人，像柏克、邊沁與馬爾薩斯等，都不認為自己是工業進步的代言人，而是良好農村行政原則的倡議者。

一直到一八三〇年代，經濟自由主義才開始具有十字軍般的熱忱，而自由放任則變為好戰的信條。此時生產者階級開始要求修改濟貧法，因為它妨礙了工業勞動階級的興起，後者依工作成果得到收入。建立自由勞動市場所隱含的意義，到這時已經很明顯了，同樣明顯的是進步的受害者所遭受的苦痛。因此，到一八三〇年代早期，一般人的想法有了激烈的改變。一八一七年重印的湯生《濟貧法研究》就包括一篇前言，稱讚作者批評濟貧法以及要求將之全面廢止的遠見；不過編者同時指出湯生建議在短短十年之內廢除貧民救濟的論調，太過魯莽與倉促。李嘉圖的《政治經濟學及賦稅原理》(*On the Principles of Political Economy and Taxation*)也在同年出版，並堅持廢除津貼制的必要性。不過他同時大力鼓吹必須以漸進手段達成這個目的。匹特這位亞當·斯密的門徒，則基於廢除濟貧法會導致無辜者受害，因而反對廢除濟貧法。一直要到一八二九年，皮爾(Sir Robert Peel，譯注：曾任英國首相)仍然「懷疑除了漸進手段之外，是否還有其他方法可以確實廢除津貼制」。[1] 但到了一八三二年，中產階級取得政治勝利之後，濟貧法修正案就以最激烈的形式出現，且倉促付諸實施，沒有任何過渡期。自由放任已經轉化為毫不妥協的殘暴行為的動力。

經濟自由主義從理論興趣轉化為沒有限制的行動主義也發生在工業組織的兩個領域：貨幣與貿易。就這兩方面而言，自由放任逐漸變為狂熱的教條，尤其是除了一些極端手段之外，其他對策已經明顯無效。

英國由於生活開支不斷提高，使貨幣問題受到注意。一七九〇至一八一五年間物價上漲了一倍。實質工資下降了，商業也因外匯崩跌而受到打擊。但是直到一八二五年經濟恐慌時，健全的貨幣才變成經濟自由主義的教條，也就是直到李嘉圖的原理已經深入政治人物與商人的腦海之後，他們才不顧無數財務上的損害而強調需要維持貨幣價值的「本位」。這就是對金本位的自動調整機制擁有不可動搖信念的開端，沒有它的話，市場制度就不可能運行。

國際自由貿易同樣也需要信仰。它的意涵是全然沒有限制的。它意謂著英國將依賴海外貨源來供應糧食；如果必要的話將犧牲本國農業，並開始一種新型態的生活，在這種新型態的生活下，英國將成為未來模糊構想中的世界統合體的一部分；這個全球共同體必須是和平的，否則就必須以海軍的力量來保障大不列顛的安全；而且英國將要堅信自己擁有優越的創造力與生產力，以此面對工業帶來的持續混亂。然而，人們也相信唯有全世界的糧食都能自由流到英國，它的工業產品才能廉價銷到世界各地。再者，需要的決斷措施決定於全面接受（這種態勢）所伴隨的風險廣度與問題規模。然而，不全面接受（這種態勢）將招致損害。

如果分開檢視自由放任教義的烏托邦思想來源，就無法完全瞭解它們。它的三大教條——競爭性的勞動市場、自動調整的金本位制，以及國際自由貿易——乃是一個整體。如果要達成其中任何一項而犧牲其他兩者，是沒有用的，必須同時保有其他兩者。要就是三者全都有，否則就是三者全都沒有。

例如，任何人都可以看到金本位制隱藏著致命通貨緊縮的危險，並且可能在恐慌時造成銀根緊縮。因此，生產者只有在確定生產會持續增加，並且在有利可圖的價格下，才會繼續經營（換言之，工資至少要跟著物價等比例下降，產品才得以打入擴張中的世界市場）。因此，一八四六年的《反穀物法案》（*Anti-Corn Law Bill*）就是一八四四年《皮爾銀行法案》（*Peel's Bank Act*）的必然結果，這兩者都假定一八三四年的濟貧法修正案通過以後，勞工階級已經在饑餓的威脅下傾力工作，因此工資是由穀物的價格來調節。這三個法案構成一個連貫的整體。

現在我們可以瞭解經濟自由主義的真實意涵。唯有達到世界規模的自律性市場才能確保這個巨大機制的運作。除非勞動的價格是依最廉價的穀物來決定，否則就無法保證那些沒有受到保護的工業會屈從於黃金的支配。十九世紀市場制度的擴張是與國際自由貿易、競爭性勞動市場及金本位制的散布同時並行的；它們是一體的。難怪這項事業的危險一旦開始明顯可見，經濟自由主義就幾乎變成一種宗教信仰。

自由放任絕非自然產生的；如果讓事物自然發展，絕不會產生自由市場。當時主要的自由貿易工業，即紡織業，就是由保護性關稅、外銷補貼，以及間接工資補助等扶助手段創造出來的，自由放任本身是由國家執行的。一八三〇和四〇年代不但出現各種立法，以廢除各種限制性的規範管制，同時也大大增強政府的行政功能，政府在這時已經由一套集中的官僚體系來推動自由主義信徒所提出的各種措施。對典型的效益主義者而言，經濟自由主義是一種社會計畫，應該為最大多數人的最大幸福而實行；自由放任並不是達成某個目標的手段，而是應該達成的目標。誠然，立法除了能廢除一些有害的管制之外，並不能直接做什麼。但這並不表示政府就完全無法做什麼，尤其是間接做什麼。相反的，效益自由主義者認為政府應該是達成幸福的主要工具。就物質福祉而言，邊沁認為立法的影響，若與那些「警察教士」(minister of the police，譯注：在史賓翰連制下主持濟貧的行政教區神職人員）無意間的貢獻相比「根本微不足道」。就經濟發展所需要的三個要素——意向、知識及權力而言，私人只擁有意向。邊沁認為政府比私人更能廉價地運用知識與權力。政府的行政人員要負起蒐集統計資料及資訊、培育科學與實驗，以及提供各種設施並將其付諸實現等任務。邊沁式的自由主義意謂著用行政機構的作為來取代國會的作為。

就此而言，可以施展的空間很大。英國的反動力量並沒有像法國的反動力量一樣用行政方法來實施政治壓制，而是用國會立法的方式來實施政治壓制。「一七八五年與一八一五—二〇年的革命運動並不是透過政府部門的作為，而是透過國會的立法來對決。《人身保護法》（*Habeas Corpus Act*）的停止，《誹謗法》（*Libel Act*）與一八一九年『維持治安六法』（Six Acts）的通過都是極端壓制性的措施；但它們並顯露出任何跡象要將大陸法的特質賦予英國的行政機構。就個人自由被破壞而言，是被國會的法案破壞的。」[2]到了一八三二年，當情勢全面改觀而偏向行政措施時，經濟自由主義者對政府幾乎毫無影響力。「讓一八三二年以後這段期間別具特色的立法活動（雖然強度不同），其淨結果就是漸次建立一套非常複雜的行政架構，它如同現代工廠一樣，經常需要修補、更換、重建及調整，以因應新的狀況。」[3]這種行政機構的擴張，反映出效益主義的精神。邊沁構想的圓形監獄——他個人的烏托邦——是一種星形的建築，由這個建築的中心，典獄長可以用最有效的監督方法，花費最少的公款，收容最多的囚犯。同樣的，在效益主義國度裡，他最喜歡的「可監督」原則就是確定上層的長官，應該對所有地方行政單位加以有效的控制。

通往自由市場的大道，是由於大幅增加了統一籌劃且持續不斷的干預主義作為，而加以打通並保持暢通的。要使亞當·斯密所謂「簡單而自然的自由」與人類社會的需求相一致，是一件非常複雜的事。我們只要看看各種圈地法中的複雜條款；新濟貧法執行時的行政關卡數量（這是伊莉莎白一世以來首次由中央政府有效推動的措施）；或者是在推動聲譽卓著的都市改革時所導致的政府行政部門擴張就可見一斑了。所有這些政府干涉的重點，目的都是為了維護一些簡單的自由，如土地、勞動、都市行政制度的自由。與人們期待的正好相反：使用機械不但沒有減少人力的使用，反而還增加了，同樣的，引進自由市場不但沒有消除對控制、規範與干預的需要，反而擴大了它們的範圍。政府官員必須隨時保持警覺，以確保這個制度的自由運轉。因此即使是那些最強烈主張拿掉政府肩上一切不必要的責任、那些以整套哲學思想要求限制政府活動的人，也不得不將新的權力、機構、與制度委諸政府，以求建立自由放任。

比這更矛盾的是另一個現象。雖然自由放任經濟是有計畫的政府措施所造成的，但其後對自由放任的限制，卻是自然而然出現的。自由放任係由計畫所產生；但計畫本身卻不是。這個論斷的前半段已經在前面證實過了，有意識地使用行政方式來進行政府管控政策，是邊沁主義者在自由放任的輝煌時期的作為。論斷的後半段首先由傑出的自由主義者戴雪（A. V. Dicey）提出來討論；他想探討「反自由放任」的起源，或者用他的說法，英國公共輿論中「集體主義」傾向的起源，這種傾向在一八六〇年代後期已經很明顯。他很驚訝地發現：**除了立法行為本身**，沒有這樣一種傾向存在的跡象。說得更準確一點，除了那些看似代表這種「集體主義傾向」的法律之外，在此之前公共輿論並沒有這種傾向。至於後來的「集體主義」公共輿論，戴雪認為其主要來源可能就是那些「集體主義」的立法本身。他深入研究的結論指出，在一八七〇與八〇年代直接參與制訂限制性法案的人，完全無意擴大政府的功能，或限制個人的自由。從一八六〇年之後半個世紀發展出來的，由立法帶頭對抗自律性市場的反制運動，是自然發生的，不是由輿論導引的，而且是由純粹的實用精神所驅動。

經濟自由主義者必然強烈反對這種觀點。他們的整套社會哲學完全繫於這個想法：自由放任是一種自然的發展，隨後的反自由放任立法則是那些反對自由主義原則的人刻意行動的結果。我們可以不誇張地說，對這雙向運動所做的這兩個截然不同的解釋，涉及了自由主義信條究竟是真是假的問題。

自由主義學者像史賓塞、宋那（William G. Sumner，譯注：美國社會學家，鼓吹極端自由放任）、米塞斯及李普曼等人對這個雙向運動所做的分析與本書很相似，但他們卻給了完全不同的解釋。本書認為自律性市場的概念實際上是烏托邦，其發展受到社會本身務實的自我保護反應所阻擋。但自由主義者認為所有的保護主義都是因為缺乏耐心、貪婪與短視而造成的錯誤，如果沒有保護主義，市場將自行解決困難。兩種看法中哪一種是正確的，這個問題或許是近代社會史上最重要的問題，涉及到經濟自由主義宣稱自己代表社會的基本組織原則。在我們進一步探討更多事實之前，有必要更精確陳述這個論題。

我們這個時代毫無疑問將被視為見證自律性市場終結的時代。在一九二〇年代，經濟自由主義的地位達到巔峰。好幾億人受到通貨膨脹的傷害；所有的社會階級，甚至整個國家的財產都被侵奪。貨幣的穩定成為各國人民與政府的政治思考焦點；重建金本位制也成為經濟領域中所有計畫努力的最高目標。償還外債及重建貨幣的穩定被視為政治理性的試金石；為了要恢復對貨幣的信心，任何個人的痛苦、任何對國家主權的限縮，都被認為是值得的犧牲。蕭條使得失業者忍受各種苦難；公務人員在被解僱時得不到遣散金而潦倒；為了要達成健全的預算與健全的貨幣——這是經濟自由主義的先決條件——即使是犧牲了國家的權利，或者放棄憲法保障的自由，都被認為是應該付出的代價。

一九三〇年代已經開始懷疑一九二〇年代的極端措施。在重建貨幣與平衡預算的幾年後，英國與美國這兩個最強大的國家卻面臨重重困難，進而放棄了金本位制，並著手管制它們的貨幣。它們完全拒絕償付國際債務，而經濟自由主義的信條這時被最富強、最體面的國家拋棄了。到了一九三〇年代中期，法國及其他一些仍然使用金本位制的國家，被英國與美國這兩個以前鼓吹自由主義信念的國家強迫放棄金本位制。

到了一九四〇年代，經濟自由主義受到更嚴重的挫折。雖然這時英、美兩國已經背棄了貨幣的正統信條，但它們在工商業方面——也就是經濟生活的一般組織方式——仍保留著自由主義的原則及方法。這在事後證明是加速戰爭與阻礙預防戰爭的一個因素，因為經濟自由主義製造並培養出一種錯覺，認為獨裁政權必然會造成經濟災禍。由於這種錯覺，使得民主國家最晚才瞭解到管理貨幣與貿易有何作用的國家，甚至在它們因情勢所迫而不得不採用這些措施時亦然；此外，經濟自由主義以平衡預算與穩定匯率為由，阻礙了重整軍備的時機，他們認為前兩者是戰時唯一能提供經濟力量的堅實基礎。英國這個實際上已面臨全面戰爭的帝國仍然受到預算與貨幣正統教條的影響，而繼續服膺傳統的有限參與原則；在美國，既得利益如石油業與煉鋁業，把自己固守在自由商業的禁忌之後，並且成功地抗拒為應付工業緊急狀況所做的準備工作。假如不是經濟自由主義者頑固而強烈地主張其錯誤信念，各民族的領袖與大多數的自由人對於這個時代的災難應該會有更好的準備，或許甚至能夠完全避免。

十年間的許多事件並沒有驅逐整個文明世界所採用的社會組織方式的世俗信條。在英國與美國，數以百萬計的獨立事業單位立足於自由放任的原則。這個原則在某一方面的重大挫折並沒有摧毀它在所有方面的權威。事實上，它的局部失色反而增加它的聲勢，因為這讓辯護者得以辯稱正是因為沒有完全施行它的原則，所以才產生各種困難。

事實上，這是現今經濟自由主義的最後遁詞。它的辯護者以各種說詞辯稱：如果不是那些批評者提倡的政策，自由主義早就不負所望；並不是競爭性制度與自律性市場要對我們今天的病症負責，該負責的是對這個制度與市場的干預。他們不但從最近侵犯經濟自由的無數例子當中去尋找支持這個說詞的證據，而且還從十九世紀後半葉以來持續抗拒自律性市場制度、因而妨礙經濟自由運作的事實中，尋找支持這個說詞的證據。

經濟自由主義者因此能夠形成一套辯詞，它把現在與過去連結成一貫的整體。誰能否認政府對商業的干涉確實可能逐漸損壞人們的信心呢？誰能否認如果不是法律規定要提供失業救濟輔助，失業人數有可能會減低呢？誰能否認由於公共事業加入競爭而傷害到私人企業呢？誰能否認政府的財務透支挫折了私人投資呢？誰能否認家長式慈愛作風很可能阻礙了商業進取精神呢？現在有這些問題，那麼過去一定也沒有什麼不同。大約一八七〇年左右當保護主義（包括社會的保護主義與國家的保護主義兩方面）在歐洲開始流行時，誰會懷疑它會妨礙貿易、限制貿易呢？誰又會懷疑此時所施行的工廠法、社會保險、城市貿易、衛生設施、公共水電、關稅、外銷獎勵、同業聯盟與托拉斯，以及對移民、資金移動與進口貨品的限制——更別提對人、物品與帳款移動的控制——已經嚴重妨礙競爭性制度的運作，延長了商業蕭條，使失業情形惡化，加深金融衰退，減低貿易量，而且損害到市場的自律性機制呢？自由主義者堅稱：萬惡的根源是十九世紀第三個二十五年以降，各種不同派別的社會保護主義、國家保護主義與獨占企業保護主義，對就業、貿易及貨幣自由所進行的干預而導致的結果；如果不是工會、工人政黨、獨占企業與農業利益等團體的卑鄙結合，出於短視的貪婪而協力挫損經濟自由的話，今日的世界早已享受著一個幾乎是自動創造物質福祉的體制帶來的成果了。自由主義的領導人不厭其煩地複述：十九世紀的悲劇是由於人們無法對早期自由主義者所提出的灼見保持信心；我們祖先宏大的計畫被民族主義與階級戰爭的激情所破壞，被特殊利益、壟斷者，以及短視的工人──他們無視於經濟自由到最後必然有益於全人類，包括他們自己在內──所挫傷。於是自由主義在知性上和道德上的進步被群眾在知性上和道德上的虛弱所挫傷；啟蒙運動的精神所達到的成就，被自私的力量所抵消。簡而言之，這就是經濟自由主義者的自辯之詞。除非能將這些說詞駁倒，否則他們會繼續反覆論辯下去。

現在讓我們將問題聚焦。想要散播市場制度的自由主義運動，面臨一種自衛性的反向運動，試圖限制市場制度；事實上，這樣一個假定構成本書所稱的雙向運動的基礎。雖然本書強調自律性市場制這個荒謬觀念的實行最後將摧毀社會，但自由主義者卻責備保護社會的措施早已毀壞他們偉大的計畫。由於他們無法舉出證據來證明任何阻止自由主義運動的協同力量，於是就歸咎於祕密行動這種實際上無法反駁的假設。這就是反自由主義陰謀論的神話，它的各種形式出現在所有對一八七〇與八〇年代諸多事件的自由主義解釋當中。他們認為民族主義及社會主義的興起就是這種變化的主要策動力；各種同業公會、獨占廠商、農業利益還有工會都是罪魁禍首。於是在自由主義教義最純淨的形式中，它認為現代社會真的有某種辯證法則在運作，要遏制啟蒙理性的努力，而在自由主義教義最粗俗的版本中，則把自己退化到攻擊政治民主，認為那是干預主義的主要原因。

事實證據卻有力地反駁自由主義者的論點。反自由主義陰謀純然是虛構的。並不是因為互相串通的利益團體比較偏好社會主義或民族主義所以發展出各種各樣的「集體主義」反向運動，純粹是因為不斷擴張的市場機制影響到廣大的重要社會利益而引發這種反向運動。這說明了市場機制擴張所引起的普遍反應的顯著切實特性。思想潮流在這個過程中完全不占任何地位；因此，自由主義者認為在反自由主義運動的背後有意識形態的力量，乃是無法立足的偏見。誠然，古典自由主義到了一八七〇和八〇年代已告終結，當前的所有關鍵性問題都可以回溯到這段時期，但如果認為歐洲之所以轉向社會保護主義與國家保護主義，不是由於自律性市場制度內在的弱點與危險顯現出來，而是有其他原因，是不正確的。這可以從幾個方面來加以說明。

首先，反自由主義者在極端不同的事項上採取行動。光是這項事實就足以排除所謂共謀的可能性。讓我們引用史賓塞在一八八四年列出的各種干涉行為來說明，他列出這個表的目的是要責備自由主義者，認為他們為了「限制性立法」而放棄自己的立場。[4]這個表的項目五花八門種類繁多。在一八六〇年，官方被授權「從地方賦稅中支付研究飲食的專家開支」；其後有一條法令規定「檢查瓦斯工程」；又將《礦工法》擴大到「僱用十二歲以下、不上學又不會讀寫的童工，要加以懲罰」。在一八六一年，授權給「執行濟貧法的官員進行防疫注射」；地方官員有權「訂定規章以僱用運輸工人」；而且有些地方政府「有權為鄉間的排水道、灌溉工程與供應牛隻飲用水而在當地抽稅」。到了一八六二年通過一項法案禁止「任何煤礦只有一個通風井」；另一個法案則授予醫學教育委員會絕對的權力以「編纂一套藥典，其價格由財政部決定」。史賓塞繼續記載了幾頁諸如此類的干涉措施。到了一八六三年，「強迫防疫注射擴大到蘇格蘭與愛爾蘭」。另一個法案則委聘一位檢疫官以決定「食物是否有益於健康」；《煙囪清掃工法案》是為了防止使用兒童去清除狹窄的煙囪而導致他們傷亡；還有一項《傳染病法》；《公共圖書館法》則授權地方「讓大多數人能向少數人的書刊抽稅」。史賓塞從這些例證中歸結出有力的證據，來證明反自由主義的陰謀。但是這些法案全都是針對現代工業狀況所引起的問題而訂的，目的在於保護公眾利益，以對抗這種狀況的內在危機，或者是對抗處理這些狀況的市場方法的內在危機。對一個沒有偏見的人來說，這些法令正足以證明這些「集體主義」反制運動的實用與切實本質。支持這些法案的人也大都支持自由放任，而且不會因為贊同在倫敦市設立一個救火隊就表示他們反對經濟自由主義的原則。相反的，支持這些立法議案的人，大都是堅決反對社會主義或任何一種集體主義的人。

其次，從自由主義方案轉變為「集體主義」方案，有時是在一夕之間發生，而且那些立法者並沒有意識到。戴雪引用《工人賠償法》這個有名的例子，它釐定了雇主在工人於受雇期間受傷時應負的責任。從一八八〇年以後，具體體現這個想法的眾多法案，一直都服膺個人主義的原則：即雇主對其雇工所負的責任，與雇主對其他人，例如陌生人，所負的責任一樣。到了一八九七年，在輿論沒有任何改變的情形下，雇主突然變成雇工的保險，承擔雇工在受雇期間的傷害責任；正如戴雪所稱的，這是一項「徹底集體主義的立法」。這個例子最足以證明，在相關的利益關係並未改變，或對這件事情的輿論風向並未改變的情況下，突然用反自由主義的原則來取代自由主義原則，完全是因為產生出問題並需要解決方案的情況自己的變化。

第三，如果比較一些在政治上或意識形態上很不相同的國家的發展，也可以得出一些間接但卻極為明確的證據。維多利亞時代的英格蘭與俾斯麥時代的普魯士，其差別有如天南地北，而這兩者與第三共和的法國或哈布斯堡帝國也極不相同。但它們都各自經歷過自由貿易及自由放任的階段，然後進入在公共衛生、工廠條件、城市管理、社會保險、造船補貼、公用設施、貿易協會等方面的反自由主義立法階段。從這些國家所發生的類似改變，很容易可以訂出一套有秩序的日程表。英國在一八八〇年與一八九七年制訂工人補償的法案，德國則是一八七九年，奧地利是一八八七年，法國為一八九九年；英國在一八三三年採用工廠安全檢查制，普魯士是在一八五三年採用，奧地利是一八八三年，而法國則在一八七四年與一八八三年採用；城市管理，包括公共設施的經營，是由非國教派的資本家約瑟夫·張伯倫（Joseph Chamberlain）在一八七〇年代於伯明罕採用；在維也納是由卡爾·呂格（Karl Lueger）這位天主教「社會主義者」與猶太迫害者在一八九〇年代倡導；在德國與法國各城市則是由各種地方聯盟所促成。支持這些改變的力量，有時來自極端暴力的反動分子及反社會主義者，例如維也納的情形，有時候則來自「激烈的帝國主義者」，例如伯明罕的情形，或者是最純正的自由主義者，如里昂市長厄里葉（Edouard Herriot）。在新教為主的英國，保守黨及自由黨內閣輪流當政，完成了工廠法的立法。在德國，羅馬天主教與社會民主黨攜手完成這項任務；在奧地利則是由教會及其積極的支持者完成此項工作；在法國則是由教會的敵人與反教權人士訂定了幾乎完全相同的法案。因此，歐洲各國在各種不同的旗幟下，出於形形色色的各種動機、政黨與社會階層，對許多複雜的議題卻產生幾乎完全一致的對策。從表面看來，最荒謬的莫過於相信反自由主義陰謀這類傳說，亦即這類立法是由相同意識形態或狹隘的團體利益所策動。相反的，各種證據都支持本書的論點：也就是迫切的客觀理由使立法者採取這些法案。

第四，一個有意義的事實是，經濟自由主義者自己也多次在一些具有重大理論意義與實際意義的例子上，建議對契約自由與自由放任加以限制。當然，他們的動機並不是出於反自由主義的偏見。在這裡，我們可以舉工人結社的原則，以及商業團體法來加以說明。前者是指工人有權為了提高工資這個目的結合起來；後者則是指組織托拉斯、企業組合，或其他資本主義式組織以抬高物價的權利。在這兩種情形下，我們可以公平地說，契約自由或自由放任被用於限制貿易。不論是為了抬高工資的工人組合，或是為了抬高物價的貿易集團，自由放任原則很明顯可以被相關利益團體利用來限制勞動市場或其他商品的市場。極富意義的是，在上述的兩種情形之下，即使是強硬的自由主義者，從勞合·喬治（David Lloyd George）與老羅斯福（Theodore Roosevelt）到瑟曼·阿諾（Thurman Arnold）與李普曼，都將自由放任原則置於自由競爭市場的需要之下；他們鼓吹規範及限制，支持刑事法與強制規定，並像任何「集體主義者」一樣認為契約自由已經被工會或企業「濫用」。就理論上來說，自由放任或契約自由是指工人如果決定個別或聯合保留他們的勞力不出賣，他們有權如此做；也指不管消費者的意願是什麼，商人聯合起來制定價格的自由。

但是實際上，這種權利卻與自律性市場制度相衝突，而且**自律性市場在這種衝突當中總是占上風**。換句話說，如果自律性市場的需要，與自由放任的需要互不相容，經濟自由主義者就會轉而反對自由放任，並且像任何反自由主義者一樣，採用規範與限制等所謂集體主義的手段。工會法與反托拉斯法就是出自這種心態。由於經濟自由主義者本身在工業的組織方式這種關鍵性的問題上，也經常使用這種反自由主義的方法，這個事實恰恰可以證明何以在現代工業社會裡，會無可避免地使用反自由主義或「集體主義」的對策。

附帶一提，這也有助於澄清所謂「干預政策」一詞的真義。經濟自由主義者經常以「干預主義」一詞來指涉與他們對立的政策，但這只是顯示出他們思想上的紊亂。干預主義的反面就是自由放任，我們已經指出經濟自由主義並不等於自由放任（不過在日常用語上，兩者交互使用卻無傷大雅）。嚴格地說，經濟自由主義是社會的組織原則，在這個社會裡，工業建立在自律性市場制度的基礎上。誠然，一旦大致建立起這種制度，減少某些干預是有必要的。然而，這並不表示市場制度與干預互不相容。只要市場制度還沒有建立起來，經濟自由主義者會毫不猶疑地呼籲政府干預來建立這項制度，而建立之後也會呼籲政府干預以維持這個制度。因此，經濟自由主義者可以毫不違背立場地呼籲政府使用法律力量以建立自律性市場；他甚至可以訴諸內戰的暴力以建立自律性市場的先決條件。在美國，南方各州使用自由放任的說詞替奴隸制度辯護；而北方各州則用武力干預以建立自由勞動市場。因此，自由主義者所指控的干預主義，實際上是空洞的口號，他們指責的其實是同樣一套措施，只不過剛好他們贊成或不贊成而已。自由主義者唯一能前後一致堅持的原則，只有自律性市場原則，不論是否需要他們進行干涉。

總結來說，抵抗經濟自由主義與自由放任的反向運動，明確具有自發反應的一切特質。它在許多毫不相干的問題上出現，而沒有任何跡象顯示受其直接影響的各種利益之間有何關係，或它們之間有任何意識形態上的一致性。甚至在處理同一個問題，例如工人賠償的問題上，解決方案可以從個人主義轉到「集體主義」，或從自由主義轉至反自由主義，或從自由放任轉到干預主義，而其中涉及的經濟利益、意識形態影響或政治力量都沒有改變，唯一改變的只是對問題的本質有更清楚的認識。其次可以看到一個很相似的、從自由放任轉向集體主義的改變，在許多國家工業發展過程的特定階段中發生，我們可據此指出這個過程的根本原因的深度與獨立性，經濟自由主義者很膚淺地把這個過程歸因於變動的情緒或各種利益。最後，從上述的分析可以看出，即使是激進的經濟自由主義者，也無法逃避一個法則，它使得自由放任無法適用於先進的工業狀況；在工會法與反托拉斯法等關鍵個案上，即使是極端的自由主義者也會要求政府多方干預，以便成功反抗壟斷協定，這是自律性市場運作的先決條件。即使是自由貿易與競爭也總要政府的干預才能使之發生作用。自由主義者所謂的一八七〇與八〇年代「集體主義陰謀」的神話完全與事實相反。

本書對這組雙向運動所作的解釋是有證據證實的。依照我們的看法，如果市場經濟對社會結構中的人性要素與自然要素構成威脅，社會各階層自然就會各自爭取某種保護。這正就是我們所見到的。此外，本書也認為在這些反應的背後，並沒有特別的理論或思想背景做為驅策力，而且與他們對市場經濟基礎原理的態度無關。同樣，事實就是如此。再者，本書認為如果在許多不同的國家裡，特定利益能被證明是獨立於特定意識形態之外，那麼比較政治史或許可以對本書的論點提供擬似實驗的支持證據。關於這一點，我們也引用了確鑿的證據。最後，自由主義者本身的行為也證明要維持自由貿易——即我們所稱的自律性市場——不能排除干預政策，事實上，還正需要這種干預措施，而且自由主義者經常呼籲政府在工會法與反托拉斯法等方面採取強制手段。

因此，對這組雙向運動所作的兩種不同解釋——其一是經濟自由主義者認為他們的政策從未有機會完整實施，反而被短視的工會主義者、馬克思主義知識分子、貪婪的企業家，以及反動的地主所扼殺；其二是這種說法的批評者，認為從十九世紀後半葉以來，對抗市場經濟擴張的普遍「集體主義」反應，正是自律性市場的烏托邦原則必定會給社會帶來危難的確鑿證明——究竟哪一種是對的，應該可以從歷史的證據找到答案。

1. Webb, S. and B.，前引書。

2. Redlich and Hirst, J., *Local Government in England*, Vol. II, p.240. Dicey, A. V., *Law and Opinion in England*, p. 305所引。

3. Ilbert, *Legislative Methods*, pp.212-3. Dicey, A.V., 前引書所引。

4. Spencer, H., *The Man vs. the State*, 1884.

第十三章 自由主義信條的誕生（續）：階級利益與社會變遷

必須先將「集體主義的陰謀」這個自由主義神話徹底清除，才有辦法探討十九世紀政策的真實基礎。這個神話認為保護主義是農民、製造業者與工會運動者為了邪惡的特殊利益而產生的結果，這些人盲目毀壞了市場的自動調節機制。馬克思主義者基於相反的政治傾向，用同樣片面的說詞，換另一種語調，來申辯同樣的觀點。（至於馬克思的核心哲學思想著重於社會的整體性以及人的非經濟性本質，與這裡的討論無關。[1]）馬克思本人追隨李嘉圖，從經濟的角度來定義階級，並視經濟剝削為資產階級時代的特色。

在通俗的馬克思主義裡，這引伸出粗陋的社會發展階級理論。各國對市場的爭奪以及勢力範圍的劃分，都被歸因於少數金融家的利潤動機。帝國主義則被解釋成資本家的陰謀，為了大企業的利益而引導政府去開啟戰端。戰爭被認為導因於上述利益結合了軍火生產商，他們不可思議地取得能力可以把整個國家導入致命的政策，這與他們的重大利益相違背。事實上，馬克思主義者與自由主義者同樣從片面利益的角度來解釋保護主義；他們也同樣從反動地主對政治的影響力來解釋農產品關稅；或從工業鉅子渴求利潤來解釋獨占企業的成長；或以商業的興衰來解釋戰爭。因此，自由主義經濟理論從某種狹隘的階級理論得到強有力的支持。由於贊同階級對立的觀點，自由主義者與馬克思主義者主張的是相同的命題。他們提出一個無懈可擊的說詞來證明十九世紀的保護主義政策是階級行動的結果，這樣的措施必定只效力於相關階級成員的經濟利益。這兩種思潮的影響幾乎完全妨礙了後人對市場社會，以及對保護主義在這種社會中的作用的全面瞭解。

事實上，階級利益對於社會的長遠變動只能提供有限的解釋。階級的命運被社會的需要所決定，遠甚於社會的命運被階級的需要所決定。在一定的社會結構下，階級理論可以提供有效的解釋；但是如果結構本身改變了呢？一個失去功用的階級可能會瓦解，並且被一個或一些新的階級取代。同樣的，在鬥爭中各階級的勝算也決定於它們從自己階級成員以外的地方取得支持的能力，而這又有賴於它們是否能滿足其他階級利益的需求。因此，如果無視於社會的整體情況的話，我們無從瞭解各階級的誕生與死亡，它們的目標與達成目標的程度，也無從瞭解它們之間的合作與對立。

一般而言，一個社會的整體情況，是由外在因素形成的，例如氣候的改變、農作的收成、一個新的敵人、一個舊敵人採用新武器、出現新的共同目標，或發現新的方法來達成舊有的目標。若要瞭解各階級在社會發展過程中的作用，就必須把這些局部的利益放在社會的整體情況中通盤考慮。

階級利益在社會變遷中會扮演重要的角色可以說是相當自然的。任何全面性的變遷必然會對社會的不同部門造成不同影響，而其原因則可歸諸地理位置的不同，以及經濟與文化條件上的不同等等。局部性利益於是就成為推動社會與政治變遷的現成工具。不管社會變遷是源自於戰爭或貿易、令人吃驚的發明或自然條件的改變，這時社會的各部門會採用不同的適應方式（包括強制的），並調節本身的利益以配合它們試圖領導的其他階級；因而只有當我們能指出某一群體或某些群體引發變遷時，我們才能解釋何以會發生這些變遷。然而，變遷的最終起因是由外在力量決定的，只有關於變遷的機制，社會才依賴內在的力量。「挑戰」是針對社會整體而發的，而所生的「反應」卻是來自內部各個團體、部門，與階級。

因此，只從階級利益著手，並不能對長期的社會演變過程提供滿意的解釋。第一，因為這種過程可能會決定階級本身的存亡；第二，特定階級的利益，只決定這些階級意圖達成的目標，而不決定這種努力的成功或失敗。階級利益並沒有不可思議的力量能保證該階級的人會得到其他階級成員的支持。但是這樣的支持卻經常出現。事實上，保護主義就是這樣的例子。問題的關鍵不在於為什麼農民、企業家或工會會員意圖藉保護措施來增加他們的收入，而是為什麼他們能達到這個目的；問題關鍵也不在於為什麼商人與工人企圖為他們的產品建立獨占市場，而是他們何以能達成目的；問題也不在於何以在歐陸的一些國家，某些團體希望以相似的方式來行動，而是為什麼在這些極為不同的國家當中會有這種團體存在，而且經常達成它們的目的；問題不在於何以那些種穀物的人意圖以高價出售產品，而是為什麼他們常能成功說服那些買穀物的人來幫助他們提高穀物的價格。

其次，認為階級利益的本質主要在於經濟，同樣是錯誤的看法。雖然人類社會在本質上受到經濟條件的限制，但只有在極端例外的情形下，個人的動機才會只受物質需要的決定。十九世紀的歐洲社會就是根據這種假設組織起來的，這種假設認為經濟動機可以成為普遍動機，這是那個時代的特色。因此，當我們分析十九世紀社會時應該比較廣泛審視經濟動機的作用。但是我們必須避免對問題懷有先入為主的成見，因為問題本身在於：這種特殊的動機在什麼程度上能夠普遍有效。

純粹的經濟活動（如滿足各種欲望）和階級行為之間的關聯，遠遠少於它和社會認可的問題之間的關聯。當然，欲望的滿足可能就是這種社會認可的結果，尤其是做為外在的表徵或獎品。但是與階級利益最直接相關的是地位的高下、等級與安全，也就是說，階級的意義主要是社會性的，而不是經濟性的。

一八七〇年以後參與推動保護主義的階級與團體，主要並不是為他們本身的經濟利益而這樣做。在這段關鍵性年代所制訂「集體主義」措施，明確顯示出只有在極端例外的情形下，才會涉及某一個特殊階級的利益，而且即使在這樣的情形下，這些利益也很少是經濟利益。例如這些措施就很明顯不是為了「短視的經濟利益」：授權市鎮當局維護公共活動的空間；規定至少每六個月以熱水及肥皂清洗烤麵包間；或規定強制檢驗電纜與船錨。這些措施是針對工業文明中，市場制無法應付的社會需要。這些干預政策對收入沒有直接或間接的影響。尤其是與健康、住宅、公共環境、圖書館、工廠條件及社會保險等有關的立法，更是如此。有關公共設施、教育、交通，以及其他許多事項也一樣如此。即使有些措施涉及金錢價值，但金錢價值仍然次於其他方面的利益。職業地位、安全保障、生活方式、生活面的廣度、及環境的安全性等，幾乎毫無例外都是問題所在。當然，有些干預措施，如關稅稅率、勞工賠償等，金錢在其中有不容忽視的重要性。但即使在這些例子中，非金錢的利益仍然無法與金錢上的利益分開。從表面上來看，關稅意味著資本家的利潤與工人的工資，但更深一層的意義卻是免於失業的保障、地方情況的穩定、保障工廠以免破產，以及，也許是最重要的，免除喪失職業的痛苦——這通常意謂著將一個人從一個工作，轉移到另一個較不熟練的、經驗較少的工作。

一旦我們能去除掉這層偏見，也就是認為重要的只是片面的階級利益，而非全面的社會利益，以及與之相伴而來的偏見，也就是把人類群體的利益限於金錢收入，那麼保護主義運動的廣度與深度看起來就不會那麼神祕。雖然金錢利益必然是由得利者代表的，但其他方面的利益卻是由更廣泛的社會階層構成的。它們以許多方式影響到每個人：街坊鄰居、職業工作者、消費者、行人、通勤者、運動員、遠足者、園藝家、病人、母親、或戀人——它們因此也能由各種不同形式的地域性或功能性團體來代表，如教會、鄉鎮、兄弟會、俱樂部、工會，或是基於概括原則而組成的政黨。對利益做太過狹隘的解釋必然會歪曲對社會史與政治史的見解，純粹從金錢來定義利益，就會排除對社會保障的重大需要，而代表社會保障的，通常就是負責社會普遍利益的機構——在現代的情況下，就是現今的政府。由於市場制威脅到各種人的社會利益而非經濟利益，因此，不同經濟階層的人會不自覺地聯合起來對抗這種危機。

市場的擴張因此同時受到階級力量行動的幫助與阻礙。由於建立市場制需要機械生產，因此在早期轉變階段，商人階級就處於領導的地位。其後，從舊有階級的殘餘中產生出一個新的企業家階級，要主導與社會整體利益一致的發展。如果工業家、企業家與資本家的崛起是由於他們在市場擴張運動中扮演領導地位，那麼，當時擔任保衛角色的就是傳統地主階級與新生的勞動階級。如果在貿易群體中資本家是站在市場制的結構原則這一邊，那麼，社會組織的頑強保衛者這個角色便是由若干封建貴族與新興的工業無產者所扮演。地主階級自然想在維持過去的傳統這樣一個大前提下尋找解決所有罪惡的方案，而工人階級則想超越市場社會的限制，並從未來尋求解決對策。這並不表示回到封建制度或社會主義的宣告是行動的可能方針；但它指出在危急關頭時，農民與城市工人階級力量在尋求救濟時所採取的行動方向全然不同。如果市場經濟崩潰，就如在每一次重大經濟危機時都可能會發生的，地主階級就企圖回到家長式的軍事政權或封建政權，而工廠工人則強調要建立勞動合作式的共和體制。在危機中，各種「反應」會導向互不相容的解決方法。階級利益的衝突——原本也可能達成妥協——具有重大的意義。

所有這些討論都提醒我們不能太過根據特定階級的經濟利益來解釋歷史。那樣的研究觀點意謂著那些階級都是既定必然的，而這只有在無法摧毀的社會中才有可能。持階級理論的人更將歷史上一些關鍵時期遺漏掉：某個文明瓦解或者經歷轉變的時期；出現了新的階級，它們有時在極短的時間內從舊階級的廢墟上出現，有時從外來的因素（如外來的探險者或流浪者）中出現。由於時代的需要，新的階級經常會在歷史的交接點上出現。因此，一個階級與社會整體的關係，決定它在這場歷史中所扮演的角色：這個新階級是否成功決定於它能服務的利益（不只是它自己的利益）的廣度與多樣性。事實上，沒有任何基於狹隘的階級利益而制訂的政策能夠好好保護這份利益——這個通則很少有例外。除非一個社會採取這種措施就要面臨毀滅，否則沒有任何粗暴自私的階級能長久處於領導地位。

經濟自由主義者若想將錯失歸咎於所謂集體主義陰謀的話，就必然會否定社會需要任何保護。最近他們為某些學者喝采，這些學者反對以往對工業革命的看法，也就是認為大約一七九〇年代時，災禍確曾降臨到不幸的英國勞動階級頭上。根據這些學者的新看法，當時一般工人的生活水平並沒有突然降低。一般而言，他們的生活比以前明顯改善，尤其是比採用工廠制之前改善，而且就人數來說，沒有人能否認工人的數目確實急劇增加。他們認為如果用經濟福祉的指標——實質工資與人口數——來衡量就可以歸結出早期資本主義的恐怖並不存在；工人階級不但沒有被剝削，反而在經濟上獲益，他們認為在這種對所有的人都有利的制度下，還要求社會保障，簡直是不可思議。

批評自由資本主義的人對此感到非常困惑。大約七十年來，英國學者與皇家委員會都一致譴責工業革命的恐怖，無數的詩人、思想家與作家都刻劃出它的殘忍。冷酷的剝削者，利用大眾的無助狀況而勞役他們、使他們饑渴，這已是不爭的事實；圈地者將鄉下人從他們的家園逐出，並將他們投到濟貧法修正案製造出來的勞動市場當中；童工們有時在礦坑與工廠中工作到死的悲劇，更足以證明一般人民的貧窮。事實上，一般對工業革命的解釋是基於十八世紀的圈地運動使得高度剝削成為可能這個前提上；此外，工廠主付給無家可歸工人的低工資，造就紡織工業的高利潤，並使得早期企業主得以迅速累積資本。對他們的控訴，是控訴他們對自己的同胞進行無止境的剝削，而這是無窮悲慘沉淪的根本原因。所有這些說法現在卻遭到明顯的反駁。經濟史家宣稱籠罩在早期工廠制頭上的陰影已經清除掉了。如果當時確實有經濟改善的話，怎麼可能會有社會災禍呢？

當然，當時所謂的社會災難主要是文化現象，而不是可以用所得數字或人口統計來衡量的經濟現象。影響各階層人民的文化災難，自然不是常有的現象；但像工業革命這種大變動的事件也不常見，這個經濟上的大振盪在不到半個世紀之內就將英國鄉間的廣大居民，從定居者變為無根的移民。如果這種排山倒海般的破壞在階級歷史上僅是例外的話，不同種族的文化接觸卻是經常發生的現象。從本質上看，這兩種文化災變的性質是一樣的。主要的不同在於：一個社會階級是社會的一部分，兩者位於相同的地理區域，而文化接觸則通常發生於不同地理區域的社會之間。在這兩種情況下，文化接觸對較弱的一邊而言，可能產生災難般的影響。導致淪落的起因並不是通常所假設的經濟剝削，而是受害一方在文化上的瓦解。經濟過程自然可以提供毀滅的工具，而且經濟上的劣勢會使得弱者讓步，但是導致這些災變的直接原因並不是經濟上的理由，而是制度上的致命創傷——弱者的社會存在與這些制度息息相關。其結果是失去自尊及品格，不論單位是一個民族或一個階級，不論這個災變是源自於所謂的「文化衝突」還是社會內部某個階級的地位發生改變。

對研究早期資本主義的人而言，這兩種災變的相似性是極富意義。今天非洲一些土著部落的狀況與十九世紀初期的英國勞動階級極為相似。南非的喀孚爾（Kaffir，譯注：南非歐洲人對當地班圖族人的稱呼，該詞出自阿拉伯語，意指「不貞者」，為早期阿拉伯奴隸販子用於黑人的蔑稱）原本是「高貴的野蠻人」，生活於安定的村落中，但卻被改頭換面成一群半馴化的動物，穿著「破爛、汙臭、不堪入目，即使最低下的白人都不願穿的破布絮」[2]，他們變成莫可名狀的生物，沒有自尊與品格，名符其實的人渣。這種描述令人想起歐文對當時工人的描寫，他在紐拉那克（New Lanark）對這些工人演講時，當著他們的面，像一位社會研究者那樣，冷靜而客觀地告訴他們何以會變成這種淪落的賤民；最足以點出他們淪落的真正起因，是因為他們生存於「文化真空」當中——這個詞是一位人類學者用來描述非洲一些英勇的黑人部落在與白人文明接觸的影響下，如何失去固有的文化。[3]他們的工藝技術凋敝，政治及社會環境被摧毀，用雷弗斯（Rivers，譯注：十九世紀末的英國人類學家）的名句來說，他們因厭煩而瀕於滅亡，或者在放蕩中消耗生命與肉體。當他們的傳統文化無法再提供任何值得去努力或去犧牲的目標時，種族偏見與種族歧視卻阻止他們適時吸收入侵的白人的文化。[4]如果把種族隔離換成社會隔離，浮現出來的就是一八四〇年代英國社會的「兩種國度」，喀乎爾就換成金士禮（Charles Kingsley，譯注：英國教士及小說家）小說中的貧民窟居民。

有些人雖然同意在文化真空下的生活不配稱為生活，但卻認為經濟上的滿足會將這個真空填補起來，而使得生活變得有生氣。人類學研究的結果卻與這種論點相反。瑪格麗特·米德（Margaret Mead）說：「人類奮鬥的目標是由文化決定的，並不是生物對無關文化的外在條件（例如缺少食物）的反應。」她繼續說道：「一群野蠻人被改造為金礦工人或船員，或者是被拔除所有奮鬥的目標並拋棄在充滿魚蝦的河邊，靜待著死亡。像這種轉變的過程，看來非常不可思議，非常不合乎社會常規，我們會視之為病態，但這卻經常發生於面臨急劇變遷的民族，」她結論道：

「這種粗暴的文化接觸將原始民族從他們的傳統道德中抽離出來，而且非常頻繁地發生，因此應該由社會史家加以研究。」

但是，社會史家卻未能領會這一點。他們否認目前激烈改變殖民世界的文化接觸力量，與一個世紀前製造出早期資本主義制度下各種悲慘狀況的是同一個力量。一位人類學者歸結說道：「即使兩者在表面上有所不同，但今天原始民族所面臨的困境，在本質上與我們幾十年前或幾百年前所面臨的相同。新的技術設施、新的知識，以及新的財富與權力型態都加速了社會的流動，也就是個人的遷移、家庭的浮沉、團體的分化、新的領導形式、新的生活方式、不同的價值取向等。」[5]屯瓦特的銳利心靈辨認出今天黑人社會的文化災難很類似於早期資本主義時代大部分白人社會的狀況。社會史家仍未注意到這種相似處。

沒有一樣東西像經濟至上的偏見那樣深深混淆我們的社會見解。由於在殖民主義問題上，剝削一直是主要的爭議點，因此這裡需要特別加以討論。此外，由於白人對世界各落後民族進行持續不斷而粗暴的剝削，使我們在討論殖民問題時若不把剝削放在最重要的位置，就會顯得過於麻木不仁。但也正由於過度注意剝削，使我們忽視文化的退化這個更大的問題。如果從嚴格的經濟角度把剝削界定為長久的不平等交換，那麼我們很懷疑剝削是否真的存在。初民社群的災難，是因為他們的基本制度受到急劇而暴烈的擾亂，所直接導致的後果（至於在這個過程中是否使用武力似乎無關緊要）。初民社群的制度之所以瓦解，是由於把市場經濟強加於組織方式完全不同的社會上；將勞動與土地轉變為商品，就是消滅有機社會的文化制度的祕方。很明顯的，收入及人口數的改變無法與這種改變過程相提並論。例如，原本自由的野蠻人在被拍賣為奴隸以後，雖然生活水平比起從前在叢林中的生活是有所改善（就某種定義而言），但我們會否認他們是被剝削了嗎？即使這些被征服的土著仍然保有自由，而且沒有被迫用過高的價錢購買推到他們面前的廉價棉布成品，結果仍然一樣，也就是他們的饑荒「全然」是起因於他們社會制度的瓦解。

我們可以用印度做個例子來說明這點。十九世紀後半葉的印度人並不是因為受到蘭開夏（Lancashire，譯注：英國紡織業中心）的剝削而餓死；他們大量死亡是因為印度的村落社群被摧毀了。如果說這是經濟競爭的力量所導致的，也就是由手工紡製品被機器產品所取代這個事實導致的，那無疑是真的；但這卻證明並沒有經濟剝削，因為廉價傾銷就代表沒有額外索價。十九世紀後半葉印度的饑荒，實際上的根源是穀物的自由市場，加上地方收入減低所致。當然，穀物歉收是問題的一部分，但是用鐵路運送穀物使得將賑災品送到災區成為可能的事；問題在於民眾無法付出高價去購買穀物，這就是一個自由但組織並不完善的市場，在貨品短缺時必然有的反應。從前，鄉間的雜貨店就可用來對抗農作歉收，但此時這些店鋪或者已經歇業，或者被捲入大市場中。因此，後來就以推動公共工程的方式來防止饑荒，使一般人能以高價購買生活必需品。在叛亂事件後，英國統治下的印度發生了三、四次大饑荒，這並不是天氣或剝削的結果，而是對勞動與土地的市場組織方式打破了舊有的村落社群，卻未能實際上解決其問題的結果。在封建統治下與村落社群中，貴族的義務、氏族的團結，以及穀物市場的規範都有助於防止饑荒，但是在市場制之下，按照其運作法則，人們無法防止饑餓。「剝削」一詞無法貼切描繪當時的情形，印度的饑荒實際上是在東印度公司的殘酷獨占被廢止、代以自由貿易之後才益發惡劣的。在東印度公司的獨占控制下，藉著鄉間的古老制度之助（包括穀物的自由分配），情形還能適當控制，而在自由交易與等價交易之下，印度人的死亡以百萬計。就經濟而言，印度可能是得利者（長期而言確定是得利者），但印度的社會卻被肢解了，並且淪為悲慘與沉淪的犧牲品。

至少在某些情形中，剝削的反面（譯注：慷慨施與）也會引發社會分解的文化接觸。一八八七年，美國政府強制授田給北美的印第安人，照我們的經濟推理，此舉應該會有利於所有的印第安人。然而，這個措施卻幾乎把印第安人全面摧毀——這是文獻上有名的文化退化例子。大約半個世紀之後，由於庫立爾（John Collier，譯注：美國社會工作者與作家，曾任印第安事務署主任）的道德勇氣，堅持應回歸傳統部落的土地制度，才修正了整個形勢：至少某些地方的北美印第安人又再度出現生氣盎然的社群。造成這個奇蹟的因素不是經濟上的改善，而是社會的重建。大約在一八九〇年，帕尼印第安人（Pawnee）發明的知名祖靈祭（Ghost Dance，譯注：起源於一八七〇年左右的潘特印第安人〔Painte〕。全體族人圍繞著祖先的象徵物共舞，直到昏迷不醒。儀式的目的在於歡迎祖先的靈魂降臨，以驅除白種殖民者），佐證了這種毀滅性的文化接觸所引起的震撼，恰恰就在那個時侯，經濟上的改善使得印第安文化變得落伍過時。此外，人類學的研究指出，即使是人口增加——這是另一個經濟指標——也無法排除文化災禍。人口增長率實際上可做為文化發展或文化衰退兩方面的指標。「無產者」（proletarian）這個字的原義——連結了多產與乞討——就是這種兩面性的絕佳表現。

經濟主義的偏見是下列這兩種看法的來源：粗糙的早期資本主義剝削理論，以及同樣粗糙但略具學術意味的誤解——否認社會災變的存在。後者的重大涵義，以及近期對歷史的解釋，乃是自由放任經濟體制的重建。他們的論點是：如果自由經濟並沒有導致災難的話，那麼保護主義——它將自由市場的好處從全世界奪走——就是一種放肆的罪惡。「工業革命」這個詞現在也受到這派學者的批評，因為它誇大了一個本質上是緩慢改變的過程。這些學者堅稱：除了改變人類生活的技術進步的力量逐漸開展以外，並沒有發生其他事情；他們承認在這個改變過程中，無疑有些人受到損傷，但就整體而言，卻是不斷在進步。這個圓滿的結果是經濟力量幾乎無意識運作的結果，儘管這種經濟力量受到一些缺乏耐性的團體的干涉，並且誇大一些當時無法避免的困難，但它仍然發揮出有利的作用。他們的結論是不承認新的經濟體制會有威脅社會的危險。假如這個工業革命史的修正觀點屬實的話，那麼保護主義運動自然就會缺乏客觀的理據，而自由放任也就可以洗刷冤情。關於社會災禍與文化災禍的性質，唯物論的謬誤解釋助長了這種傳說：當今所有的苦難都是由於我們背離了經濟自由主義。

簡而言之，我們找不到任何單一的團體或階級是所謂集體主義運動的根源，雖然其結果必然受到相關的階級利益的影響。終極而言，是整體社會的利益產生了保護主義運動，雖然對社會利益的保護（以及剝削！）主要是落在社會中某一部分人的身上。因此，不從階級利益來討論保護運動，而從受市場威脅的社會利益來討論是很合理的。

我們可以從傷害的主要方向看出威脅所在。競爭性勞動市場傷害到勞力的所有者，也就是人。國際自由貿易主要是威脅到依靠自然的最大產業，也就是農業。金本位制損害到那些依靠價格的相對波動而發揮功用的生產組織。市場制在這些不同的領域裡充分發展，這也就意味著它對社會存續的某些關鍵面向構成潛在威脅。

我們很容易區別勞動、土地與貨幣的市場；但要從一個文化（其核心由人群、自然環境與生產組織所構成）當中區別出這些市場並不是那麼容易。從文化的角度來看，人與自然實際上是一體的；生產企業的貨幣面向，只跟一種重要的社會利益有關，亦即國家的統一及凝聚。因此，雖然勞動、土地與貨幣等虛構商品的市場是分別獨立的，但它們對社會的威脅卻難以分別看待。

即使如此，如果將西方社會在這個關鍵性的八十年間（一八三四—一九一四）在制度上的發展做個簡述，我們或許可以用相似的方式來指出每一個危機點。不論我們關心的是人、自然或生產組織，市場都形成了威脅，特定的團體或階級也要求保護。在每個例子當中，英國、歐洲大陸及美國在發展上的時間差異都具有重要意義，但在進入二十世紀之際，保護主義的反向運動在所有西方國家都創造了類似處境。

據此，我們要分別討論人、自然與生產組織的自我防衛措施——也就是一種自求生存的運動，其結果是出現一種更加密切契合的社會，但這種社會也瀕臨全面崩潰的危險。

1. Marx, K., “Nationalökonomie und Philosophie,” in *Der Historische Materialismus*, 1932.
2. Millin, Mrs. S. G., *The South Africans*, 1926.
3. Coldenweiser, A., *Anthropology*, 1937
4. Goldenweiser, A., 前引書。
5. Thurnwald, R. C., *Black and White in East Africa; The Fabric of a New Civilization*, 1935

第十四章　市場與人

把勞動與生活中的其他活動分開，使之受市場法則支配，實際上就是摧毀一切有機的生命形態，並以另一種原子式的、個體主義式的組織形態來取代。

套用契約自由的原則，可以為這樣一種破壞計畫提供最好的效果。實際上這意謂著親屬、街坊鄰居、同業關係、宗教信仰等非契約性的組織要被掃除掉，因為這些組織要求個人的忠誠，並因而限制了個人的自由。經濟自由主義者經常把契約自由原則說成是一種不干涉的原則，實際上只是慣有偏見的表現，這種偏見偏好某種特定類型的干涉，例如會摧毀個人之間的非契約性關係、並防止他們再自發形成非契約性關係的那種干涉。

在今日的殖民地區，建立勞動市場所產生的影響非常明顯。土著被迫出賣他們的勞力以謀生。要達到這個目的就必須摧毀他們的傳統制度，並防止這種制度再次形成，因為一般而言，原始社會裡的個人不會受到饑餓的威脅，除非整個社群都處於相同的困境中。例如在喀孚爾族的村落社會裡，「貧困無依是不可能的事：任何需要幫助的人都毫無問題會得到幫助。」[1]沒有任何夸幽圖人（Kwakiutl）會「面臨饑餓的威脅」。[2]「在僅能維生的社會裡沒有饑饉這件事」。[3]在印第安村落社群中，免於匱乏的自由這項原則同樣受到認可，我們還可以再加上一句，直到大約十六世紀開始為止（此時人文主義者維瓦士〔Juan Luis Vives〕提出貧窮的現代觀念而在巴黎大學引起爭辯），幾乎在每一種型態的社會組織下都是如此。由於原始社會沒有個人饑餓的威脅，使得它在某種意義上比市場經濟更為人道，但是較不經濟。諷刺的是：白人對黑人世界的最初貢獻主要是教導他們運用饑餓的鞭策力。因此殖民統治者有可能故意砍倒麵包果樹，以製造人為的食物匱乏，或者將茅屋稅加在土著頭上，來迫使他們出賣勞力。在上述兩個例子中，其影響就與都鐸時期的圈地運動一樣，製造出成群結隊的流浪者。國際聯盟的一份報告就以警告的口吻提及最近出現於非洲叢林，類似十六世紀歐洲場景中的不祥人物：「無依者」（masterless man）。[4]在中古歐洲後期，這種人只見於社會的「隙縫」中。[5]然而他們是十九世紀流浪工人的先行者。[6]

今天白人在偏遠地區仍然偶爾做的事，也就是摧毀土著族的社會結構以便榨取他們的勞動力，在十八世紀則由某些白人為了達到相似目的而加諸其他白人。霍布斯的奇詭國家觀（國家猶如一頭人形巨獸，其身體由無數人類軀體堆砌而成）如果與李嘉圖設計的勞動市場（市場中的人數由食物的供應量來控制）相比較，實在是小巫見大巫。雖然一般都同意應該有一個不能再低的工資標準，但又認為實施這個標準的條件是要讓勞工只剩下饑餓或在市場上出賣勞力（不管價格多少）這兩種選擇。這又剛好可以說明古典經濟學者難以解釋的問題，也就是何以只有饑餓的懲罰，而非高工資的誘惑力，才能創造出可以運作的勞動市場。對這個問題，殖民地的經驗就能加以解答：因為工資愈高的話，工作對土人的吸引力就愈低，他們與白人不一樣的是他們的文化觀念並不驅使他們去盡量賺錢。相似的是早期的勞工也討厭工廠，覺得在工廠中被貶低而且受虐待，就像今天的原始土人一樣，只有用身體懲罰加以威脅，他們才會像我們那樣工作。十八世紀里昂的製造商提倡低工資，主要就是出於社會因素。[7] 他們辯稱：只有一個過度工作與飽受壓榨的工人，才會放棄與同類的人相連結並藉此逃脫奴隸狀態——在這種狀態下，不論他的主人要他做什麼，他都得去做。像英國的法定勞役與行政教區的農奴制，歐洲大陸專制的勞動警察，早年美洲的定期契約勞動等，都是「自願勞工」的必要條件。但要達成最後階段都是仰賴「自然的懲罰」，也就是饑餓。為了要讓自然的懲罰產生作用，必須先摧毀有機的社會，因為這種社會拒絕讓個人成員挨餓。

保護社會的責任，起初落在統治者身上，他們能直接實行自己的意志。但是經濟自由主義者卻很草率地假定經濟上的統治者對人們有利，而政治上的統治者則不然。亞當．斯密並不這麼想，他敦促英國政府以直接統治來取代東印度公司對印度的行政管理。他辯稱：政治上的統治者與被統治者之間有平行的利益，特別是後者的賦稅會充實前者的財源，但商人的利益卻自然而然與顧客的利益相對立。

由於利益及稟性，英國的地主承擔了保護一般人民以防止工業革命衝擊的任務。當變遷的動盪橫掃鄉間，農業變為不穩定的產業，史賓翰連法案就是建立來保護傳統農村組織的護城河。鄉紳們因為不願屈從於工業城鎮的需求，首先挺身對抗了一整個世紀，雖然終究無法挽回局勢，但他們的抵抗並不是完全白費的；它讓幾個世代的人免於受到摧殘，並爭取到時間以全面重新調整適應。它在關鍵的四十年當中減緩了經濟的進步，而改組後的國會在一八三四年將史賓翰連法案取消後，地主們又把抵抗對象轉移到工廠法。教會與莊園鼓動民眾反抗工廠廠主，後者的主宰地位使得減低糧價的呼聲日益高漲，並因而（間接）導致地租與什一稅有減收的危險。歐斯特勒（Oastler）就是一位「教徒、保皇黨員及保護主義者」[8]；但他也是一位人道主義者。同樣的情形也可見諸其他對抗工廠擴張的鬥士，如賽德勒（Sadler）、邵烏希（Robert Southey）及沙夫茲伯里動爵（Lord Shaftesbury，*譯注：社會改革家，促成礦坑禁止僱用女工與童工的法令、照顧精神病患的法令，並促成工廠工作十小時制*）等人。但是他們的信徒擔心在金錢上遭到損失，後來果然成為事實：曼徹斯特的外銷商人不久就叫囂著要減低工資，包括更廉價的穀類——廢除史賓翰連法案，加上工廠逐漸增加，實際上已經為一八四六年的反穀物法案鋪下成功的道路。然而，由於一些巧合的原因，使得英國農業的破敗延遲了一整個世代。這段期間迪斯雷利藉由對抗濟貧法修正案而樹立了保守社會主義，保守的英國地主則迅速將新的求生技巧加諸這個工業社會。馬克思認為一八四七年的《十小時工作法案》（*Ten Hours Bill*）是社會主義的第一次勝仗，實際上卻是開明反動派的傑作。

在這個偉大的運動中，勞動人民本身卻幾乎沒有扮演什麼角色，但這個運動使他們能捱過（用比喻來說）大西洋的中央航線（Middle Passage，譯注：西印度群島與非洲之間的中間航線，距離較其他航線長）。對於決定他們自己命運的事，他們毫無發言權，一如霍金斯（Sir John Hawkins，譯注：英國航海家，販賣黑奴致富）船艙中的黑奴。英國勞動階級並沒有參與決定自己的命運，正是這點決定了英國社會史的發展，並且，不管是好是壞，與歐陸社會史的發展如此不同。

關於英國勞動階級的自發成長，這個新生階級的笨拙與跌跌撞撞，有其特殊之處，它的真正性質早已在歷史上顯示出來。在政治上，英國的勞動階級是由一八三二年《國會選舉權修正法案》（*Parliamentary Reform Act*）所界定的，這個法案否定他們的投票權；在經濟上，英國的勞動階級是由一八三四年濟貧法修正法案來界定的，這個法案把他們排除於接受救濟的行列以外，並將他們與貧民分開。在很長一段時期內，這些將要成為工業勞動階級的人仍然不能確定他們是否必須回復到農村生活及手工藝生產以得到解脫。在史賓翰連制之後的二十年間，他們奮鬥的目標集中在加強推行職工法中有關學徒制的條款，或者採取盧德派分子那樣的直接行動，以阻撓機器生產。這種落伍的態度在整個歐文運動期間一直是一道潛流，直到一八四〇年代末期，當十小時工作法案通過，憲章運動逐漸消褪，以及資本主義黃金時代開始，才去除了這種過時的看法。直到這個時候，英國萌芽中的勞動階級仍然對自己懵懵懂懂；只有當我們瞭解英國工人這種懵懂中的萌發狀態，我們才有辦法瞭解英國將工人階級排除在國家生活之外遭受的損失有多大。當歐文運動與憲章運動逐漸消褪，英國由於某種要素而變得更貧窮了，盎格魯撒克遜民族的自由社會理想原本可以從這種要素當中獲得未來許多個世紀的力量。

縱使歐文運動的結果只是一些微不足道的地方活動，它仍然會是盎格魯撒克遜民族創造性想像力的里程碑，縱使憲章運動從未擴散到一些核心人物之外——這些核心人物想出「國慶日」的構想來爭取人民的權利——它還是顯示出某些人仍能編織自己的夢想，而且能夠為一個已經不具人性的社會籌措對策。但事實卻不是如此。歐文運動不只是一小群信徒的想法，民權運動也並非只限於少數政治菁英；這兩個運動實際上包括成千上萬的工匠、工人與勞動人民，參與這兩個運動的人數之眾多，使它們成為近代史上最大的社會運動之一。不論兩者的差異有多少，也不論其唯一相似的地方是兩者都失敗了，但它們卻證明了必須保護人類以免受市場傷害這件事，如何從一開始就是無可迴避的。

剛開始的時候，歐文運動既不是政治運動，也不是勞動階級的運動。它代表遭受工廠打擊的一般人的熱望，希望能發現一種由人來主宰機器的生活方式。本質上，其目的在我們看起來是對資本主義的迴避。當然，這樣一種解決方案多少有點誤導，因為這時對資本的組織性角色以及自律性市場的性質仍然不清楚。但它把歐文的精神表現得最好，歐文斷然不是機械的敵人。不管有沒有機器，他認為人仍然應該是自己的雇主；機器的問題，可以藉合作的原則或「工會」來加以解決，而不至於犧牲個人的自由或社會的團結，也不至於犧牲人的尊嚴或對其他人的同情心。

歐文運動的長處在於其想法非常實際，而其方法的基礎在於把人看成一個整體。雖則其針對的是日常生活上的問題，如食物、住居及教育的品質、工資的水平、失業的預防、病患的扶養等，但是它涉及的爭議跟這些爭議所訴諸的道德力量一樣廣泛。其信念是：只要找到正確的方法，就可以重建人類的生活，並使這個運動的本質穿透到心底深處人格形成的層面。在運動範圍與之相似的其他社會運動裡，很少有像它那樣不具學究氣息的；由於這種實際的態度，使參與運動者對一些看似無足輕重的活動都賦予特別的意義，因此他們不必仰賴特殊的信條為行動方針。事實上，他們的信念可說是先知式的，因為他們堅持要有超越市場經濟的重建方法。

歐文運動是一種工業的宗教，其信徒則是勞動階級。[9]其形式與創意的豐富是無與倫比的。實際上，它是現代工會運動的開端。他們創立了合作社，主要是銷售貨品給會員。當然，這些合作社並不是一般的消費合作社，而是由熱心人士支持的商店，這些商店將營業利潤用來推展歐文的計畫，尤其是建立合作村。「他們的活動兼具教育性、宣傳性及商業性；他們的目標是要以聯合的努力來創造新的社會。」工會會員建立的「工會所」(Union Shops)在性質上更接近生產者的合作社。失業工人可以在這裡找到工作，或者在罷工時可以在這裡賺取一些錢以代替罷工津貼。在歐文式的「勞動交易所」，合作商店的觀念已經發展為一種獨特的制度。交易所的核心，依賴的是各種技藝的互補性質；他們認為，如果工匠提供彼此所需的東西，那麼就可以把自己從市場的起伏中解放出來；後來這種制度又加上勞動券的使用，其流通甚為廣泛。在今天看來這樣一種措施似乎甚為古怪；但是在歐文的時代，不只對工資的特性不清楚，對銀行鈔券的特性也不清楚。當時社會主義與邊沁運動的各式各樣計畫和發明沒有什麼本質上的不同。不只是這些反叛性的對抗者還處於試驗的狀態，那些體面的中產階級亦然。邊沁本身就曾投資於歐文在紐拉那克設立的未來式教育機構，還拿到紅利。各種歐文式的團體基本上就是一些組合或俱樂部，以支持合作村的各種救濟貧民的計畫；這就是農產者合作社的起源，其影響至為深遠。英國第一個具有企業組合目標的全國性產業組織是建築工人工會(Operative Builders' Union)，它企圖以下列方法來直接規範建築業：「大規模建造房舍」、使用自己的貨幣，以及發展各種方法來實現「為解放生產階級的偉大組織」。這個組織就是十九世紀工業生產者合作社的前驅。從這個建築工人工會及其「委員會」產生出更具野心的團結產業工會(Consolidated Trades Union)，它在很短的時間內就擁有近百萬的勞工與工匠，從屬於該組織之下的各個工會與合作社。它的理念是以和平手段從事產業工人的反抗，我們必須記住在這些運動的初期，他們唯一的目的就是要重建工人的熱誠，能瞭解這一點，這種手段就不會顯得矛盾了。托爾普鐸村（Tolpuddle）的犧牲者就是屬於這個組織在鄉間的支部。工廠立法的鼓吹就是由該工會的革新委員會（Regeneration Societies）推動的；其後它又設立了倫理委員會，也就是世俗主義運動（secularist movement）的前身。當時已經充分發展出非暴力抵抗這個觀念。英國的歐文主義與法國的聖西蒙主義一樣，顯示出類似的精神特徵；不過聖西蒙是為了基督教的復興而努力，而歐文卻是近代勞動階級領袖中第一位反對基督教的人。歐文主義最主要的影響，當然就是英國的各種消費合作社其後在世界各地受到仿效。但這個運動的主要推動力卻已經失落了——或者說，只保留在消費者運動這個次要領域——這可視為英國工業史上對精神力量的最大打擊。但是盎格魯撒克遜民族在經過史賓翰連時期的道德沉淪後，卻仍然能以充沛的想像力及持久力來重振社會，可以說是擁有無窮的智慧與感情動力。

由於歐文主義強調把人視為一個整體，因此仍然固守著某些中世紀合作生活的遺習，這可見諸建築工人工會以及代表歐文主義社會理想的合作村。雖然它是現代社會主義的泉源，但是它的計畫並非立基於財產問題，只有資本主義的法律面才立基於財產問題。它和聖西蒙一樣，碰到工業社會的新現象時，認識到機器所帶來的挑戰。但歐文主義的特點是強調從社會的角度看問題：它拒絕把社會分割為經濟領域與政治領域，因而拒絕只以政治行動來解決問題。接受一個分割的經濟領域，就蘊涵著承認獲利與利潤的原則是社會的組織動力。歐文拒絕這樣做。他的天賦認識到只有在一個新的社會裡，才有可能將機器包容到社會體之中。對他而言，事物的工業面絕不只限於經濟（事物的工業面只限於經濟的看法蘊涵了一種市場式的社會觀，這是歐文所拒絕的）。紐拉那克的經驗告訴他：在工人的生活裡，工資只不過是諸多考慮中的一種而已，其他如自然環境與住居環境、商品的品質與價格、工作的安定性，以及住居保有權的保障等。（紐拉那克的工廠與以前的其他工廠一樣，即使工人沒有工作可做，仍然支付他們工資。）但除了這幾點之外，還包括其他許多方面的調整。如：成人與兒童的教育、娛樂設施、舞蹈、音樂，以及對所有人不分老幼一視同仁的高道德標準創造了某種氣氛，讓整體產業人口在這種氣氛中達到一種新的境界。成千上萬從歐洲各地（甚至美國）來的人造訪紐拉那克，就如它是人類未來的希望，已經完成了跟一群人成功營運工廠生意的不可能任務。但如果與當時附近城鎮的工廠比較，歐文的企業所付的工資卻比較低。紐拉那克的利潤主要來自勞工在較短工時內的高生產力，這要歸功於卓越的組織管理以及得到充分休息的工人，這些優點要比增加實質工資用來過體面生活更加重要。這就可以說明何以歐文的工人願意依附於他。從這些經驗裡他看出必須從社會層面——也就是比經濟更廣的層面——才能解決工業造成的問題。

雖然他從全面觀點探討問題，但他卻瞭解到主導工人生活的具體物質條件的重要性。他的宗教感使得他反對漢娜·摩爾（Hannah More，譯注：英國女作家，於一七九九年成立宗教小冊子叢書社）的實用超驗論，以及她的廉價小冊子叢書。她的小冊子中有一冊是讚美蘭開夏一名女礦工的範例。這個女工九歲就被帶下礦坑工作，跟比她小兩歲的弟弟一起推煤車。「她開心地跟著爸爸下煤坑，將自己埋在堆裡，在那樣稚嫩的年紀卻也沒有用她的性別當藉口，而與其他礦工一同工作。他們的生活雖然艱苦，但對社會卻有極大貢獻。」[10]她的父親在一次礦場事故中，就在小孩的眼前身亡。於是她就去申請一份傭人的工作，但由於她當過礦工，許多人對她有成見，因此無法申請到工作。幸而她的苦難與耐心受到人們的注意，有人打聽她的下落，使她成名並得到工作。這本小冊子歸結道：「這個故事可以教諭貧民：只要他們願意強迫自己工作的話，就必然有機會獨立自主，沒有任何難以克服的困境能使人找不到受尊敬的工作。」摩爾姊妹們喜歡和饑餓的工人一道工作，但對他們在物質上所受的痛苦卻不感興趣。對於工業化帶來的物質問題，她們的解決方式只是用給予工人一些空名與地位。摩爾強調她故事中女主角的父親是社會上有用的一分子；而他的女兒也受到雇主的公開稱讚。摩爾相信在一個實際社會裡只要有這些名譽上的報酬就不再有什麼需要了。[11]歐文對一種基督教表示輕蔑，這種基督教放棄了主宰人類世界的使命，寧願去讚美摩爾所描寫的女主角所得到的虛幻地位與名聲，而不願去面對《新約》以外的一些令人震驚的真相，不願去面對人在一個複雜社會中的生存條件。當然，沒有人會懷疑摩爾對自己信念的真摯性，她認為窮人如果能默認他們艱苦的生存條件的話，就更容易轉向宗教的慰藉，她堅信這正是使他們得救並且使市場社會順利運轉的方法。但是一些悲天憫人的上層階級內心所仰賴的基督教空殼，如果與工業宗教的創造性相比卻是非常貧乏，後者的精神已經是當時一般英國人用來拯救社會的工具。但是，資本主義仍然有前途等待著。

憲章運動訴諸的是非常不同的推進力，在歐文主義以及它的許多不成熟計畫失敗後，我們幾乎已經可以預期到它的出現。憲章運動純粹是一種政治性的努力，試圖經由立憲的管道影響政府；它企圖對政府施加壓力，合乎國會改革運動讓中產階級獲得選舉權的傳統路線。憲章運動提出六點方案，要求給予全民投票權。但是這個擴大投票權方案遭到的敵對態度（它在三分之一世紀內不斷被改革後的國會否決）、憲章運動人士在群眾支持下所使用的強制力量，以及一八四〇年代自由主義者對全民政府的厭惡態度，都證明對當時的英國中產階級而言，民主是一個陌生的觀念。只有當工人階級接受了資本主義經濟的原則，以及工會將工廠的順利運轉視為他們的主要關懷以後，中產階級才會將投票權給予一些工人；這已經是在憲章運動消逝很久以後的事，而且是在中產階級確定工人不會嘗試用投票權來達成自己的任何想法以後的事了。從市場型態的生活的擴散這個觀點來看，這可能是正當的，因為這有助於克服工人殘存的傳統有機生活方式所造成的障礙。另一個全然不同的任務是重建一般人的生活（他們的生活在工業革命中被連根拔起），並引導他們進入一種全國性的文化。這項任務還沒有做。將工人階級要求分享領導權的能力摧毀殆盡以後，再給予他們投票權，已經不能彌補這個創傷了。統治階級已經因為把強硬的階級統治延伸到一個文明的形式——它要求全國在文化上與教育上要一致，以避免不良的影響——而造成了錯誤。

憲章運動是政治運動，因而比歐文主義易於被人瞭解。但是如果我們不參考當時其他情況的話，我們仍然難以認清這個運動的情感強度與廣度。一七八九年與一八三〇年的動亂已經使革命在歐洲成為家常便飯；在一八四八年巴黎動亂之前，柏林與倫敦就已經有了預兆，只是其時間上的精準程度卻不像社會動亂，反而更像市集，「接踵而來」的革命發生於柏林、維也納、布達佩斯與義大利的一些城鎮。當時倫敦的情勢也很緊張。每一個人（包括憲章運動者在內）都預期會有暴力事件發生，以迫使國會將投票權給予人民（當時只有百分之十五的成年男子有投票權）。英國歷史上從來沒有過像一八四八年四月十二日那樣，全面調度各種武裝力量以準備保衛治安。成千上萬的人被任命為保安人員，以便在那天用武器來對付憲章運動人士。但是巴黎革命的火花來得太晚了，因而無法引導英國的民眾運動達到勝利。到巴黎革命的時候，由濟貧法修正案及饑餓四〇年代所激起的反抗情緒已經逐漸消褪；高漲的貿易浪潮提高了就業機會，而資本主義的成果也開始出現。憲章運動平靜地消散了。國會甚至拒不受理他們的請願，直到後來下議院才以五對一的多數否決了他們的要求。他們徒勞無益地蒐集了一百多萬的連署簽名。憲章派徒勞無益地做守法的公民。他們的運動在勝方的譏嘲下消失了。英國人民試圖建立全民民主政治的最大努力就這樣結束。一、兩年後，憲章運動已經全然被人遺忘。

工業革命在半個世紀後出現於歐洲大陸。那裡的工人並不是因為圈地運動而離鄉背井的；而是由於高工資與城市生活的引誘，使得許多半農奴似的農業勞動者拋棄了莊園而移居到城市裡去，他們在那裡與傳統上較下層的中產階級合流，並且培養出一種城市的格調。他們不但不覺得是淪落了，反而覺得在新環境中高昇了。當然他們的住居條件仍然很低劣。直到二十世紀初期，酗酒及賣淫在下層城市勞工之中仍然很猖獗。然而英國的手工業生產者或是有過顯赫祖先的地主，和斯拉夫或帕莫雷尼亞（Pomerania，譯注：東普魯士的一個省）的農業勞動者是不能相比的，前者在道德上與文化上墮落，無望地沉淪在鄰近工廠的貧民窟泥沼中，後者則在一夜之間就從定居的農奴變成現代城市中的產業工人。一個愛爾蘭或威爾斯的短工或西部蘇格蘭高地地區的居民懶散地走過早期曼徹斯特或利物浦的小巷時，可能會有相似的經驗；但是英國自耕農的兒子或被逐的佃農並不感到自己身分提高了。但是當時歐洲大陸新近被解放的農民不但有很多機會晉升到工匠或商人這樣的較下層中產階級，而且保有他們古代的文化傳統，但是當時社會地位在他們之上的資產階級在政治上與他們的處境相同，幾乎被實際的統治階級中逐出。在反抗封建貴族與羅馬教廷這一點上，新興的中產階級與勞動階級這兩股力量密切聯合。知識分子，尤其是大學生，將這兩個階級縫合起來，以共同打擊專制政體與特權階級。但是英國的中產階級，不管是十七世紀的鄉紳與商人，或是十九世紀的農民與貿易者，都能單獨維護自己的權益，即使在瀕臨革命邊緣的一八三二年，英國中產階級也不必仰賴勞工的支持。此外，英國的貴族階級不斷吸收新興的有錢人，並擴大社會階層的頂端階層，而歐洲大陸的半封建貴族卻不願讓子女與資產階級的婦女通婚，而且由於歐洲大陸的貴族缺乏長子繼承制，因而將他們與其他階級分隔開來。因此，在歐洲大陸，邁向自由與平等的每一個成功的步驟都使中產階級與工人同蒙其利。從一八三〇年（如果不是從一七八九年）以後，歐洲大陸的傳統就是勞動階級幫助資產階級為對抗封建制度而奮鬥，只不過——就如一般所知的——到後來卻由中產階級騙走了勝利的果實。但不論勞動階級是成功或失敗，他們的經驗都增強了，並且他們的目標提升到了政治層面。這就成為所謂的階級意識。馬克思的意識形態將城市工人階級具體化，他們從經驗中學到如何使用工業的力量與政治的力量做為政治武器。英國工人在工會運動中經歷了完全不同的經驗，包括工會行動上的戰術與戰略，並因避免涉及全國性的政治而得利，而中歐的工人則變為政治上的社會主義者，慣於討論國家大事，不過他們關心的主要仍然是與自身利益有關的東西。

如果說英國與歐洲大陸的工業化過程相隔半個世紀的話，在建立國家統一這方面兩者的差距更大。直到十九世紀後半葉，義大利與德意志才達成國家統一，一些東歐小國則在更晚才達成統一，而這在英國已經是幾個世紀之前就完成了的。在這些建國的過程中，勞動階級扮演了重要的角色，這就更增長了他們的政治經驗。在工業時代，這種過程自然包含社會政策在內。俾斯麥經由一個社會立法的劃時代計畫來統一第二帝國。義大利的統一則由於鐵路國有化而加速。在種族大雜燴的奧匈帝國，皇室本身不斷呼籲工人階級支持中央集權與帝國的統一。在這些地區，社會主義政黨與工會也經由他們對立法機構的影響，找出許多有利於產業工人的空隙。

經濟主義的偏見讓勞動階級問題的輪廓模糊難辨。英國的作家不能理解：何以早期資本主義在蘭開夏的情況會給歐洲大陸的觀察者如此惡劣的印象。他們指出在中歐許多紡織工匠的生活水平比早期英國工人更低，而且他們的工作環境與英國的同類所面臨的一樣差。但是這樣的比較卻忽視了一項重要的區別：工業生產提高了歐洲大陸工人在社會上與政治上的地位，而在英國，工人的地位卻下降了。歐洲大陸的工人沒有經歷過史賓翰連制時期可恥的赤貧化，他們的經驗中也沒有類似新濟貧法的煎熬。他們從農奴變為——或者說高升為——工廠工人，而且很快就有了投票權並參加了工會。因此，他們得以避免像英國工業革命之後接踵而來的那種文化災禍。此外，歐洲大陸是在針對新生產技術的調整措施已經出現後才工業化的，這幾乎完全是由於仿效了英國的社會保護方法。[12]

歐陸工人所需要的保護並不是針對工業革命的衝擊（在社會意義上，在歐洲大陸並沒有這個問題），而是針對工廠的一般狀況與勞動市場的條件。他們主要是藉立法之助來達成目的，而英國的工人則比較依賴志願性的組織——工會——以及工會獨占勞動的力量來達到相同的目標。相形之下，歐洲大陸的社會保險就比英國更早實行。其差別可以從歐洲大陸的政治轉向與勞動群眾較早得到投票權這兩方面來加以解釋。雖然經濟上的強制性保護方法與志願性保護方法——也就是立法與工會運動——兩者之間的差異易於被高估，但這在政治上的結果是很大的。在歐洲大陸，工會是勞動階級政黨的產品；在英國，政黨卻是工會的產物。歐洲大陸的工會運動多少有社會主義色彩，在英國，即使是政治上的社會主義，本質上仍然與工會運動密切相關。因而，英國的全民投票加強了國家的統一，但是在歐洲大陸卻時而有相反的結果。匹特與皮爾（Sir Robert Peel）、托克維爾（Alexis de Tocqueville）與麥考萊（Thomas Babington Macaulay）等人的疑懼——大眾政府含有對經濟體制的威脅——是在歐洲大陸成為事實，而不是在英國。

就經濟上言，英國及歐洲大陸的社會保護措施產生了幾乎完全相同的結果。它們達成了預期的目標：也就是為了保護勞動力這個生產要素，而去阻撓市場的運作。照古典經濟學的看法，只有在工資隨商品價格一齊升跌時，這個市場才會發揮作用。從人性的角度來說，這樣的主張意謂著：工人不應有穩定的收入、不應有職業上的保障、隨時要被任意踢開、完全受市場價格起伏的支配。米塞斯公平地指出：「如果工人不按照工會人士的要求行事，而是按照勞動市場的動向而減少他們的要求或改變他們的住居與職業的話，那麼他們終究會找到工作。」這段話總括了立基於勞動是一種商品這項主張的經濟體制的立場。商品本身無法決定在什麼地方被賣出、賣出去做什麼用、在什麼價格下被賣出去，以及如何被使用或廢棄。米塞斯這位首尾一貫的自由主義者繼續寫道：「人們並未理解到：工資的缺少是就業的缺少的更恰當說法，因為失業者失去的並不是工作，而是工作帶來的收入。」米塞斯是對的，雖然他不應該自認為這是獨到的想法；在他之前一百五十年，威特里主教（Bishop Whately）就曾說過：「當一個人乞求工作，他想要的並不是工作，而是工資。」但是，技術上來說，「資本主義國家中的失業，是由於政府及工會兩者的政策將工資抬高到無法與現有的勞動生產力保持和諧的水平」，這個看法倒是正確的。米塞斯問道：如果不是工人「不願意在勞動市場上，就他們的勞力所能取得的工資而工作的話」，那怎麼會有失業的人呢？這些分析使得雇主要求勞動的流動性與工資的彈性的真正意圖變得很清楚：也就是認為在市場中，人的勞動力應該被視為一種商品。

所有社會保護措施的最終目標都是要摧毀這樣一種制度，並且使之無法存在。實際上，勞動市場只有在符合下列條件時才能發揮作用：它必須要有特定的工資、工作的條件、標準與規範，以保護勞動這種商品的基本人性特質。如果辯稱社會立法、工廠法、失業保險與工會並沒有干涉勞動的流動性與工資的彈性，就意謂著這些保護措施在目標上完全失敗，因為它們的目的正是要干預人類勞動的供需法則，並使它脫離市場的常軌。

1. Mair, L. P., An African People in the Twentieth Century, 1934.
2. Loeb, E. M., "The Distribution and Function of Money in Early Society," in Essays in Anthropology, 1936.
3. Herskovits, M. J., The Economic Life of Primitive Peoples, 1940.
4. Thurnwald, R. C., op. cit.
5. Brinkmann, C., "Das soziale System des Kapitalismus," in Grundriss der Sozialökonomik,1924.
6. Toynbee, A., Lectures on the Industrial Revolution, 1887, p. 98.
7. Heckscher, E. F., op. cit., Vol. II, p. 168.
8. Dicey, A. V., op. cit., p. 226.
9. Cole, G. D. H., Robert Owen, 1925。我們相當倚重這部著作。
10. More, H., The Lancashire Colliery Girl,May, 1795; cf. Hammond, J. L. and B., The Town Labourer, 1917, p. 230.
11. Cf. Drucker, P. F., The End of Economic Man, 1939, p. 93, on the English Evangelicals; and The Future of Industrial Man, 1942, pp. 21 and 194, on status and function.
12. Knowles, L., Industrial and Commercial Revolutions in Great Britain during the Nineteenth Century, 1926.

第十五章　市場與自然

我們所謂的土地，是一種與人類制度緊密交織的自然元素。將土地抽離出來並為它成立一個市場，或許是我們祖先做過的事情當中最不可思議的。

傳統上，土地與勞動並不是分開的；勞動是生活的一部分，土地是自然的一部分，生活與自然形成一個整體。土地因而與親屬、街坊、職業及信仰等組織連成一體，也就是與部落、廟宇、村莊、行會及教會等連成一體。另一方面，單一大市場（One Big Market）是經濟生活的一種安排方式，其中包括各生產要素的市場。因為這些生產要素無法與人類制度的元素——人與自然——相區分，因此可以說，市場經濟必須讓社會制度受到市場機制的要求所支配。

這種對土地的看法和對勞動的看法一樣不切實際。經濟功能只不過是土地的諸多重大功能之一。它給人類的生命注入安定的力量；是人類居住的地方；是人身安全的必要條件；它構成風景與四季。我們可以將沒有土地的人比擬為沒有手足的人。但是將土地與人分開，並且依不動產市場的需求來組織社會，是市場經濟這個烏托邦概念中甚為重要的一部分。

我們可以從現代殖民的情況看出市場制的真正意義。不論這些殖民者是為了埋藏在地下的財寶而取得土地，或者是希望強迫土著去生產多餘的糧食或原料而取得土地，經常都不是重點；不論這些土著是在殖民者直接監督下工作，或者只受某種型態的間接控制，也沒有什麼差別，因為不論在哪一種情況下，殖民者都必須先摧毀土著生活中的社會制度與文化制度。

今日殖民地的情況與一、兩個世紀前的西歐社會極為類似。但是西歐花費幾個世紀才讓土地可以流通買賣，現在這些異國的地區卻被壓縮到幾年或幾十年。

這個挑戰來自純粹商業形式的資本主義之外的其他發展。英國從都鐸時代開始，農業資本主義就發展出個人化的土地使用方法，包括改變耕作與圈地。從十八世紀初葉起，英國與法國的工業資本主義仍然是以農村為主，而且需要土地來建造廠房與工人的住所。而在十九世紀出現了強而有力的因素——不過它對土地使用的影響更甚至對土地所有權的影響——即工業城鎮興起，從而對原料與食物供給的需求急速增加。

從表面上來看，對這些挑戰的回應很少是一樣的，然而它們只是讓土地遵從工業社會的需要的各種階段。第一個階段是土地的商業化，讓封建制度下的土地收益可以流通交易。第二個階段是增加食物及農業原料的生產，以滿足整個國家增長的工業人口。第三個階段則是將這樣種剩餘生產制度擴張到海外與殖民地。到了這個最後的階段，土地及其產品就被納入自律性的世界市場。

土地商業化只不過是消滅封建制的另一個名稱，這個過程於十四世紀在西歐的城市中心與英格蘭開始進行，而在大約五百年後歐洲各地革命期間終於結束，其時農奴制的殘跡完全被廢除。將人從土地分離出來，意謂著將經濟體分解為各種元素，使得每一個元素都能嵌合到它可發揮最高作用的市場當中。這個新的市場制度最初是緊挨著舊體制建立的，它嘗試著在前資本主義社會紐帶所控制的土地當中取得一席之地，以同化和吸收舊制度。封建下的土地接收制度被廢除了。「其目的就是要消除街坊組織或親屬組織對土地的控制權，尤其是男性貴族後裔，以及教會的權力——它們將土地排除於買賣或抵押之外。」[1]這個目的有時是使用個人力量與暴力達到的，有時是從上而來或從下而來的革命達成的，有時則藉戰爭或征服來達成，有時以立法行動，有時以行政命令來達成，有時則由少數人以小規模的活動，經長時間的努力而達成。社會變動是很快復原或是對社會體造成長久的創傷，取決於當時所採取的規範這個過程的措施。各種變遷與調整的強有力因子由政府本身引入。例如，直到義大利統一建國的時代，教會土地的世俗化就是建立現代國家的根本措施之一，剛好也是將土地轉變為私人所有的主要手段。

在這些措施當中，最大的步驟可見諸法國大革命，以及一八三〇及四〇年代邊沁的改革。邊沁寫道：「最有利於農業繁榮的條件是沒有繼承的限制、沒有不可分割遺產的限制、沒有共有地、沒有贖回權、沒有什一稅。」這種處理財產（尤其是土地財產）的自由構成邊沁的個人自由概念的核心。將這種自由以各種方法加以擴充是立法的主要目的與功能，如《遺囑法案》（*Prescriptions Acts*）、《繼承法案》（*Inheritance Act*）、《罰金與贖回法案》（*Fines and Recoveries Act*）、《土地財產法案》（*Real Property Act*）、一八〇一年的圈地法案（*Enclosure Act*）及後來的一些修正案[2]，以及從一八四一年到一九二六年的各種《公簿持有地法案》（*Copyhold Act*）。在法國與歐洲部分地區，拿破崙法典建立了中產階級形式的財產制，使土地成為可以買賣的物品，並且讓抵押成為私人之間的契約。

與第一階段重疊的第二個階段，是將土地從屬於急速擴張的城市人口的需要。雖然土地不能真的流動，但是只要在運輸條件與法律條件許可下，其產品卻可以流動。「正因物品的流動可以在某種程度上彌補生產要素在地區之間流動的不足；或（這事實上是同一件事）貿易可以減低因生產設施在地理分布上的不均所引起的不利條件。」[3]這樣一種觀念和傳統（對經濟）的看法全然不同。「可以斷然指出：不論是在古代或是中世紀早期，都沒有在規律買賣日常生活物品。」[4]農民多餘的穀物原是用來供應鄰近居民所需，尤其是地方上的城鎮；一直到十五世紀，穀物市場仍然只是地方性的組織。但是城鎮的擴張，誘使地主們為市場的銷售而生產，而且在英國，城市的成長使官方放鬆了穀物交易的限制，並容許地區性的（雖然不是全國性的）穀物交易市場成立。

到了十八世紀後半葉，工業城鎮的人口不斷增長，因而完全改變了這種情況——這首先見於西歐各國，進而擴大到全世界。

這個變遷所產生的影響是出現了真正的自由貿易。土地產品的流動從城市邊緣的鄉間擴展到熱帶與亞熱帶地區，工業與農業的分工逐漸推廣到全球。其結果是不同地區的人都被捲入這個變遷的漩渦，卻不清楚變遷的起源，同時，歐洲各國在日常生活上變得依賴於尚未保證可行的人類生活整合體。自由貿易產生了全球性的互相依賴這個新穎、巨大的危險。

社會防禦的範圍，跟它所對抗的全面破壞的攻擊面一樣廣。雖然普通法（common law）與立法有時會加速變遷，但有時候也會使變遷減緩下來。然而，普通法與成文法（statute law）並不必然往同樣方向發生作用。

勞動市場出現時，普通法主要扮演積極的角色——勞動的商品理論並不是由經濟學者，而是由法律學者首先提出的。至於在工人結社及謀反法等問題上，普通法也偏向自由勞動市場，雖然這意謂著要限制有組織的工人的結社自由。

但是在土地問題上，普通法卻從一開始的鼓勵變遷轉變為反對變遷。在十六與十七世紀，普通法大都認為地主有權改善他們的土地，即使這樣會造成住居及僱佣上極大的騷動。一如我們所知，在歐洲大陸使土地流動的過程伴隨著羅馬法的繼受，而在英國，普通法卻持續下去，並成功橫跨了受到限制的中古財產權與現代個人財產權之間的鴻溝，而沒有因此犧牲法官制定法的原則（principle of judge-made law）——這對憲法自由至關重要。另一方面，十八世紀以後，在面對現代化的立法時，土地方面的普通法卻成為傳統的維護者。但是到了最後，邊沁主義者占了上風，而在一八三〇至六〇年間將契約自由擴大到土地方面。這股強有力的傾向，直到一八七〇年代才扭轉過來。當時的立法急劇改變了方向。「集體主義」的時代於焉開始。

普通法的惰性被成文法刻意誇大，議會通過的各種成文法是為了要保護農村階級的住居環境與職業，以對抗契約自由的影響。一個範圍廣泛的計畫被提出來以確保貧民住居環境有一定程度的健康與衛生條件，提供分配租借地給他們，為他們提供「整潔的公園」使他們有機會避開貧民窟並呼吸到大自然的新鮮空氣。潦倒的愛爾蘭佃戶與倫敦的貧民窟居民都藉著立法的行動來保障他們的住居以對抗「進步」這個誘導人犧牲的迷信，將他們從市場法則的掌握中搶救出來。在歐洲大陸主要則是藉著成文法與行政措施挽救了佃戶、農民、農業勞動者，免於都市化最暴烈的一些影響。普魯士的保守主義者——如羅勃圖斯（Rodlbertus），他的土地貴族社會主義（Junker socialism）影響了馬克思——與英國托利（保守）民主黨人是同一流派的。

現在，關於整個國家和整個大陸的農業人口的保護問題出現了。如果沒有受到遏止的話，國際自由貿易必然會消滅大量的農業生產者。[5]摧毀（農業）這個不可避免的過程被現代運輸工具發展的中斷大大加重了，除非獲得的利潤很高，否則擴展到世界上一些新地區的代價相當高昂。但是一旦建造商船與鐵路的大投資計畫完成了，整個大陸就開放了，大量的穀物也就向悲慘的歐洲湧來。這和古典（經濟學）的預言相反。李嘉圖就曾斷言說：最富庶的土地必然最先有人定居。

當鐵路發現更富庶的土地是在地球的另一邊時，這就變成笑話。中歐在其農村社會面臨全面毀滅之際，不得不訂定穀物法來保護其農民。

但是歐洲有組織的獨立國家能保護自己以對抗國際自由貿易浪濤，那些在政治上沒有組織的殖民地人民就沒辦法這麼做了。這些殖民地的人民起來反抗帝國主義，主要是想取得政治地位來保護自己以避免歐洲貿易政策所引起的社會混亂。白人經由其社群的主權地位很容易得到的保護，有色人種卻無法得到——只要他們缺乏獨立自主的政府。

商人階級也支持讓土地流動的要求。當柯布登（Richard Cobden，譯注：英國政治人物，反對穀物法）宣稱農耕是一種「企業」，破產必須清算時，英國的地主們為之震驚。當勞動階級發現自由貿易政策會降低食品價格，他們馬上轉而支持它。工會變成反農業主義的大本營，革命的社會主義更把全世界的農民冠上反動分子的帽子。國際分工在當時無疑是進步的信念；反對者大都缺乏天生的智力，或者因為既得利益而影響其判斷。少數特立獨行且沒有利益牽扯的人，雖然能看出不加限制的自由貿易會有的弊端，卻因人數過少而無法產生任何影響。

雖然他們的影響力沒有被清楚意識到，但並不是不存在。事實上，十九世紀西歐地主所發揮的巨大影響力，以及中歐與東歐封建生活方式的遺存，是很容易用那些延緩土地流動的力量的重大保護功能來解釋的。一個經常提出的問題是：歐洲大陸的封建貴族放棄了他們祖先遺留下來的軍事、司法與行政權力之後，是什麼因素使他們能在中產階級國家維持其支配力呢？「遺存」理論（theory of "survivals"）經常被引用來做為一種解釋，根據這種說法，由於慣性的功效使得一些沒有功能的制度或特徵繼續存在下去。然而，更真實的說法應該是：沒有一個制度曾經活得比它的功能還久——要是看起來如此，是因為它有其他功能或其他各種功能，當中不需要包括原有的功能。因此，只要他們對一個目的還有用（亦即抑制土地流動的災害性後果），封建主義和地主保守主義就會保有他們的勢力。此時，這些自由貿易者卻忘了土地是國家疆土的一部分，這種國家主權的地域性特徵，不僅僅是情感結合的結果，而且還包括其他各種因素（包括經濟因素）在內。「農民與游牧民族不同的是：他們致力改善一個特定地區的條件。如果沒有這種努力的話，人類的生活必定還很原始，而且與動物相差無幾。那些人們努力建造、開墾的固定物，在人類歷史上扮演多麼重要的角色啊！開墾、耕作的土地、房屋、其他的建物、交通的手段、生產所需的各種工廠，包括工業與礦業——這些都是把人類社群連結在一起的長久而無可動搖的改進。這種進展不是臨時搭湊出來的，而是經過許多世代耐心經營才有的成果，社群也不能輕易將之犧牲而在別的地方另起爐灶。因此國家主權具有地域性，這一點滲入了我們的政治概念。」[6]這種淺而易見的真理受到嘲笑長達一個世紀。

經濟學的論證很容易擴充延伸，來把攸關土地及其資源完整性的安全防禦條件包括進去，這些條件例如人口的活力、食物供應的多寡、戰略物資的數量與特性，甚至森林濫伐、土壤侵蝕及暴風沙對氣候產生的影響，這些最後都取決於土地這個要素，但沒有一個是照市場供需機制在走。如果是一個全然依賴市場功能來保障生存所需的制度，信心自然會轉往那些外在於市場制度、能夠保障受到市場制度損害的共同利益的力量。這樣的看法和我們對階級影響力真正來源的判斷相符：我們不用反動階級的（未經解釋的）影響力來解釋當時違反普遍潮流的發展，而是用它們（儘管只是剛好）代表著看似違反社群普遍利益的發展這件事，來解釋反動階級的影響力。它們自己的利益經常受到這樣一種政策的幫助這件事，為真實情況提供了另一個例證：各階級從它們對公眾提供的服務裡取得不相稱的利益。

史賓翰連法案就是一個具體的例子。支配鄉村的仕紳們發現一個可以降低農村工資上升、避免農村生活傳統結構崩潰的妙方。從長遠的觀點來看，這個方法必然造成極端不良的後果。但是，除非這樣做能幫助整個英國對抗工業革命捲起的風暴，否則這些鄉紳無法維持他們的做法。

在歐洲大陸，農業保護主義同樣是必要的事。但是當時最活躍的知識分子都從事於一種冒險事業，這轉移了他們的視角而無法看出農村危機的真正意義。在這種情形下，代表農村利益的保守階級就能取得較其人口比重為大的影響力。保護主義的反制運動確實成功穩住了歐洲大陸的鄉村，並且削弱了邁向城市的趨勢——城市是當時的罪惡之淵。守舊勢力恰好執行一種有用的社會功能，並因此而受益。讓歐洲的守舊階級得以利用傳統情感來抗拒農業稅的同一種社會功能，也是半個世紀之後美國田納西流域計畫以及其他進步的社會措施成功的原因。在新大陸有益於民主的同一些需求，在舊大陸卻加強了貴族的影響力。

自由主義與守舊勢力之間的鬥爭，構成十九世紀歐洲大陸的政治史，而反對讓土地流動交易則是這項鬥爭的社會背景。在這場鬥爭中，軍人與高階僧侶是地主階級的盟友，後者幾乎已經完全失去它在社會上的直接功能。這些階級現在對於這個困局的任何守舊派解決方案都是可用的助力——這個困局是市場經濟及其必然結果（也就是立憲政府）所導致的，因為他們對於公眾自由和國會統治的看法，並沒有受到傳統和意識人形態的束縛。

簡單的說，經濟自由主義是與自由主義國家制結合在一起，而地主階級卻沒有——這就是他們在歐洲大陸擁有長久政治重要性的泉源。這種重要性在俾斯麥統治下的普魯士政壇產生激流，在法國助長了教士及軍方的報復行動，在哈布斯堡帝國確保了封建貴族對皇室的影響力，使教會與軍方成為崩潰中的皇權的保護者。由於保守勢力的政治連結延續超過了凱因斯所稱的決定性的兩個世代，土地與地產現在被認為是偏向守舊勢力。而十八世紀英國托利（保守）自由貿易者與農業的先驅者，以及都鐸王室時期的土地兼併者和他們從土地賺錢的革命性方法都被遺忘了；由於現代人對農村抱有總是落後的偏見，使得大眾也忘了法國與德國的重農主義地主如何熱衷於自由貿易。史賓塞就簡單地把軍國主義與保守反動視為同樣的事。最近日本、俄國或納粹的軍隊在社會面與技術面的調整適應能力，對他而言會是不可思議的事。

這樣的想法只適用於很短一段時期。市場經濟在工業上的驚人成就，是以犧牲社會為代價換來的。因此，封建階級從鼓吹土地與其耕作者的重要性這件事中找到機會爭回一部分失去的權力。在文學的浪漫主義裡，自然與過去相互結合；在十九世紀歐洲大陸的農民運動裡，封建勢力將自己裝扮成人類的自然居所——也就是土地——的保護者，要恢復昔日的權位。正是因為社會危機確實存在，他們的策略才能成功。

此外，軍隊與教會也藉著「捍衛治安」而取得權勢，此時治安變得很脆弱，而占統治地位的中產階級卻還不能勝任這個新經濟制度的要求。市場經濟較我們所知道的其他經濟制度更容易受到暴亂的影響。都鐸王朝透過暴亂來發現地方的不滿；它可能吊死幾個首領，此外便沒有其他傷害。金融市場的興起意謂著全面放棄這種心態；一七九七年以後，暴亂不再是倫敦生活的常見特色，代之而起的是正式會議，在會中，人們以舉手表決而非動手打人來解決問題。[7]普魯士國王宣稱人民最主要的責任就是保持和平因而一舉成名；但是很快的這種看法就變成一種普通的見解。在十九世紀，如果一群武裝民眾破壞和平的話，會被視為剛發軔的叛亂，對國家構成嚴重危機；股票價格會暴跌。在城市街道上胡亂開槍就有可能摧毀整個國家很大一部分的名目資本。但是中產階級現在並不適合當兵打仗；大眾民主就是以民眾能表達自己的意見為傲；在歐洲大陸，資產階級仍沉緬於回憶自己革命青年時期在街壘中對抗專制貴族的英勇事蹟。最後，那些受自由主義感染程度最低的農民就成為唯一能維護「治安」的階級。守舊勢力的功能之一就是使工人階級就範，以免市場陷入混亂狀態。雖然很少有需要召喚農民來承擔這種任務，但是可以運用農民來捍衛財產權這項事實，對傳統農業陣營而言是一項重要的政治資產。

我們若不從這個角度看，就無法瞭解一九二〇年代這段歷史。當時中歐的社會結構在戰爭與挫敗的壓力下崩潰了，只有勞動階級能讓事情繼續運轉。各國的工會與社會民主黨被迫承接政權；奧地利、匈牙利，甚至德國都宣布成立共和國，雖然這些國家以往並沒有為人所知的活躍的共和政黨存在。但是社會解體的嚴重危機才剛剛渡過，不再需要工會發揮作用，中產階級就企圖全面排除勞動階級在公共事務上的影響力。這就是我們所知的戰後反革命時期。事實上，當時並沒有出現共黨政權的重大危險，因為有組織的工會與勞工政黨是非常敵視共產黨的。（匈牙利曾經有過短暫的布爾什維克統治時期，但那是因為在抵抗法國入侵時別無選擇而強加在身上的。）此時真正的危機並不是布爾什維克主義，而是在危急情況下，工會及工人階級政黨可能會漠視市場經濟的規則。在市場經濟之下，一些對公共秩序和商業習慣看似無害的干擾都可能構成致命的危害[8]，因為這會導致社會賴以為生的經濟制度全面崩潰。這說明了在某些國家何以會從產業工人專政轉變為農民專政。在一九二〇年代，農民決定了一些國家的經濟政策，而他們通常只扮演無足輕重的角色。這個時候他們是唯一能維持治安（就這個詞的現代高度緊張意義）的階級。

戰後歐洲瘋狂的土地均分運動，是基於政治原因而給予農民階級優惠照顧的一項旁證。從芬蘭的拉普族（Lapps，譯注：北歐的游牧民族，分佈於芬蘭、瑞典與挪威北部的北極圈內）運動，以至於奧地利的回鄉運動（Heimwehr），都證實農民確實是市場經濟的捍衛者；這使他們在政治上舉足輕重。有人認為戰後前幾年缺乏糧食，主要就是由於農民的社會地位上升過快，但實情並不是如此。例如，奧地利為了增加農民的收入，就對進口的糧食徵收關稅而降低其食物的標準，雖然它在糧食上極端依賴進口。就算農業保護主義可能會讓城市居民不好過，以及讓外銷工業擔負不合理的高生產成本，但農民的利益一定要保護，任何犧牲在所不惜。就這樣，以往卑微的農民階級現在上升到高過他們實際經濟重要性的地位。對布爾什維克的恐懼是促成農民政治地位高漲的力量。但是，如我們所見，這種恐懼並不是害怕勞動階級專政——當時並沒有工人專政的蛛絲馬跡出現——而是害怕市場經濟癱瘓，除非把所有可能取消市場制度規則的勢力都從政治舞臺上清除掉。由於農民是唯一能除掉這些勢力的階級，所以他們的聲望很高，而且能將城市中產階級掌握在手做為人質。但是一旦國家的力量強化了，或法西斯分子將城市的低層中產階級武裝起來以後，資產階級就從對農民的依賴中解放出來了，而農民的聲望地位也隨之迅速跌落。一旦將城市及工廠的「內在敵人」消解或降伏之後，農民就被降回他們以往在工業社會中的卑微位置。

但是大地主的勢力卻並沒有隨之下降，一項對他們有利的因素是農業的自給自足在軍事上日漸重要。第一次世界大戰使一般民眾瞭解到這個基本戰略事實，而對世界市場的輕率依賴現在已經替換成對食物生產能力的驚慌囤積。戰後中歐的「再農業化」始於對布爾什維克的恐懼，完成於封閉自足的經濟體制出現端倪的時刻。除了「內在敵人」的說法之外，現在又多了「外在敵人」的說詞。自由主義經濟學者和往常一樣，認為這只是由於不夠好的經濟學說所引起的浪漫異常而已，但事實上，層出不窮的政治事件已經讓即便是心智最簡單的人也發現到，在國際體系面臨解體之際，經濟考量根本微不足道。日內瓦（譯注：指國際聯盟）持續徒勞地想使各國人民相信自己正在對抗想像中的危險，只要各國行動一致，就能重建自由貿易，從而對每個人都有利。在當時那種易於使人盲從的環境下，許多人確實相信只要解決經濟問題（不管那是什麼意思），就不但會解除戰爭的威脅，而且能永保和平。百年的和平已經產生了一種難以克服的錯覺，並掩蓋了事實。那個時期的作家都出奇地不切實際。湯恩比將民族國家視為狹窄的偏見，米塞斯將主權視為荒謬的錯覺，而安吉爾（Norman Angell，譯注：英國國際主義者，積極反戰）則將戰爭視為商業上的錯誤算計。此時對政治問題本質的認識降到了難以想像的低點。

一八四六年通過穀物法時爭取到的自由貿易，在八十年後又重起爭端，而這次卻失敗了。封閉式經濟體制的問題從一開始就陰魂不散地糾纏著市場經濟。因此，經濟自由主義者試圖驅除戰爭的威脅來克服這個陰魂，並天真地將他們的論據建立在無法摧毀的市場經濟假設之上。當時沒有人注意到他們的論據只不過說明了：將世界和平寄託在自律性市場這種脆弱的制度上，其危險性有多大。一九二〇年代的封閉經濟運動在本質上是預示性的：它指出在一種秩序消失的時候需要進行調整。第一次世界大戰已經明白顯現出危險所在，而人們也相應採取行動；但因為他們在十年後才採取行動，因此原因和結果之間的連結就被貶低為非理性的連結。許多當時的人認為：「為什麼要保護自己免於過去的危險呢？」這種錯誤的邏輯不但混淆了我們對封閉經濟的瞭解，更重要的是，也混淆了我們對法西斯主義的瞭解。事實上，這兩者都可以用一項事實來解釋，也就是一旦強烈的危險在大眾心裡留下深刻印象，只要危險的原因沒有消除，恐懼就仍然潛伏著。

我們認為歐洲各國從未克服戰爭經驗的衝擊，戰爭的經驗意外使他們面對互相依賴的危險。人們徒然無益地重建貿易，徒然無益地召開許多誇示和平牧歌的國際會議，許多國家徒然無益地宣布貿易自由的原則——但沒有人能忘記除非擁有自己的食物與原料來源，或者得到武力的保護，否則健全的貨幣與信用都不能把他們從無助中拯救出來。沒有一件事情比這個基本的考量所產生的社會政策更具邏輯一致性。危機的根源並沒有消除。為什麼要期待恐懼會平息下來呢？

相似的謬誤矇蔽了法西斯主義的批評者，占絕大多數的這些人形容法西斯主義是全然欠缺政治常理的變異種。他們說墨索里尼聲稱自己讓義大利避免了布爾什維克主義，而統計數字卻證明早在法西斯黨的「進軍羅馬」遊行之前一年多，罷工浪潮就已經漸歇了。他們承認武裝工人確曾在一九二一年占領工廠。但是這時工人早已從他們設防的牆上爬下來了，因此又憑什麼要在一九二三年解除他們的武裝呢？希特勒聲稱自己將德國從布爾什維克主義手中拯救出來。但證據不是顯示他就任總理之前的失業浪潮在他掌握權力之前就已經消退了嗎？主張他防止了自己掌權時已經不存在的危機，是不符合因果律的，而因果律在政治上仍然適用。

實際上，戰後德國與義大利的布爾什維克主義完全沒有成功的機會。但當時確實顯示出在危急情況下，勞動階級及其工會與政黨可能會拋棄將契約自由與私有財產權視為至高無上的市場規則——這種可能性對社會產生極端不利的後果：阻嚇投資、妨礙資本累積、把工資保持在毫無賺頭的水平、使貨幣陷入險境、逐漸損壞國外信用的基礎、削弱信心並使企業癱瘓。社會潛在的恐懼——在緊要關頭迸發為法西斯主義的恐慌——其根源並不是共產革命這種虛幻的危險，而是勞動階級有辦法推動可能招致毀滅的干涉措施這個無可否認的事實。

人與自然遭受的危險是無法清楚分開的。勞動階級與農民對市場經濟的反應都導向保護主義，前者主要表現為社會立法與工廠法，後者則是農產品稅與土地法。但兩者之間一個重要的不同點是：在危急的情況下，歐洲的農民會起而悍衛市場制度，而勞動階級的策略則會危害市場制度。在這種先天不穩定的制度中，由保護主義運動中的這兩派所引起的危機發生時，與土地有關的社會階層傾向於與市場制妥協，而廣闊的勞動階級則毫不畏縮地打破市場制度的規則，並徹底向它挑戰。

1. Brinkmann, C., "Das soziale System des Kapitalismus," in *Grundriss der Sozialökonomik*, 1924.
2. Dicey, A. V., 前引書，p.226.
3. Ohlin, B., *Interregional and International Trade*, 1935, p.42.
4. Bücher, K., *Entstehung der Volkswirtschaft*, 1904。也可參看Penrose, E.F., *Population Theories and Their Application*（1934）一書引用Longfield（1834）第一次提到商品的流動可以視為代替生產要素的流動這個觀念。
5. Borkenau, F., "Towards Collectivism," in *The Totalitarian Enemy*, 1939.
6. Hawtrey, R. G., *The Economic Problem*, 1933.
7. Trevelyan, G. M., *History of England*, 1926, p.533.
8. Hayes, C., *A Generation of Materialism, 1870-1890*，此書認為「大多數單一國家（至少在西歐與中歐）現在表面上維持無比的內在穩定性」。

第十六章　市場與生產組織

在市場機制的無限制運作下，即使是資本主義商業本身也需要受到保護。這應該會消除「人」與「自然」等詞彙有時候在世故的人心中喚起的疑慮，他們傾向於斥責所有保護勞工與土地的言論都是陳腐觀念的產物，甚至只是在掩護既得利益。

實際上，市場制對生產企業、對人與自然造成的危害都是真實的。之所以需要保護，是由於貨幣供給在市場制度之下的組織方式。事實上，現代的中央銀行本質上是為了提供保護而發展出來的策略，沒有這項保護，市場將會摧毀它自己的產物，也就是所有類型的商業。然而，最後也就是這種保護措施最直接造成國際體系的崩潰。

雖然市場制度對土地與勞工的威脅至為明顯，但貨幣制度先天上對商業的威脅卻不容易覺察。如果利潤是依價格而定的，那麼價格所依賴的貨幣制度，對於以利潤為動力來運作的任何一種制度必然極為重要。就長期而言，物價的起伏波動不一定會影響到利潤，因為生產成本也會跟著上升下降，但是短期而言就不是這樣，因為在契約簽訂的價格改變之前，必然會有一段時間差。勞動的價格就是這樣，它與其他許多價格一樣，自然是由契約簽訂的。因而，如果價格水平由於貨幣因素而滑落一段相當長的時間的話，隨著生產組織的解體與巨大的資本崩潰，商業會面臨清算的危險。問題不在於價格低，而在於價格滑落。休姆發現如果將貨幣數量減半的話，商業仍然不會受到什麼影響，因為各種價格會自動調整到它們從前水平的一半，他因此成為貨幣數量理論（quantity theory of money）的鼻祖。但是他忘了商業可能會在這個過程當中被摧毀。

這也就很容易瞭解何以一個商品貨幣制度（system of commodity money）——就如市場機制在沒有外力干涉下很容易產生的——與工業生產是互不相容的。商品貨幣只是用來做為貨幣的一種商品，因此在原則上，其數量是全然不能增加的，除非是縮減不當貨幣用的商品數量。實際上的商品貨幣通常是金或銀，其數量雖然可以增加，但是在短時間內不會增加很多。但是如果貨幣數量沒有隨著生產與貿易的擴張而增加，一定會導致物價水平滑落——這就是我們記憶中的毀滅性通貨緊縮。貨幣過於稀少對十七世紀的商人社群而言是長期而嚴重的問題。早期發展出來的象徵貨幣（token money，譯注：如紙幣）是用來保護貿易，以避免因為使用商品貨幣而在商業擴張時面臨通貨緊縮的問題。若不使用這種人為貨幣的媒介，市場經濟就無法運作。

大約在拿破崙戰爭時期（譯注：拿破崙一世所發動或參與的戰爭，約自一八〇三至一八一五年），由於需要穩定的外匯以及隨後建立起金本位制，真正的困難出現了。穩定的外匯變成英國經濟存活的基本條件；倫敦變成增長中的世界貿易的金融中心。但是由於銀行或官方發行的象徵貨幣都不能在外國流通使用這個明顯的原因，所以只有商品貨幣能達成這個目的。因而金本位制——一個國際性商品貨幣制度的公認名稱——就出現了。

如同我們所知，對國內貿易而言，商品貨幣不是一種適當的貨幣，因為它是一種商品，而且數量無法任意增加。黃金的數量一年大概可以增加百分之幾，但卻無法因應交易突然擴張而必須在幾個星期內增加百分之幾十的狀況。如果沒採用象徵貨幣，而貿易量突然增加的話，那麼商業或者必須縮減，或者必須以很低的價格來繼續維持，因而導致不景氣並造成失業。

簡而言之，問題是：商品貨幣對國際貿易的生存極為重要；而象徵貨幣則對國內貿易極為重要。這兩者之間要如何互相調和呢？

在十九世紀的形勢下，國際貿易與金本位制確實是比國內商業的需要更為重要。每當匯率受到貶值的威脅，金本位制就會迫使國內貨品的價格降低。因為通貨緊縮的發生源自於信用限制，所以商品貨幣的流通會干擾到國內信用的流通。對商業而言，這是一項持續存在的危機。然而，要完全棄置象徵貨幣、只限於商品貨幣是完全不可能的，因為這樣的解方會造成比原來更糟的毛病。

中央銀行制度大大減輕了信用貨幣的這個缺點。把一個國家的信用供給集中化，就有可能避免通貨緊縮所引起的商業與就業的大規模錯亂，透過這樣的安排也可以吸收通貨緊縮的衝擊並將壓力分散到整個國家。中央銀行的正常功能是緩衝黃金突然減少時對貨幣流通的直接影響，以及緩衝貨幣流通減少時對商業的直接影響。

中央銀行可以使用各種方法來達成這些目的。短期放款可以彌補黃金短期不足所造成的空隙，並避免信用緊縮的壓力。但即使無法避免信用緊縮，中央銀行的措施仍然具有緩衝的效果：提高銀行利率以及公開市場操作都可以將緊縮的影響分散到整個社會，從而將緊縮的壓力轉移到最強有力的人身上。

我們來設想從一個國家向另一個國家單邊付款這種重要的資金轉移案例，比如某個國家從愛好本國食物轉變為愛好他國食物的狀況。現在用來支付進口食物而流到國外的黃金，原本可以用來做為國內的支付，而缺少這些黃金必然會導致國內銷售量衰退，以及隨之而來的價格下跌。我們稱這種型態的通貨緊縮為「交易性的」緊縮，因為它是由一個廠商與另一個廠商之間偶然的交易而擴散出去的。最後，通貨緊縮擴散到外銷廠商，並且因而形成出超，這代表「真正」的資金轉移。但此時對該國造成的整體損傷，遠大於為了達成出超這個目的所必須承受的損傷。因為總是有一些廠商就差那麼一點而沒辦法外銷，它們只需要成本輕微降低的刺激去「越過那個門檻」，而讓成本減低最經濟的方法，就是將通貨緊縮的壓力輕輕分散到整個商業界。

這正是中央銀行的功能之一。其貼現與公開市場操作的廣大壓力可以迫使國內價格壓低，並使一些「接近可以外銷」的廠商重新開始外銷或者增加外銷，而只淘汰掉那些最缺乏效率的廠商。透過這樣的方式來達成「真正的」資金轉移，相較於經由「交易性」通貨緊縮的狹窄管道來傳遞偶然且經常導致災難的震盪這種不理性方法來達到同樣的出超，所需要付出的代價要小很多。

儘管這些策略緩和了通貨緊縮的影響，然而，結果還是商業一再全面解體，以及隨之而來的大量失業——這是對金本位制最強有力的控訴。

貨幣的事例跟勞動與土地甚為類似。將虛構商品的概念套在它們每一個頭上，可以有效將它們包含在市場體制之內，而同時卻對社會產生極大的危險。就貨幣而言，主要是威脅到生產企業，由於使用商品貨幣而造成的價格水平滑落，會危及到生產企業的生存。這時也必須採取一些保護手段，結果是市場的自我操縱機制失去作用。

中央銀行將金本位制的自動調整機能縮減成僅僅是假象。它意味著由中央管理的貨幣制度；人為的操縱取代了供給信用的自我調節機制，雖然這項設計並非總是審慎而清醒的。人們逐漸瞭解到，只有在每一個國家都取消中央銀行制的情形下，國際金本位制才有可能成為自律性的。在純粹金本位制的支持者中，米塞斯確實鼓吹採取這種猛烈的步驟；若是聽從他的建議的話，各國的經濟早就變成一片廢墟了。

貨幣理論中大多數的混淆是由於把政治與經濟分開，這是市場社會的顯著特徵。一個多世紀以來，貨幣被視為是純粹經濟範疇的東西，是一種為了間接交易而使用的商品。人們喜歡用黃金做為這種商品，就產生了金本位制。（將「國際」一詞冠在金本位制前面是沒有意義的，因為對經濟學家而言，國家並不存在；交易並不是國與國之間的交易，而是個人與個人之間的交易，至於個人效忠於哪個政治體，就跟他們的頭髮顏色一樣，對此並不重要。）李嘉圖給十九世紀的英國灌輸了這麼一個信念：「貨幣」這個詞彙意指一種交易的媒介，銀行鈔券只是一種方便的東西，其功用在於較黃金易於攜帶，但鈔券的真正價值在於隨時都可以將之換成商品本身，即黃金。因此通貨的國家屬性並不重要，因為它們只不過是代表同樣一種商品的不同象徵物而已。如果一個國家累積黃金是不智的話（因為這種商品在世界各地的分布與其他商品一樣會自行調節），那更為不智的是認為各國不同的象徵貨幣對於這些國家的福祉與繁榮有任何意義。

且說政治領域與經濟領域在制度上的分割從來沒能完全劃開，特別在貨幣這回事，這種分割必然是不完全的；國家事實上是象徵貨幣的價值擔保人（造幣廠似乎只保證硬幣的重量），對於繳納稅款跟其他事務國家都接受使用象徵貨幣。這種貨幣不是交易的工具，它是一種支付的工具；它不是一種商品，它代表購買力；它本身沒有效用，而只是一種籌碼，具體表現對於要購買的貨品的量化所有權。很明顯的，一個社會之中的分配若是取決於持有這種購買力的象徵物，是全然異於市場經濟的。

當然，我們此處並非在討論實際的圖像，而是為了釐清而討論概念上的類型。市場經濟不可能與政治領域切分開來；但是從李嘉圖以降，這樣一種理論架構已經成為古典經濟學的基礎，不從這種架構著眼，就無法瞭解其概念與假設。依照這種設計，社會包含了許多進行交易的個人，他們擁有各種商品——物品、土地、勞動，以及這些的複合體。貨幣只不過是商品中的一種，比其他商品更常被拿來交換，因而用來做為交換的媒介而已。這樣的「社會」可能是不真實的；但它卻是古典經濟學者用來建立其理論體系的基本架構。

另一個更不完整的現實圖像是由購買力經濟學提出的。[1]不過這種理論的某些觀點比市場經濟模型更接近現實社會。我們可以想像一個「社會」，其中每個人都擁有一定數量的購買力，讓他可以獲得貼著價格的物品。貨幣在這樣一種經濟裡並不是一種商品；它本身沒有用處；唯一的用處是購買那些貼著價格的物品，一如我們今天在商店裡的樣子。

在十九世紀，社會制度在許多關鍵處遵從市場模式，當時商品貨幣論遠優於對手的說法，然而自二十世紀初葉以降，貨幣購買力的概念逐漸占上風。隨著金本位制的崩潰，商品貨幣論實際上已經不存在了，而貨幣購買力的概念就很自然取代了它。

從（貨幣制度的）機制與概念轉到在背後運作的各種社會力量，可以認識到統治階級本身支持透過中央銀行進行貨幣管理。當然，他們並不認為這種管理是在干預金本位制；相反的，他們認為唯有在這種管理之下，金本位制才可以發揮作用。維持金本位制的運作在當時是不言自明的，而且中央銀行機制絕對不可以讓國家廢棄金本位，相反的，銀行的至高指導原則是在一切情況下一直維持金本位，所以這裡並沒有關於原則的問題。但這只有在物價水平波動僅有微不足道的百分之二到三，至多在所謂的黃金輸出入點（gold points）之內才是如此。只要為了保持匯率穩定而使國內物價水平的波動太大，如達到百分之十或百分之三十，情形就全然改觀了。物價水平下降會引起痛苦與崩潰。這時貨幣的管理就變成最重要的事了，因為這意味著中央銀行制度的各項做法是一種政治決策，也就是政治體必須決定的事情。事實上，中央銀行制度最大的制度意義就在於貨幣政策因此被捲入政治的領域中。其結果當然影響深遠。

其影響有兩方面。就國內而言，貨幣政策只是干預主義的另一種形式，不同經濟階級之間的衝突，容易表現在這個與金本位制及平衡預算密切相關的問題上。三〇年代許多國家的內部衝突經常圍繞著這個問題，它並在其後的反民主運動中占有重要地位。這點在本書後幾章會再加以詳述。

就國外貿易而言，國家貨幣扮演的角色具有極大的重要性，雖然當時並未認清這個事實。十九世紀的主導思想是和平主義與國際主義；「大體上」所有受過教育的人都是自由貿易者，而且依現在看來相當寬鬆的資格而言，他們實際上也確實是如此。這種情況的源頭當然是經濟性的；更加純正的理想主義從交換與貿易的領域中產生——透過一個極大的矛盾：人類的自私慾望支持著他最慷慨的衝動。但是從一八七〇年代以後，一種感情上的變化已經明顯可見，雖然主導的思想並沒有相應的改變。這個世界繼續信奉國際主義與互依互存，同時卻又踐行民族主義和自給自足的原則。自由的民族主義變成國家的自由主義，其特性是在國外走向保護主義及帝國主義，而在國內則走向獨占的保守主義。沒有一個領域像貨幣領域那樣，矛盾那麼深卻那麼不受注意。這是因為當時國際金本位制的獨斷教條仍然得到人們毫無節制的忠實信仰，而同時，象徵貨幣已經建立在各種中央銀行制度的主權之上。在國際主義原則的支持下，一種新的民族主義堡壘就在中央銀行發行的紙幣裡，無意中建立起來了。

事實上，這種新的民族主義是新的國際主義的必然結果。國際金本位制應該服務的那些國家卻無力承擔維護這個制度的職能，除非它們能確定在遵行這個制度時，國家不會受到威脅。完全貨幣化的社會無法承受為了維持穩定匯率而讓物價急劇波動的毀滅性影響，除非這些衝擊可以由獨立的中央銀行的政策加以緩衝。國家的象徵貨幣是這種相對安全的確實保障，因為它使得中央銀行成為國內經濟與國際經濟之間的緩衝器。如果國際收支平衡受到流動性不足的威脅，中央銀行就可以使用儲備金及國外貸款來渡過難關；如果創造出一個全新的經濟平衡，而其中包括國內的價格水平下降，它也可以用最合理的方法將信用緊縮的壓力分散到各企業，淘汰掉那些缺乏效率的公司，而將負擔放在有效率的企業身上。要是缺乏這樣的（緩衝）機制，任何先進國家都不可能在維持金本位制的同時而不受到它對自身福祉產生的致命影響——不管是生產、所得或就業的方面的福祉。

如果商人階級是市場經濟的鼓吹者，那麼銀行家就是這個階級自然的領導者。就業與賺錢都有賴於企業的利潤，而企業的利潤卻有賴於穩定的匯兌與健全的信用狀況——這兩者都由銀行家照看。在他的信念裡，這兩者是不可以分開的。健全的預算與穩定的國內信用狀況以穩定的外匯為前提；除非該國國內的信用安全無虞，而且國家的財務平衡，否則外匯無法穩定。簡而言之，銀行家的雙重任務包括維持健全的國內財政以及貨幣的外在穩定。這也就是何以在這兩者都已經失去意義時，銀行家階級是最後才注意到的。無論是國際銀行家在二〇年代擁有支配性的影響力，或是他們在三〇年代衰落了，事實上都不足為奇。在二〇年代，金本位制仍然被視為回到安定與繁榮的先決條件，因此它的專門守護者——銀行家——所做的任何要求都不會被認為過分，只要它能保證提供穩定的匯率；但是一九二九年以後，這項任務已經證明不可能達成，當務之急是穩定國內貨幣，而最不適合承擔這個職務的就是銀行家了。

在市場經濟裡，沒有一個領域崩潰得像貨幣那麼突然。干擾外國產品進口的農產品關稅破壞了自由貿易；對勞動市場的限縮與規範，限制了法律留給勞資雙方去決定的討價還價空間。但不論是勞動或土地的例子，都沒有像貨幣領域那樣，在市場機制中出現突然而全面的裂縫。在市場機制的其他方面，沒有可以跟英國在一九三一年九月二十一日廢棄金本位制相比擬的措施；也沒有可以跟美國在一九三三年六月所採取的類似措施相比擬的。雖然始於一九二九年的經濟大蕭條摧毀了一大部分的世界貿易，但卻沒有造成措施的變化，也沒有影響到主導的思想。但是金本位制的最後失敗就是市場經濟的最後失敗。

經濟自由主義始於一百年前，並且遭到保護主義的對抗，這種對抗行動已經攻進市場經濟的最後堡壘。一套新的主導思想已經取代了自律性市場的世界。對於當時大多數茫然失措的人來說，卡里斯瑪型（charismatic）的領袖與封閉自足的孤立主義這些意料外的力量突然迸發了出來，將社會融合為新的型態。

1. 基礎的理論是由紐西蘭威林頓（Wellington）的F. Schafer所完成。

第十七章　受損的自我調節機制

一八七九至一九二九年這半個世紀當中，西方社會發展為緊密結合的單元，其中分裂性的壓力隱而不顯。這項發展更直接的根源是市場經濟的自我調節機能受損。因為整個社會被迫遵從市場機制的需求，所以這個機制運作上的缺陷就對社會產生累積性的壓力。

市場的自我調節機制受損，是保護主義的結果。當然，從某種意義來說，市場一直是自我調節的，因為它傾向於產生可以讓市場出清的價格；然而，所有的市場都是如此，不論是否為自由市場。但如同前面已經指出的，自律性市場制度蘊涵著非常不同的東西，也就是生產要素（勞動、土地與貨幣）的市場。因為這種市場的運作有摧毀社會的危險，社會的自保行動就是要防止這種制度建立，或者，要是已經建立了，就是要去干預其自由運作。

經濟自由主義者喜歡舉美國為例，以此證明市場經濟有能力自行運作。在一整個世紀裡，美國的勞動、土地及貨幣都完全自由買賣，不需任何社會保護的手段，而且除了關稅之外，工業生活一直沒有受到政府的干擾。

當然，經濟自由主義者對這種現象的解釋很簡單，就是勞動、土地與貨幣都是自由的。直到一八九〇年代，美國的邊疆地區仍是開放的，而且自由的土地依舊存在；直到第一次世界大戰時，低階勞力仍能自由流入美國[1]；直到十九世紀末二十世紀初，並沒有任何措施去保持匯率的穩定。土地、勞動與貨幣的自由供給繼續存在；結果並不存在自律性市場制度。只要這種狀況持續不變，不論是人、自然或企業組織，都不需要只有政府干涉才能提供的那種保護。

一旦這些條件消失了，社會保護就出現了。當低階勞工不再能自由地從源源不絕的移民中得到，而較高階的勞工也不再能自由地定居；當土地與自然資源都變得稀少而必須節約；當為了使貨幣不受政治的影響並為了將國內貿易連結於世界貿易而引進金本位時，美國就趕上了歐洲一個世紀以來的發展：保護土地及耕作者，透過工會與立法給予勞工社會保障，以及中央銀行制度都出現了——規模都是最大的。貨幣保護主義最早出現：聯邦準備制度（Federal Reserve System）的建立是為了調和金本位的需求與地區性的需要；接著是對勞動與土地的保護。二〇年代整整十年的繁榮足以引起如此強烈的蕭條，（羅斯福的）新政開始在勞動與土地的四周築起保護的壕溝，其範圍比歐洲國家任何已知的措施還廣泛。因此，無論就正面或者就反面而言，美國為本書的論點——社會保護是自律性市場的附屬品——提供了顯著的證據。

同時，每一個地方的保護主義都為浮現中的社會生活單位製造出一層保護的硬殼。這種新的社會生活實體是以國家的形態出現的，但這種實體與它的前身，也就是過往那種鬆散的國家卻很少相同之處。這種新的、甲殼型態的國家藉著全國性的象徵貨幣來表現自己的身分，而保護這種象徵貨幣的則是一種比從前所有已知的更猜忌也更絕對的主權。這些貨幣也受到外國的重視，因為國際金本位（世界經濟的主要制度）就是依它們建立起來的。假如現在貨幣公然統治著世界，那麼國家的戳記就蓋在貨幣上面。

如此強調國家與貨幣是自由主義者難以理解的，他們經常忽略身處其中的世界的真正特性。他們把國家看成落伍的東西，更認為國家的貨幣不值得一提。自由主義時代每一個自尊自重的經濟學家都同意，不同的紙張在不同的政治疆界有不同的名稱這件事根本無關緊要。利用外匯市場將一種名稱的貨幣換成另一種名稱的貨幣，是再簡單不過的事情，這種兌換制度不可能運作失靈，因為很幸運的，它不是由國家或政治人物控制。西歐正經歷一次新的啟蒙，在這波啟蒙的厭惡清單上，「部落式」的國家概念名列前茅，這種概念所謂的主權，對自由主義者而言乃是思想偏狹的展現。利潤可觀的貝德克旅遊叢書（Baedeker，譯注：專門出版旅遊指南的德國出版商）直到一九三〇年代仍提供這樣的資訊：貨幣只是一種交換的工具，因而並不重要。這種市場心態的盲點，對於國家與貨幣的現象同樣茫然無感。自由貿易者對國家與貨幣抱持的是唯名論的立場。國家與貨幣兩者間的關連極為重要，但在當時卻沒有受到注意。批評自由貿易學說的聲音與批評貨幣正統學說的聲音斷斷續續出現，但是幾乎沒有人瞭解到這兩組學說是用不同的說法在講述同一個論據，如果其中一組是錯的那麼另一組也是錯的。康寧漢（William Cunningham）與瓦格納（Adolph Wagner）都曾指出世界主義的自由貿易有何錯誤，但是卻沒有將之與貨幣連在一起；另一方面，麥克李奧（Macleod）或格塞爾（Gesell）雖然攻擊古典的貨幣理論，卻仍然服膺於世界主義的貿易制度。這波自由主義啟蒙的作者完全忽略了貨幣對於讓國家成為當時關鍵性的政治與經濟單位所具有的根本重要性，如同他們十八世紀的前輩完全忽略了歷史的存在。這就是從李嘉圖到威塞爾（Friedrich von Wieser）、從彌爾到馬歇爾（Alfred Marshall）與威克塞（Knut Wicksell）這些最傑出的經濟思想家所支持的立場，而一般受教育的人被教導去相信：專注思考國家或是貨幣的經濟問題可以說是劣等人的表現。如果把這些錯誤論點結合成一個荒謬的主張，亦即國家貨幣在我們文明的制度機制裡扮演重要的角色，會被認為是沒有意義的自相矛盾說法。

事實上，新的國家單位和新的國家貨幣是無法分開的。貨幣為國內制度與國際制度提供了運作機制，並引進那些導致突然崩壞的特性。貨幣制度做為信用的基礎，已經成為國家經濟與國際經濟的生命線。

保護主義具有三股動能。土地、勞動與貨幣都有各自的角色，但土地與勞動是跟特定一些（雖然相當廣泛）社會階層相連結，如工人或農民，而貨幣保護主義則在更大程度上是全國性的動因，經常將各色各樣的利益融合為一個整體。雖然貨幣政策也可以導致結合或分裂，但客觀地說，在統合國家的經濟力量中，貨幣制度是最強有力的。

勞動與土地分別是社會立法與穀物稅的原因。農民會抗議讓勞工受益與提高工資而導致他們的負擔增加，工人則反對食物價格有任何上漲。但是一旦訂定穀物法與勞工法以後（德國在一八八〇年代早期開始實施），就很難消除其中一個而不消除另一個。農產品關稅與工業產品關稅之間的關係更是密切。自從俾斯麥在一八七九年鼓吹全面的保護主義，地主與工業家為了攜手保衛關稅而結成政治聯盟，早已是德國政治的特色；在關稅政策上互相援手，就跟設立同業聯盟（cartel）以確保可以透過關稅獲得私利，是同樣普遍的事情。

內部的與外部的保護主義、社會的與國家的保護主義，會傾向於融合在一起。[2] 穀物法引起的生活費用上升，導致生產業者要求關稅保護，並經常利用這點來做為推動同業聯盟政策的工具。工會自然堅持較高的工資以彌補增加的生活費用，也很難反對保護性的關稅，因為這樣讓雇主能支付高漲的工資。但是一旦社會立法的計算是以關稅造成的工資水平為基礎，便無法期待雇主承擔這種立法帶來的負擔，除非他們能確定關稅保護會持續下去。順道一提，這就是指控集體主義陰謀應該要為保護主義運動負責的薄弱事實基礎。但這是倒果為因。保護主義運動的起源不但分布廣泛而且是自發產生的，但是運動開始之後當然就免不了會產生一些利益相似的團體，全力確保運動的持續。

比利益相似更重要的是，這些措施的綜合效果所產生的實際條件均勻擴散了出去。如果不同國家的生活是不同的話（向來如此），其中的差異可以追溯到具有保護意向的一些立法與行政措施，因為生產的條件與勞動的條件主要取決於關稅、稅負和社會法等。即使在美國與英國自治領開始限制移民之前，從英國本土向外的移民數量已經開始減少（儘管失業情形嚴重），顯然是因為祖國的社會狀況已經大幅改善。

但是如果關稅與社會立法產生了人為的社會氣候狀況，那麼貨幣政策創造的就是不折不扣的人為社會天氣狀況，每天都變動不居而且影響到社會上每一個人的直接利益。貨幣政策的整合力量遠超過其他各種保護主義，後者的機制遲緩而累贅，貨幣保護的影響則非常活潑而且千變萬化。商人、有組織的勞工、家庭主婦，或者在計畫耕作的農民、在衡量子女前途的家長、在等待適當時機結婚的情侶，他們心中的盤算受到中央銀行貨幣政策的影響，更甚於其他任何單一因素。如果連在貨幣穩定的狀況下事態就是這樣，那麼在貨幣不穩定的時候必定更是如此，而且還必須做出要讓通貨膨脹或緊縮的重大決定。在政治上，國家的身分是由政府建立的；在經濟上，（這項工作）則是交給中央銀行。

在國際間，如果可能的話，貨幣制度的重要性更大。十分矛盾的是，貨幣自由是對貿易加以限制的結果。對跨越邊界的物品與人所設的障礙愈來愈多，支付自由就必須愈有效獲得保證。短期貨幣可以在一小時內從地球的某個地方轉到另一個地方；在政府與政府之間，在私人企業或在個人之間，國際支付的形式都一律受到規範管制。即使是一些落後國家企圖拒絕償還外債，或意圖玩弄預算擔保，都會被視為不可接受的行為，並且遭到懲罰，被降級為信用不良的國家。跟世界貨幣制度相關的各種事情，到處都建立起類似的制度，諸如代議機關，憲法明文規定政府權責與預算公布、法令頒布、條約簽署、處理財務債務的方式、公共會計的規則、外國人的權利、法院的權限、國外匯票的付款地，以及由此衍伸的：發行銀行的地位、外國債券持有人的地位，以及各種債權人的地位等等。這需要各國使用類似的銀行幣券、使用類似的郵政規範，以及在股票市場與銀行作業上使用類似的措施。也許除了最強有力的國家外，沒有一個政府能忽視這些貨幣的禁忌。在國際意義上來說，貨幣就是國家；沒有一個國家能夠置身於國際貨幣架構之外。

貨幣不同於人和物品，它不受任何干擾措施的影響，並持續發展它在任何時間任何距離經營業務的能力。實際物品的轉移變得愈難，其所有權的轉移就變得愈容易。儘管商品與服務的貿易趨緩，貿易平衡又擺盪不定，但是在全球飛快竄動的短期貸款幫助下，支付的平衡卻幾乎自動保持流暢，獲得融資的企業只跟有形貿易沾上一點邊。支付、債務與索款並未受到阻礙物品交易的關卡的影響；在某種程度上，國際貨幣機制急速成長的彈性與普遍性彌補了世界貿易逐漸緊縮的管道。到了三〇年代早期，當世界貿易縮小到如同涓滴細流，國際短期借貸的流通卻達到前所未聞的程度。只要國際資本流動與短期信用的機制繼續運作，無論實際貿易有多大的不平衡都可以藉記帳方式加以解決。藉著信用流通的幫助，社會紛亂因而得以避免；經濟上的不平衡則由金融手段加以糾正。

受損的市場自我調節機制以政治干預做為最後手段。當景氣循環不能恢復過來並使就業恢復，當進口不能導致出口，當銀行儲備的法規造成商業恐慌，當國外的負債者拒絕償還債務，政府就必須對這些張力採取行動。在危急關頭，社會就會透過干預措施來維護自身的整體性。

國家會干預到什麼程度，取決於政治領域的組織結構以及經濟困難的程度。只要選舉權受到限制，而且只有少數人擁有政治影響力的話，干預主義就不是迫切的問題，要等到普遍選舉權使國家成為數以百萬計選民的下屬機關——同樣這些人在經濟上常要痛苦地背負被統治者的重擔——干預主義才會變成迫切的問題。只要就業機會仍然很多，收入有保障，生產可以持續，生活水平可靠，而且物價穩定的話，干預主義的壓力自然會比較小，後來當長期的衰退使工業成為一堆無用工具與無效努力的殘骸，保護主義的壓力就變大了。

在國際間，政治手段也用來彌補市場自我調節機制的不完備。李嘉圖學派的貿易理論與貨幣理論完全忽視各國之間由於財富生產能力、外銷設施、貿易、運輸，及銀行經驗等方面的不同所造成的地位上的差異。在自由主義理論中，大不列顛和丹麥及瓜地馬拉一樣，只不過是世界貿易中的另一個原子而已。事實上，世界上的國家數目有限，其中可以分為借出資金的國家與借入資金的國家，出口國家以及大致上自給自足的國家，出口多種產品的國家以及只靠一種商品如小麥或咖啡來取得進口及國外借款的國家等。理論可以忽視這些差異，但是在實際上卻不能不考慮這些差異造成的影響。經常有些國家無力償付外債，因為貨幣貶值而危及償付能力；有時這些國家決定用政治手段來恢復平衡，並干涉外國投資者的財產。上述這些情況都沒有辦法靠經濟自癒的過程來應付，雖然按照古典經濟學的說法，這樣的自癒過程必然會使其償還債務、重建貨幣，並保護外國人免於再度遭到同樣的損失。但這需要相關的國家大致上平等參與世界勞動分工體系，但情況顯然不是如此。如果我們期待貨幣重挫的國家會自動提高出口因而重建支付平衡，或者因為需要外國資本而不得不賠償外國投資者並重新開始償付債務的話，那只不過是一廂情願的幻想。例如，負債國的咖啡或硝酸鹽銷量增加可能會打壞市場價格，而拒付高利貸的外債可能比國家貨幣貶值略勝一籌。但是世界市場機制承擔不起這樣的風險。在這種情形下，炮艦會立刻出動，不履行債務的國家（不管是不是詐欺）得要選擇被炮轟或是還錢。（除了武力之外）沒有其他方法能夠強制支付債務、避免大規模損失，並維持制度繼續運作。當土著無法迅速理解（或者根本無法理解）貿易對雙方都有好處的完美論點，類似的做法（使用武力）就會用來促使殖民地居民認知到貿易的好處。假使這個地區擁有大量歐洲生產者需要的原料，但是還沒有建立和諧關係以培養土人對歐洲產品的依賴，而土人的自然需求原本又是完全不同方向的話，那麼這個情形就更明顯需要干預措施。當然，上述這些問題在所謂自我調節制度下應當是不會出現的。但是愈常使用武力干涉來取得還款，貿易路線就愈常需要炮艦來保護；貿易愈常跟著國旗而國旗又遵循侵略國的需要，那麼必須使用政治手段來維持世界經濟均衡就愈明顯。

---

1. Penrose, E. F.，前引書。馬歇爾的人口法則只有在「土地供給是有限的」這個假設下才有效。
2. Carr, E. H., *The Twenty Years' Crisis, 1919-1939*, 1940.

第十八章 使國際經濟瓦解的壓力

從這樣一致的基礎制度安排當中產生了相當類似的事件模式，並在一八七九至一九二九年這半個世紀間擴散到世界各地。

由於各式各樣的個性和背景，迥然不同的心性和歷史經歷，使得許多國家的頓挫波折具有各自的地方色彩與側重之處，然而，文明世界的主要部分卻有著相同的構造。這種相似性超越了使用類似的工具、享受類似的娛樂、用類似的獎勵來酬賞努力等文化特徵的相似性。的確，這種相似性是關於具體事件在人類生活的歷史脈絡（也就是集體存在的特定時代成分）當中的作用。分析這些典型的壓力，就可以看出在這段時期產生格外一致的歷史模式的機制。

這些壓力可以依照主要的制度領域輕易地加以分類。在國內經濟上，不均衡的各種症狀——如生產、就業與收益的衰退——可以用失業這個典型病症來代表。在國內政治上，各種社會力量的鬥爭與僵持，可以稱為**階級間的緊張**。國際經濟領域裡的困難主要集中於所謂的國際收支，這些困難包括出口衰退、不利的貿易條件、缺少進口原料，以及外來投資減低，我們可以根據壓力的特殊形態把這些命名為**匯率上的壓力**。最後，國際政治上的緊張關係則可歸類為**帝國爭霸**。

現在我們來設想一個國家在商業蕭條的情形下受到失業打擊的情況。很容易可以理解各家銀行可能會深思決定的所有經濟政策措施都必須順應穩定匯率的需求。若沒有向中央銀行求援，銀行無法對工業界擴大或進一步展延信用，而中央銀行將拒絕跟進，因為貨幣安全需要的是相反的措施。另一方面，如果壓力從工業界擴大到國家層面——工會可能會推促相關政黨在國會提出這些個議題——任何救濟政策或公共工程的範圍都將受限於預算平衡的要求，這是維持穩定匯率的另一個先決條件。金本位將因而在實際上牽制財政部和發鈔銀行的行動，立法機關也將發現自己跟工業界一樣面臨各種相同的限制。

在國家的領域內，失業的壓力當然可以由工業界或是政府來承擔。如果在某個特定情形下，失業危機是藉著通貨緊縮對工資造成的壓力來克服的話，那麼可以說解決問題的重擔主要是落在經濟領域。但是，如果由遺產稅補貼的公共建設避免了那種痛苦措施的話，那麼壓力將落在政治領域（如果某種政府措施不顧既得權利而強迫工會降低工資，也是一樣）。在第一個例子（亦即通貨緊縮對工資造成的壓力）當中，壓力仍然是在市場內部，表現在價格改變所帶動的收入改變；在後一個例子（亦即公共建設或限制工會）當中，法律地位或稅收的變化會影響到有關群體的政治地位。

最後，失業的壓力或許會擴散到國界之外並影響匯率。不論是採用政治措施或經濟措施來對抗失業，這種情形都有可能發生。在金本位制之下——我們一直假設它是有效運作的——任何造成預算赤字的政府措施，都可能導致貨幣貶值；另一方面，如果擴大銀行信用來對抗失業問題的話，上升的國內物價就會傷及出口從而影響國際收支。不管是哪一種情況，匯率都會重挫，這個國家就會感受到貨幣遭受的壓力。

此外，失業引起的壓力也可能產生外部的緊張。對一個弱小國家而言，這有時會對它的國際地位產生嚴重後果。地位降低、權利被忽視、外國控制強加其上、國家的抱負受到挫敗。而對一個強國而言，這些壓力可以轉嫁到爭奪國外市場、殖民地、勢力範圍，以及其他形式的帝國爭霸之上。

源自市場的壓力就這樣在市場與其他主要制度之間來回移動，有時影響到政治領域的運作，有時影響到金本位制或權力平衡制，視情形而定。這些領域各自都相對獨立，傾向於邁向自身的均衡；一旦無法達到這種平衡，不平衡便會外溢到其他領域。正是各領域的相對自主使得壓力逐漸累積並產生緊張，最後則以大致固定的幾種型態爆發出來。雖然在想像中，十九世紀致力於建造自由主義烏托邦，但實際上它是把事物交給幾個具體的制度，那個時代就是由這些制度機制所統治。

要瞭解當時真正的情勢，最接近的途徑也許是一位經濟學家的誇張質問，他直到一九三三年仍在責難「絕大多數國家都採用的」保護主義政策。他問道，如果一個政策被所有專家一致宣告為全然錯誤、大謬不然，而且和所有經濟學理論的原則矛盾，那麼這個政策有可能是正確的嗎？他的回答是毫無保留的：「不！」「但是在自由主義的文獻裡，我們卻找不出任何東西可以解釋這些明顯的事實。唯一的解答是：政府、政治人物和政治家無止境地濫用權力，他們的無知、野心、貪婪與短視偏見應該為「絕大多數」國家持續不斷的保護主義負責。關於這個問題很難找到合理的論證。自從中世紀經院哲學家蔑視科學的經驗事實以來，沒有哪種偏見展現出如此可怕的陣勢。他們唯一的智識回應是為保護主義陰謀的神話再添上帝國主義狂熱的神話。

自由主義者認為，從一八八〇年代初期開始，帝國主義激情在西方國家開始滋長，他們利用種族偏見的情緒摧毀了經濟思想家的豐盛成果。這些情緒性的政策逐漸積聚力量，終於導致第一次世界大戰。大戰之後，自由主義啟蒙的力量有了另一個機會讓理性恢復統治，但是帝國主義卻在意料之外爆發，尤其在一些新興的小國，後來還有那些「貧國」，諸如德國、義大利與日本，因而攪亂了進步的軌跡。那些「狡猾動物」，也就是政治人物，擊敗了人類智力的中心——日內瓦、華爾街，以及倫敦。

在這一套通俗的政治神學裡，帝國主義代表人性的邪惡面。它認為國家與帝國天生就有帝國主義傾向；它們吞噬鄰國時全然不會感到道德上的不安。這個論點的後半段是對的，但前半段則不然。雖然帝國主義不論在何時何地出現，都不會為擴張找理性或道德的辯解理由，但認為國家與帝國必定想擴張的看法，卻不符合事實。領土型組織並不必然渴望擴大疆界；城邦、國家或帝國都不見得會有這種衝動。為相反的論點辯護，就是將一些特殊情況誤認為一般的法則。事實上，與一般先入為主的看法相反：現代資本主義是從一段很長期的收斂主義開始的；只有到了後期才開始轉向帝國主義。

反帝國主義肇始於亞當．斯密。他不但因而預測了美國的獨立革命，而且還預測了隨後一個世紀英國的小英格蘭運動（Little England movement，譯注：反對帝國主義政策的運動）。必須中止（帝國主義政策）的理由是經濟上的：七年戰爭引起的市場急劇擴張使帝國變得落伍。地理大發現加上（陸上）比較緩慢的運輸工具對海外的殖民地比較有利，但是（後來陸上）快速的交通使得殖民變成昂貴的奢侈品。另一個對殖民地不利的因素是，這時出口已經比進口更加重要；買方市場的理想讓位給賣方市場，而此時要達到這個目的，可以用低價銷售的簡單方法打敗競爭者——包括殖民地人民本身。失去大西洋沿岸的殖民地以後，加拿大差點脫離大英帝國（一八三七年）；甚至連迪斯雷利都鼓吹放棄英國在西非的屬地；南非的奧倫奇邦（Orange State）企圖加入帝國而不果；太平洋上的一些小島雖然今天被視為具有戰略上的樞紐地位，但當時卻一再被拒絕加入帝國。當時不論是自由貿易者或保護主義者，不論是自由主義者或托利保守黨分子，都一致認為殖民地是一種遞耗資產（wasting asset），必然會變為政治上與財務上的負擔。從一七八〇年到一八八〇年的一整個世紀裡，任何鼓吹擴張殖民地的人，都被認為是舊制度的信徒。中產階級譴責戰爭與征服是帝國王朝的陰謀詭計，並鼓吹和平主義（奎內是第一個為自由放任戴上和平桂冠的人）。法國與德國都跟隨英國的腳步。法國明顯放慢擴張的速度，即便其帝國主義的發展當時主要是在歐洲大陸而不是在海外殖民地。俾斯麥拒絕為取得巴爾幹半島而犧牲任何德國人的生命，並且傾全力於反殖民主義宣傳。這就是資本主義公司侵略各個大陸時，歐洲各國政府的基本態度；當時東印度公司在蘭開夏急切的出口商人堅持下被解散，沒沒無名的布商在印度取代了赫斯汀（Warren Hastings，譯注：第一任英國駐印度總督）及克萊夫（Robert Clive，英國軍人及政治人物，兩度出任孟加拉總督）這樣的輝煌人物。政府退得遠遠的。坎寧（George Canning，曾任英國外相）嘲笑為了冒險投資者與海外投機者的利益而由國家出面干涉的想法。政治與經濟的分離現在擴大到國際事務中。雖然伊莉莎白一世不願嚴格區分她的私人收入與武裝掠奪而來的收入，但是格萊斯頓（William Gladstone，四度出任英國首相）卻認為將英國的外交政策視為在替海外投資者服務乃是一種誹謗。允許國家的力量與貿易利益糾纏在一起，並不是十九世紀的思想；相反的，早期維多利亞時代的政治家就曾宣稱國際行為的準則是政治與經濟的獨立。只有在極端例外的情形下，外交人員才會積極為本國國民的私人利益奔走，而且這種做法如果偷偷擴大，會被公然否認，要是受到證實，相關人員會受到訓斥。國家不干涉私人商業的原則不但在國內適用，在國外也一樣適用。國內的政府機構不應干涉私人貿易，而設在國外的機構，除了與國家政策有關的情形，也不該照顧私人的商業利益。當時的投資絕大部分是在國內的農業；對國外的投資則被視為賭博，而且投資者經常遭遇到的投資損失，被認為可以從駭人的高利貸中充分補回。

但是，忽然間情形改變了，而且同時發生在西方所有主要國家。雖然德國重複英國國內的發展落後了半個世紀的時間，但世界性的外在事件必然會影響所有的貿易國家。這樣的事件是國際貿易的節奏加快和數量增加，以及讓土地可以全面流動，也就是說以微小的成本將穀物與農業原料從地球的某個地方大量運送到另一個地方。這場經濟震盪導致歐洲幾千萬的農民流離失所。短短幾年之內，自由貿易已經成為過去；市場經濟則在新的情況下進一步擴張。

這些情況本身是由「雙向運動」所設定的。此時正加速擴張的國際貿易模式，受到為了遏制市場全方面活動的保護主義制度所牽制。農業危機與一八七三至八六年間的大蕭條動搖了人們對經濟的自癒能力的信心。從此以後，市場經濟的一些典型制度，通常只有伴隨著保護主義的措施才可能會採用，因為從一八七〇年代晚期和一八八〇年代早期以後各國已經結成組織化的單位，而為了國際貿易與外匯的需要所做的任何劇烈調整引起的混亂，都很容易讓這種組織化單位受到嚴重損傷。市場經濟擴張的主要工具——金本位制——通常同時會伴隨著採用典型的保護主義政策，如社會立法與關稅保護。

就這一點而言，傳統自由主義所說的「集體主義陰謀」也與事實不符。自由貿易與金本位制並不是被那些自私的關稅販子與心腸太軟的立法者破壞的；相反的，金本位制的出現本身加速了保護主義制度的擴張，而保護主義制度愈受歡迎，則固定匯率的負擔就愈重。自此以後，關稅、工廠法，以及積極的殖民地政策就成為穩定外匯的先決條件（大不列顛因為巨大的工業優勢而成為例外，正好證明了這項規則）。只有在這些先決條件確立的情況下，才能夠安全採用市場經濟的方法。在沒有保護主義措施的情況下，將這樣的方法強加於異國或半殖民地區，就會產生不可言喻的痛苦。

我們在此掌握了帝國主義表面矛盾的關鍵——各國不願意毫無差別地相互貿易，這在經濟學上無法解釋因此也是不理性的做法，以及它們反而志在取得海外與異國市場。這些國家之所以會這樣子做，是因為它們懼怕會遭到那些弱小民族無法避免的命運。其間的差別只是：熱帶民族在飽受蹂躪的殖民地被投入悲慘的無底深淵，且經常達到滅種的地步，而西歐各國拒絕貿易是由於一種較小的危險，但仍然足以使他們不惜任何代價來避開。這種威脅——就像殖民地所面臨的——是否是經濟層面的威脅並不重要；除了偏見之外，我們沒有理由用經濟的尺度來衡量社會遭受的破壞。事實上，期望一個社群無視於失業的痛苦，無視於產業與職業變動所造成的傷害，以及伴隨而來道德上與心理上的折磨，只因為這些經濟效應長期而言可能會顯得微不足道，是一件可笑的事情。

國家不但消極承受這種壓力，同時也積極製造這種壓力。如果某種外在事件對國家形成很重的壓力，它的內部機制就會像往常一樣，將壓力從經濟面轉移到政治面，或者從政治面轉移到經濟面。一次大戰後就有一些重大的例子。對一些中歐國家來說，戰敗產生了一些高度人為的情況，包括賠款的巨大外在壓力。在十多年間，德國的國內情況主要就是將外部壓力在工業界與政府之間轉移——一邊是工資與利潤，另一邊是社會福利及稅收。整個國家是賠款的承擔人，而國內的情況則隨著國家（包括政府及企業界）處理賠款問題的方式而變化。國家的團結於是錨定在金本位制上面，所以維持德國貨幣的對外價值就變成最重要的責任。道斯計畫（Dawes Plan，譯注：美國副總統道斯為穩定德國財政而減低其賠款額）就是為保障德國貨幣而制訂的。楊格計畫（Young Plan，美國企業家楊格提出的德國賠款方案，取代道氏計畫）將類似條件訂得更明確。如果不從避免德國馬克的對外價值受到損傷這個角度來看，便難以瞭解這段期間德國內部事務的發展。對貨幣的共同責任，在德國產生了牢不可破的框架，企業與政黨、工業與國家在這個框架當中互相調整以適應這項壓力。但是，德國因戰敗而必須承擔的後果，其他各國卻是在一次大戰之前就已經自發承受了，也就是穩定外匯的壓力使得這些國家進行人為統合。只有順從必然的市場法則，才有辦法解釋何以能夠默默驕傲地揹起這個重擔。

或許有人會反對以上的描述，認為是過於簡化的結果。他們會指出：市場經濟並非是某一天就突然啟動，土地、勞動及貨幣這三個市場也不像三頭馬車一樣並駕奔馳，保護主義在所有市場中的效果並不是全然一致等等。這樣的說法當然沒錯，只不過它忽略了問題的重點。

誠然，經濟自由主義只不過是從大致發展完備的市場中，創造出一種新的機制；它統一了各種已經存在的市場，並將它們的功能協調到單一的整體架構之下。此外，勞動與土地的分離在那時已經開始進行，貨幣市場與信用市場也有同樣的發展。在這個發展過程裡，現在銜接著過去，沒有任何斷裂之處。

然而，制度的變遷突然就展開——這是制度變遷的本質。隨著英國建立勞動市場，制度變遷達到關鍵階段，勞動市場中的工人若不遵從僱傭勞動的法則，就會面臨饑餓的威脅。一旦採取這個激烈的措施，自律性市場的機制就開始運作了。它對社會的衝擊極為猛烈，因此幾乎立即就在輿論還沒有任何變化的狀況下，產生了強有力的保護反應。

此外，雖然工業生產的各種不同元素的市場，在本質與起源上都甚為不同，這時卻出現類似的發展。情況幾乎不可能是別的樣子。保護人、自然與生產的組織方式，就等於在干涉勞動與土地的市場，以及交易媒介亦即貨幣的市場，因而實際上傷害到市場制度的自我調節機制。因為干涉的目的是要重建人的生活及環境，並給予他們某些保障，因此干涉措施必然致力於減少工資的彈性與勞工的流動性，致力讓收入穩定、生產持續，倡導對國家資源的公共控制，並管理貨幣以避免物價水平波動。

一八七三年到一八八六年的不景氣，加上一八七〇年代的農業困境，更增加了這種壓力。不景氣開始的時候，歐洲正值自由貿易的鼎盛期。新成立的德國強迫法國接受兩國間的最惠國待遇條款，並承諾取消生鐵的關稅，並採用金本位制。但是到了不景氣的末期，德國已經用保護性關稅將自己包圍起來，它設立了各種卡特爾組織，建立了全面的社會保險制度，並採取高壓的殖民政策。普魯士主義（Prussianism）是自由貿易的前峰，顯然不是轉變為保護主義的原因，也不是採取「集體主義」政策的原因。美國當時的關稅比德國還高，而且以自己的方式跟德國一樣採取「集體主義」政策；它大幅輔助長程鐵路的興建，並發展規模宏大的托拉斯企業。

不論各國的精神面貌及歷史背景如何，所有西方國家這時都順著同樣的潮流走。[2]隨著國際金本位制，最具雄心的市場架構付諸實現，意謂著市場從政府機構完全獨立出來。世界貿易現在意謂著透過自律性市場將地球上的生活組織起來，其中包括勞動市場、土地市場與貨幣市場，並由金本位制來守衛這個巨大的自動機制。各個國家與各國人民在這場他們無法控制的演出當中只不過是傀儡而已。藉著中央銀行、關稅與移民法之助，各國將自己保護起來以免遭到失業與不穩定的傷害。這些措施是用來對抗自由貿易與固定幣值的毀滅性影響，它們要達到目的就必定會干預市場機制的運作。雖然每一項限制措施都有其受益者，這些受益者的額外利潤或額外工資是徵自其他所有國民的稅，但一般人通常只認為稅額的多寡是不合理的，不會認為保護政策本身是不合理的。長期而言，物價會全面降低，對所有人都有利。

不論保護政策是否有充分道理，干預措施的效果使人認清了世界市場制度的弱點。一國的進口關稅妨礙了他國的出口，迫使後者前往不受政治力量保護的地區尋求市場。經濟帝國主義主要是列強之間為了將貿易網伸進沒有政治保護的市場而進行的鬥爭。生產狂熱所引發的原料供應爭奪戰更加強了出口的壓力。各國政府開始支持它們在落後地區經商的國民。貿易與國旗互相追逐另一者的蹤跡。帝國主義以及有意無意間為封閉式經濟做準備，是當時列強的傾向，它們發現自己愈來愈依賴一套愈來愈不可靠的世界經濟體系。然而嚴格維持國際金本位制的完整性是絕對必要的。這是（國際經濟）崩潰瓦解的一項制度根源。

各國內部也有相似的矛盾出現。保護主義有助於將競爭性市場轉變為獨占性市場。已經愈來愈不能把市場描述為相互競爭的原子之間的自主與自動機制。個人逐漸被協會所取代，人與資本結合為非競爭的團體。經濟的調整變得緩慢而困難。市場的自我調節機制也嚴重受挫。到了最後，未能調整的價格及成本結構拖長了不景氣，未能調整的生產設備也延誤了對缺乏利潤的投資的清算，未能調整的物價與所得水平導致社會的緊張。只要市場發生問題——不論是勞動市場、土地市場或貨幣市場——壓力將溢出經濟領域，需要以政治手段來重建平衡。但是，市場社會的本質就是在制度上將政治領域與經濟領域分離，而且不管導致多大的緊張都要維持這種分離。這是破壞性壓力的另一個根源。

我們已經接近討論的結尾。然而我們的論證還有很大一部分尚未呈現出來。即使我們已經成功確切地證明鉅變的核心是市場烏托邦的失敗，我們仍然有義務指出這項原因是如何決定了實際的事件。

在某種意義上，這是一件不可能達成的事，因為歷史並不是由任何單一因素形塑的。但不管歷史是如何多樣、如何豐富，歷史之流是會循環再現的，這可以說明何以一個時代的事件有大體相似的構造。只要我們能在某種程度內清楚說明在正常狀況下支配著歷史潮流及反潮流的規律性，我們就毋須為一些無法預測的漩渦而操心。

在十九世紀，自律性市場的機制造就了這些狀況，國內生活與國際生活都必需要符合自律性市場的要求。從自律性市場機制產生了歐洲文明的兩個特色：嚴格的決定論以及它的經濟性格。當代的學者傾向於把這兩者連結在一起，並且假定決定論是從經濟動機的本質衍生出來的；根據這種經濟動機，個人應當會追求自己的金錢利益。但事實上，這兩者之間並沒有什麼關連。在許多細節非常顯眼的「決定論」，只不過是市場社會機制與其可預料選項的結果，其嚴格性被錯誤歸因於經濟動機的力量。實際上，不論個人的動機是什麼，供給—需求—價格體系將永遠保持平衡，而且就大部分人而言，經濟動機本身的作用遠遠不如所謂的情緒動機。

（在市場經濟體制下）人類是受到新的機制的束縛，而不是受到新的動機的束縛。簡單地說，壓力來自於市場領域；從那裡擴散到政治領域，因而含括了整個社會。但是只要世界經濟持續運作，在每一個國家內部的緊張關係就仍然會潛伏不顯。只有當世界經濟最後一個殘存的制度——

金本位制——瓦解時，各國內部的壓力才會終於爆發。各國對這個新情勢的反應不盡相同，本質上這些回應代表著對傳統世界經濟消逝的調整方式；當傳統世界經濟瓦解了，市場文明本身也就被淹沒。這解釋了一個幾乎無法相信的事實：一個文明被缺乏靈魂的制度的盲目行動摧毀了，而這些制度唯一的意圖是要自動增加物質福祉。

但是這件無可避免的事情實際上是如何發生的呢？它是如何轉換成歷史核心的政治事件呢？在市場經濟崩潰的最後階段，階級力量的衝突決定性地登場了。

---

1. Haberler, G., *Der internationale Handel*, 1933, p. vi.
2. G. D. H. Cole稱一八七〇年代是「整個十九世紀社會立法最積極的時期」。

第三篇　進行中的轉變

第十九章 大眾政府與市場經濟

當國際（經濟）體系在一九二〇年代失敗了，早期資本主義一些幾乎已經被忘掉的議題又重新浮現。其中最重要的是大眾政府（popular government）。

法西斯主義對大眾民主的攻擊不過是重新喚醒政治干預主義這個不斷困擾著市場經濟歷史的議題，因為這個議題幾乎只是將經濟領域與政治領域分離的另一種說法。

干預主義議題在勞動方面第一次受到注意，一方面是由於史賓翰連法案與新濟貧法案，另一方面是由於國會改革法案與憲章運動。在土地與貨幣方面，干預主義也同樣重要，雖然它們引起的衝突沒有那麼嚴重。在歐洲大陸，勞動、土地與貨幣等方面在一段時間之後也產生類似的問題，這段時間上的落差使得衝突發生在工業更加發達但社會更缺乏一體性的環境中。在每個地方，經濟領域與政治領域的分離都是同一種發展類型的結果。英國與歐洲大陸一樣，起點都是競爭性勞動市場的建立與政治的民主化。

史賓翰連法案可以恰當地視為干預主義的防範行動，阻礙了勞動市場的產生。為締造工業化英國所進行的戰鬥，首先在史賓翰連制展開，也在史賓翰連制暫時敗退。在這場鬥爭中，干預主義是古典經濟學家發明的稱呼，史賓翰連制則被扣上人為干擾市場秩序的汙名，但這個秩序實際上並不存在。湯生、馬爾薩斯與李嘉圖就在濟貧法的薄弱基礎上建造了古典經濟學的巨廈，這是對付一套過時秩序最強大的概念性毀滅工具。然而對另外的世代來說，補貼制度保護著鄉村免於受到城市高工資的吸引。到了一八二〇年代中期，赫斯基森（Huskisson）與皮爾擴大了對外貿易的渠道、准許機械出口、提高羊毛出口的限額、取消海運的限制、放寬移民法規，而且在廢除《結社禁止法》（*Anti-Combination Laws*）之後，也正式取消職工法中有關學徒學習年限與工資審核的規定。而令人喪氣的史賓翰連法仍然從這個郡傳布到那個郡，妨礙勞工努力工作，並使得獨立工人這個概念變得很不協調。雖然建立勞動市場的時機已經成熟，但鄉紳的「法律」卻阻礙了它的誕生。

改革後的國會立即廢除了補貼制度。達成這個目的的新濟貧法，公認是下議院最重要的社會立法。但這個法案的重點只不過是廢除史賓翰連法案。這可以證明當時已經認定沒有外力干預的勞動市場是整個未來社會結構中極其重要的基礎。緊繃情勢的經濟根源大概是這樣。

在政治方面，一八三二年的國會改革法案達成了一場和平革命。一八三四年的濟貧法修正案改變了英國社會階層的劃分方式，而且以全新的角度詮釋英國人生活的某些基本事實。新濟貧法取消了貧民、「誠實的貧民」或「有工作能力的貧民」這種概括性的範疇，這些都是柏克痛加批評的詞彙。從前的貧民，現在區分為身體失能的窮人與獨立的工人，前者被安置在貧民習藝所，後者則必須以勞力賺取工資維生。這產生一種全新的貧民範疇，也就是失業者，出現在社會舞臺上。基於人道的理由，窮人應該給予救濟，但基於工業的理由，失業者不應該給予救濟。失業工人是否無辜並不重要。重點不在於這個工人努力嘗試之後能不能找到工作，而是除非他面臨挨餓的困境而且只剩下令人厭惡的貧民習藝所能去，否則整個工資制度就會崩潰，因而讓整個社會掉進悲慘與混亂的狀態。他們知道這意味著會懲罰到無辜者。解放勞動者的做法當中含有這種糟糕的殘忍手段，目的是要讓饑餓帶來的毀滅威脅產生效果。這種處理方式讓我們清楚瞭解古典經濟學家著作中那種荒涼憂鬱感是怎麼來的。但是要將多餘的人（他們現在被困在勞動市場當中）安全地鎖在門外，就得讓政府遵守一種否定自我的規範——用海莉葉．馬蒂諾的話來說就是，對無辜的受害者提供任何救濟，就是國家在「侵犯人民的權利」。

當憲章運動要求讓沒有選舉權的人擁有選舉權，政治與經濟分離就不再是學術上的議題，而成為既存社會體系無可辯駁的條件。如果將新濟貧法及其精神折磨科學方法的管理權，交給這種方法打算要對付的同一群人選出的代表，無異是愚蠢的行為。麥考萊勳爵（Lord Macaulay）這位偉大的自由主義者在上議院所作的雄辯演說中，就從財產制度是所有人類文明的基石這個角度要求無條件拒絕憲章運動者的請願，他只是立場一致而已。皮爾爵士稱憲章（Charter）是在控訴憲法（Constitution）。但是勞動市場對工人生活的扭曲愈厲害，他們對選舉權的要求也愈堅持。對大眾政府的要求是緊綳情勢的政治根源。

在這樣的狀況下，立憲制度取得了全新的意義。在此之前，憲法保障財產權不受非法干擾，針對的只是上層掌權者的恣意行為。洛克的觀點並沒有超出土地財產權與商業財產權的範圍，其目的也只在於排除王權的專橫作為，例如亨利八世解散修道院的世俗化政策、查理士一世強奪製幣廠，或查理士二世下令財政部「停止兌現」。就洛克的定義而言，一六九四年英格蘭銀行取得獨立運作的特許狀，就是達成政府與商業分離的目標。商業資本在與王權的對抗中獲得勝利。

一百年之後，需要保護的不是商業財產，而是工業財產；要對抗的不是王權，而是普通人民。只有出於誤解，才會將十七世紀的意義套用到十九世紀的情境。孟德斯鳩在一七四八年提出的權力分立，這時被用來將人民與他們對自己經濟生活的權力分離開來。美國憲法是在農民與工匠的環境中，由一群受到英國工業景象警示的領導者擬定成形，它將經濟領域從憲法的管轄當中完全獨立出來，從而將私有財產置於所能想像的最高保護之下，創造出世界上唯一奠基於法律的市場社會。儘管有普遍選舉權，但美國選民手上並沒有權力可以對抗物權擁有人。[1]

在英國，勞動階級不得擁有選舉權變成了憲法中的不成文規定。憲章運動的領袖被捕下獄；數以百萬計的支持者則受到只代表極少數人口的立法機構嘲笑，單純只要求祕密投票也經常被官方視為犯罪行為。所謂英國（政治）制度特色的妥協精神是後來杜撰出來的，當時根本毫無蹤跡。要等到勞動階級熬過饑餓的一八四〇年代，以及一個溫順的世代開始取得資本主義黃金時代的利益之後；要等到上層的技術工人發展出工會，並與一大群悲慘窮苦的勞工拆夥之後；要等到工人默默接受新濟貧法強加於他們身上的制度之後，工資較高的工人才能夠參與投票。當初憲章運動者的奮鬥是為了取得權利，以阻止市場這個磨坊將人民的生命碾碎。但是一直要到糟糕的調整適應完成以後，人民才取得這種權利。在英國國內或國外，從麥考萊到米塞斯，從史賓塞到宋那，每一個好鬥的自由主義者都表達過這樣的信念：大眾民主是對資本主義的威脅。

勞工議題上的經驗也重複出現在貨幣議題上。一七九〇年代的情況預示了一九二〇年代的情況。邊沁首先認識到通貨膨脹與通貨緊縮都會干擾財產權：前者等於是對商業徵稅，後者則是對商業的干擾。[2]從那時候開始，勞動與貨幣、失業與通貨膨脹在政治上都屬於同一個範疇。柯貝特（William Cobbett，譯注：英國記者、工人階級領導人）就一併抨擊金本位制與新濟貧法；李嘉圖則以非常相似的說詞為這兩者辯護，認為勞動與貨幣都是商品，而政府沒有權力去干涉任何一者。反對採用金本位制的銀行家，如伯明罕的艾特烏（Atwood），與歐文這類社會主義者立場相同。而一個世紀之後，米塞斯重彈老調，認為勞動與貨幣並沒有比市場上的其他商品更需要政府的關心。在十八世紀成立聯邦之前的美國，廉價貨幣政策就如同史賓翰連法，也就是政府面對大眾需求所做的經濟上令人洩氣的讓步。法國大革命及其發行的「指券」（assignat）顯示人民可能會搞砸貨幣，美國各州的歷史也同樣讓人感到疑慮。柏克將美國的民主與貨幣的麻煩視為同樣的東西，而漢彌爾頓（Alexander Hamilton，譯注：美國獨立革命元勳）擔心的不只是黨爭，同時也擔心通貨膨脹。但是在十九世紀的美國，人民黨員（Populist，主張保護農民政策）和美鈔黨（Greenback Party，主要為美西與美南的農民，希望政府多發行鈔票使之貶值，以削減自己的債務）與華爾街鉅子的爭論只局限在這個國家，而在歐洲，對通貨膨脹政策的責難在一九二〇年代才變成反對民主立法機關的有效論據，並帶來深遠的政治後果。

社會保護與貨幣干預不僅是類似的議題，更經常是相同的議題。自從金本位制建立以後，工資水平的上漲與直接的通貨膨脹都對貨幣有同樣大的危害——兩者都可能會拉低出口，並且終致壓低匯率。這兩種基本的干預形式之間的簡單連結，成為一九二〇年代政治的槓桿支點。關心貨幣安全的黨派全力反對有威脅性的預算赤字，並且同樣反對廉價貨幣政策，因此反對「財政膨脹」以及「信用膨脹」，或者以更實際的話來說，他們抨擊社會負擔與高工資，抨擊工會與工人政黨。他們關心的不是形式，而是實質；無限制的失業救濟會造成預算失衡，就像太低的利率會造成物價上漲，並對匯率造成同樣不利的後果——這些有誰會不同意呢？格萊斯頓把預算變成英國的良知。對較弱小的國家而言，預算的重要位置或許會由穩定的貨幣來代替。但結果是很相似的。不管是工資或社會服務都必須削減，市場機制已經注定了不削減的後果。從這個分析的觀點來看，一九三一年的英國國民政府以溫和的方式執行與美國新政同樣的功能。這兩者都是個別國家在鉅變當中所做的適應調整。但是英國這個例子的優點在於它不受複雜因素的干擾，例如國內的紛爭或者意識形態的改變，因此更清楚顯現出一些決定性的特徵。

從一九二五年開始，英國貨幣的地位就不穩固。回到金本位制之後，物價水平並沒有隨著相應調整，很明顯超出世界的物價水平。只有極少數人意識到這個由政府與英格蘭銀行、政黨與工會共同推動的方向有多荒謬。第一個工黨內閣（一九二四）的財政大臣史諾頓（Philip Snowden）是貨真價實的金本位迷，但是他沒有瞭解到（以金本位制）重建英鎊這件事，要不是使他的政黨擔負起工資下降的責任，就是會使他的政黨失敗下臺。七年之後（一九三一），工黨由於史諾頓自己而被迫眼見這兩點成為事實。到了一九三一年秋天，持續的不景氣壓力明顯反映在英鎊上。儘管一九二六年總罷工的失敗確保了工資水平不再進一步上升，但卻沒能阻止社會服務的財務負擔持續上升，尤其是無條件失業救濟的支出。這時已經不需要銀行家的「欺騙」（雖然這種欺騙確實存在）來使英國深刻瞭解到，必須在健全的貨幣與健全的預算，以及改善社會服務與貨幣貶值（不管貶值是導因於高工資和出口衰退，或者單純是由於赤字支出），這兩種路線當中擇一而行。換句話說，必須在削減社會服務與匯率貶值之間做選擇。由於工黨無法決定採取哪一種措施——削減社會服務違背了工會的政策，而放棄金本位制則有如褻瀆神明——因而下臺，傳統政黨則削減了社會服務，最後也放棄了金本位制。取消無條件的失業救濟；開始採用資格審核制度。與此同時，英國的政治傳統經歷了意義重大的改變。兩黨制中斷了，而且沒有要恢復的傾向。

十二年之後兩黨制仍然黯淡不明，所有跡象都反對回到兩黨制。在沒有大規模犧牲人民福祉或自由的情況下，英國取消金本位制，邁出決定性的步伐走向轉變。在第二次世界大戰期間，這伴隨著自由資本主義方法的改變。不過後面這些改變並不是永久性的，也因此並未將英國從危機當中挽回。

一種類似的機制也在所有重要的歐洲國家當中運作，產生的影響也相當一致。在一九二三年的奧地利、一九二六年的比利時與法國，以及一九三一年的德國，工黨都被趕下臺以「挽救貨幣」。像賽波（Seipel）、法蘭基（Emile Francqui）、潘卡勒（Raymond Poincaré）或布呂寧（Heinrich Brüning）等政治家都將工黨從政府排除出去，減少社會服務，並且盡力打破工會對工資調整的抗拒。面臨危機的都是貨幣，而責任都固定落在工資膨脹與預算不平衡。這種簡化對於相關的各式各樣問題並不公正，其中幾乎包含經濟政策與金融政策的每一個問題，包括外貿、農業與工業等問題。然而我們愈仔細考察這些問題，下面這一點就變得愈清楚：貨幣與預算最後把焦點集中在雇主與員工之間懸而未決的議題，而其餘的人則支持這個領導群體或那個領導群體。

一九三六年（法國）所謂的布隆實驗（Blum experiment）提供了另一個例子。工人政黨執掌政權，條件是不能禁止黃金出口。法國的新政根本不可能成功，因為政府在關鍵的貨幣問題被縛住手腳。這個例子是最確鑿的證據，因為法國就跟英國一樣，一旦工人變得無力可施，中產階級政黨就毫不猶豫放棄捍衛金本位制。這些例子顯示出，健全貨幣這個假設對於大眾政策的影響是如何有害。

美國的經驗以另一種方式給我們同樣的教訓。若不放棄金本位制，新政就不可能推動，雖然外匯（在新政中）實際上無關緊要。在金本位制下，金融市場的領導者自然會受託負責保衛穩定的外匯與健全的國內信用的——政府財政大幅依賴於此。銀行組織因而可以阻撓經濟領域中任何他們不喜歡的國內措施，無論有沒有好的理由。就政治上而言，政府必須採納銀行家關於貨幣與信用的意見，他們知道某種金融措施是否會使資本市場與匯率陷入困境。由於美國及時放棄金本位制，所以在這個例子中社會保護主義並沒有走進僵局。儘管這個舉動（放棄金本位）在技術上的好處並不多（而且一如往常，政府給的理由非常貧乏），但成果是拿走華爾街的政治影響力。金融市場由恐慌支配。華爾街在一九三〇年代的黯淡，讓美國免於歐洲大陸那樣的社會災難。

然而只有在美國，由於它獨立於世界貿易之外而且貨幣地位格外強勢，所以對它來說金本位制主要是國內政治問題。在其他國家，放棄金本位制無異於退出世界經濟。也許唯一的例外是英國，由於它在世界貿易所占的比重非常大，因此能為國際貨幣制度制訂該如何運作的方式，從而將金本位制的負荷大量轉移到別的國家。像德國、法國、比利時與奧地利這些國家，沒有一個具備那樣的條件。對它們來說，貨幣崩潰意味著和外在世界切斷關係，因此會犧牲掉依賴進口原料的工業，會瓦解就業所依賴的對外貿易，它們無法像英國那樣，強制供應商給予（與貨幣貶值）相似程度的貶值，藉此避免貨幣對黃金價值跌落在國內的後果。

匯率是壓低工資水平極有效的工具。在匯率導致迫切問題之前，工資的議題通常是在表面下逐漸增加緊張壓力。但是市場法則經常無法強迫不情願的雇傭勞動者接受的事情，外匯機制卻可以非常有效地辦到。貨幣指標讓工會的干涉政策對市場機制造成的所有不利影響變得清楚可見（市場機制的內在弱點，包括景氣循環，被視為理所當然的事）。

事實上，最能說明市場社會的烏托邦性質的，莫過於這樣的荒謬之處：有關勞動的商品虛構，必定牽涉到社會。罷工這種很平常的工業行動議價武器，愈來愈常被視為是在胡亂干擾對社會有用的工作，同時也減少社會紅利，而這是工資的最終來源。同情性罷工受到怨恨，總罷工被看作是對社會存續的威脅。事實上，重大服務與公用事業的罷工是以國民為人質，把他們捲入勞動市場真實機能的錯綜複雜問題中。勞動應該在市場上找到自身的價格，其他不是這樣確立的價格都是不經濟的。只要勞動有履行這項責任，它的表現就會像「勞動」商品供給中的一項要素，並拒絕以低於買家仍然能夠支付的價格出售。前後一貫地推論下去，這意謂著勞工的主要義務是不斷罷工。再沒有比這個命題更荒謬的了，然而這只是勞動商品論的邏輯推論而已。理論與實際不一致的根源當然在於勞動並不是真的商品，而且如果扣住勞動不用只是為了要確定它的正確價格（就如其他所有商品的供給在類似情況下被扣住不增加），社會將因缺乏維持生存的東西而瓦解。值得注意的是，自由主義經濟學者討論罷工議題時，就算有也極少提及這項考量。

讓我們回到現實面：以罷工方法來敲定工資，對任何種類的社會都具有災難效果，更不用提我們自己這種誇耀效益理性的社會。事實上，在私人企業制度下的工人，工作並沒有保障，這種制度下工人的地位大幅惡化。除此之外還有大量失業的威脅，而要維持大多數人的最低（生活）標準，工會的功能在道德上與文化上變得極為重要。然而很明顯的是：任何對工人提供保護的干預手段，必定會干擾到自律性市場機制，且最終將減低消費者的購物資金，也就是工人的工資來源。

由於內在的必然性，干預主義與貨幣這兩個市場社會的根本問題再度出現了。它們成為一九二〇年代政治問題的中心。對這些問題，經濟自由主義以及社會主義的干預主義都仰賴於既有的不同解答。

經濟自由主義盡全力消除所有阻礙土地市場、勞動市場及貨幣市場自由運作的干預主義政策，藉此重建市場制度的自我調節。在危急關頭，經濟自由主義所做的就是去解決環繞著自由貿易、自由勞動市場與自由運作的金本位制這三個基本原則的長期問題。事實上，經濟自由主義成了重建世界貿易、去除所有讓勞動無法流動的可避免障礙、重建穩定匯率等大膽嘗試的先鋒。最後一項目標的重要性高於另外兩項。除非對貨幣的信心重新建立起來，否則市場機制無法運作，在這種情況下，若是期望政府不以所有能夠動用的手段來保護民眾的生活無非是幻想。當然，這些手段主要是關稅和用來保障食物與就業的社會立法，也就是說，正是使自律性市場制度無法運作的干預措施。

把重建國際貨幣制度放在首位的另一個更直接的理由是：面對市場解體與匯率不穩的局面，國際信用就愈形重要。第一次世界大戰以前，國際資本流動（不包括和長期投資有關的資本）僅是用來維持國際收支的流動，但即使是這種作用也受到經濟考量的嚴格限制。要給予信用必須在商業上似乎值得信賴。現在的情形正好相反：債務基於政治原因而產生，例如賠款，貸款也基於半政治的原因而出借，好讓賠款能夠付得出來。但是經濟政策也是發放貸款的理由，為的是穩定世界物價或重建金本位制。世界經濟當中相對健全的國家運用信用機制來橋接與世界經濟當中相對失調的國家之間的鴻溝，不論生產與貿易的條件如何。許多國家藉助據說是全能的國際信用機制，以人為方式達成國際收支、預算，以及匯率的平衡。但國際信用機制本身是奠基於回到穩定匯率的期望，這跟回到金本位是同一個意思。它是一條具有驚人力量的橡皮筋，有助於各國在一個解體中的經濟體系維持表面上的團結；但是這條橡皮筋是否能承受得住這種壓力，端視各國是否及時回到金本位制。

從這個角度來看，日內瓦（譯注：即國際聯盟）的成就是相當不錯的。如果不是這個目標在本質上就不可能達成，以國際聯盟這麼能幹、這麼堅定、這麼全心一意的努力，必定能夠達成。照現狀看來，沒有干預的話，後果也許比國際聯盟的做法更加悲慘。正因為不干預經常看起來幾乎是成功的，反而大大加重了最終失敗的後果。在一九二三年（當時德國馬克在幾個月之內崩潰）與一九三〇年初（當時世界上所有重要的貨幣都採用金本位制）之間，國際聯盟使用國際信用機制將東歐不完全穩定的經濟的負擔轉移到西歐戰勝國肩上，然後又再轉移到美國這個更寬闊的肩膀上。[3]美國的崩潰跟著平常的景氣循環週期一起來到，但是它發生的時候，由國際聯盟與盎格魯撒克遜銀行體制所創造的金融網絡把全世界的經濟一起捲入可怕的天翻地覆當中。

但是牽扯其中的尚不止於此。在一九二〇年代，根據國際聯盟的想法，關於社會組織方式的問題必須完全遷就於貨幣重建的需要。通貨緊縮是當時的首要需求；國內的各種制度必須盡可能調整適應這個需要，即使是國內自由市場的重建與自由政體的重建也得要暫且延後。以國際聯盟黃金委員會（Gold Delegation）的話來說，通貨緊縮未能「影響某些種類的物品與服務，因而不能重建穩定的新平衡」。政府必須出手干預，以便減低獨占物品的價格、減低已協議的薪級表，並削減租金。主張通貨緊縮的人心中的理想是「強有力政府底下的自由經濟」；雖然這裡「政府」一詞就是字面上的意思，也就是緊急權力（emergency powers）與暫時停止公眾自由，但是「自由經濟」的實際意思卻與字面上相反，也就是由政府來調整物價與工資（雖然調整的明確目的是為了重建交易自由與國內自由市場）。以匯率穩定為首要考量無異於犧牲自由市場與自由政體，也就是自由資本主義的兩根支柱。因此國際聯盟代表的是目標改變，但方法不變：那些被國際聯盟譴責、採行通貨膨脹政策的政府，將貨幣穩定置於所得與就業穩定之下，而那些被國際聯盟推舉上位、採行通貨緊縮政策的政府，也使用了不少干預手段，以便將所得與就業穩定置於貨幣穩定之下。一九三二年，國際聯盟黃金委員會的報告宣稱，由於匯率回到不穩定的狀態，過去十年在貨幣上的主要成就已經消失殆盡。這份報告沒有說明的是，在這些徒勞無益的通貨緊縮政策下，自由市場沒有重建起來，但是自由政體卻已經犧牲掉了。經濟自由主義者雖然在理論上同時反對干預主義與通貨膨脹政策，但實際上卻在兩者之間選擇了一個，把健全貨幣的理想置於不干預的理想之上（譯注：也就是比較反對通貨膨脹政策）。他們這樣做是遵循自律性經濟的內在邏輯。然而這樣的做法容易把危機擴大，它將大規模經濟錯亂的龐大壓力放在金融體系之上，而且將許多經濟體的赤字累積到非常高的地步，使得殘存的國際分工體系必定會瓦解。在這關鍵的十年，經濟自由主義者為了施行通貨緊縮政策而頑固地支持威權式的干預主義，結果卻只是決定性地削弱了民主力量——原本這份力量或許可以防止法西斯主義的災難。英國與美國是貨幣的主人而不是僕人，它們及時放棄金本位制而避過了這項危險。

本質上，社會主義是工業文明的先天傾向，這種傾向企圖有意識地將自律性市場從屬於民主社會，藉此超越自律性市場。這種解決方案對產業工人來說極為自然，他們認為沒有理由不讓生產受到直接的規範管控，市場不過是從屬於自由社會的一種有用特徵。從整個社會的觀點來看，社會主義只是延續一種在西歐歷史中經常跟基督教傳統連結在一起的努力，要使社會成為一種人與人之間獨特的人性關係。另一方面，從經濟體系的觀點來看，社會主義是一種對近期歷史的激烈改變，它打破了要讓私人金錢利得做為生產活動普遍誘因的做法，也不承認私人有權利處置主要生產工具。終極而言，這就是為什麼社會主義政黨要改革資本主義經濟會充滿困難的原因，即使他們決心不干預財產制度也一樣。光是社會主義者有可能會決定要干預財產制度的可能性，都會摧毀自由經濟當中非常重要的某種信心，也就是對於持續保有財產權的絕對信心。雖然財產權的實際內涵可以用法律重新界定，但是保證其形式上的連續性對於市場制度的運作是絕對必要的。

自第一次世界大戰以後，發生了兩個影響到社會主義地位的變化。第一，市場制已證實為不可信賴到幾至全面崩潰的地步，即使是它的批評者也沒有預料到這樣的缺陷；第二，在俄國建立的社會主義經濟，代表一種全新的改變。雖然這項大膽嘗試的背景條件使它無法應用到西歐國家，但事實證明俄國的存在帶來深刻的影響。誠然，俄國是在缺少發達的工業、普遍受過教育的人民，以及民主傳統的情況下轉向社會主義的，而按照西方思想，這三者是社會主義的先決條件。這使得俄國特殊的方法與解決方案無法應用到其他地方，但這並不妨礙社會主義成為一種鼓舞人心的泉源。歐洲大陸的工人政黨一向都抱持社會主義觀點，他們希望達成的任何改革當然都被懷疑是要達成社會主義的目標。在和平時期，這樣的疑慮並沒有道理；一般而言，社會主義勞動階級政黨致力於改革資本主義，而不是用革命推翻資本主義。但是在緊急狀況下，形勢就不一樣了。如果正常的方法已經無能為力，就會嘗試非常的方法，而就工人政黨來說，這樣的方法可能就包括漠視財產權。在迫切危險的壓力下，工人政黨可能會孤注一擲採取社會主義的手段，或者至少在私人企業的好鬥支持者看來是社會主義的手段。只要這種徵兆出現，就足以將市場捲入混亂狀態，並導致普遍的恐慌。

在諸如此類的情況下，雇主與員工之間恆常不變的利益衝突呈現一種不祥的特性。雖然經濟利益上的分歧通常會以妥協的方式解決，但是社會中經濟領域與政治領域的分離卻容易讓這樣的衝突對社會造成嚴重的影響。雇主擁有工廠與礦區，因此有直接責任推動社會的生產（更不用說他們從利潤獲得的個人利益）。大體上，他們努力維持產業營運會得到所有人的支持。另一方面，受雇者代表社會中很大一個部分；他們的利益在很大程度上與整個社會的利益相一致。他們是唯一能保護消費者的利益、國民的利益，以及人類利益的階級，而且，在普遍選舉權之下，他們的人數會使他們在政治領域中取得優勢。然而，立法機構與工業一樣，在社會中有其形式功能要執行。立法機構的成員受委任負責形成集體意志、公共政策的方向，以及制訂國內外的長期計畫。複雜社會必須要有運作順暢的立法機構與行政機構。群體利益的衝突若導致產業機構或國家機構的癱瘓——不論是其中一者或兩者皆然——將造成對社會的直接威脅。

然而這正是一九二〇年代的情況。勞工在議會地位穩固，因為他們在裡面人數眾多；資本家則將產業築成城堡，由此支配國家。大眾政府毫不留情地干預商業做為回應，不顧既定產業形態的需求。產業首領破壞民眾對於自己自由選出的統治者的忠誠，而民主機構則繼續對抗每個人的生活所仰賴的工業體系。最後，經濟體系與政治體系都瀕臨全面癱瘓的那一刻將會到來。恐懼緊緊抓住民眾，那些提供脫離困境的簡單方法（無論要付出多少代價）的人將被推上領導地位。以法西斯主義解決問題的時機成熟了。

1. Hadley, A. T., *Economics: An Account of the Relations between Private Property and Public Welfare*, 1896.

2. Bentham, J., *Manual of Political Economy* 一書第四十四頁視通貨膨脹為「強制性的節約」，第四十五頁（腳注）則視之為「間接的稅負」。又參見 *Principles of Civil Code*，第十五章。

3. Polanyi, K., "Der Mechanismus der Weltwirtschaftskrise," *Der Österreichische Volkswirt*, 1933.

第二十章　社會變遷齒輪中的歷史

如果有一個政治運動是在回應客觀情勢的需要，而不是偶然因素造成的結果，那就是法西斯主義。不過，法西斯主義解決方案的退化特徵也很明顯。對於許多國家面臨的基本上相似的制度僵局，它提供了一種逃脫方式，但要是嘗試了這種解方，卻會在各地產生致命的疾病。這就是文明枯萎死亡的方式。

對於自由資本主義所造成的困局，法西斯主義的解決方案可以說是對市場經濟的改革，代價是犧牲產業領域和政治領域的一切民主制度。如此一來，有崩潰危險的經濟體系將重獲生機，但人民本身則必須接受再教育，目的是改變個體的性質，讓他無法成為政治體當中負責任的運作單位。[1]這種再教育所包含的政治信仰否定一切形式的人類情誼理念，而完成再教育的手段則是將科學的折磨方法強加於反抗者來達成大規模的信仰改造。

這樣一種運動出現在全世界的工業國家，甚至出現在若干工業化程度不高的國家，不能像當時的人那樣歸因於地域因素、國民心性，或者歷史背景。法西斯主義跟第一次世界大戰的關係不大，如同它跟凡爾賽條約、跟普魯士貴族地主的黷武思想、跟義大利人的性情關係不大一樣。這個運動出現在戰敗的國家，如保加利亞，也出現在戰勝的國家，如南斯拉夫；出現在具有北方性情的國家，如芬蘭與挪威，也出現在具有南方性情的國家，如義大利與西班牙；出現在雅利安人種的國家，如英國、愛爾蘭或比利時，也出現在非雅利安人種的國家，如日本、匈牙利與巴勒斯坦；出現在天主教傳統的國家，如葡萄牙，也出現在新教國家，如荷蘭；出現在尚武的社會，如普魯士，也出現在尚文的社會，如奧地利；出現在具有古老文化的國家，如法國，也出現在只有新文化的國家，如美國與拉丁美洲國家。事實上，一旦具備了法西斯主義出現的條件，沒有哪一種背景——不管是宗教的、文化的或國家的傳統——可以使一個國家免於法西斯主義的侵襲。

更有甚者，法西斯主義運動的資源和人數，跟它的政治影響力之間明顯沒有任何關連。「運動」這個詞頗為誤導，因為這意味著非常多人的投入或參與。如果法西斯主義有任何特徵的話，就在於它與這樣的大眾表態無關。雖然法西斯主義通常也想得到大量的追隨者，但其潛在力量並不在於信徒的數目，而在於居高位者的影響力，因為這些人與法西斯領導者有良好的關係，而且這些人在社會上的影響力能夠保護他們免於叛亂失敗的後果，因而避開革命的風險。

走向法西斯階段的國家會顯現一些徵候，而法西斯運動並不是必然存在的一種徵候。同樣重要的徵候至少有非理性哲學的流行、種族歧視的審美觀、反資本主義的煽動言行、非正統的貨幣觀點、對政黨體系的批評、對「體制」(regime，或是名稱不同的既有民主建制方式)的廣泛蔑視。在奧地利，史班(Othmar Spann)所謂的普遍主義哲學(universalist philosophy)，在德國，史蒂芬・格奧(Stephan George)的詩與克拉格斯(Ludwig Klages)的宇宙創生浪漫主義(cosmogonic romanticism)，在英國，勞倫斯(D. H. Lawrence)的性愛生機論(erotic vitalism)，在法國，索雷爾(Georges Sorel)的政治神話崇拜等等，都是法西斯主義各式各樣的先驅。希特勒最終是靠興登堡總統身邊的封建派閥取得政權，一如墨索里尼與德里維拉(Primo de Rivera，譯注：西班牙獨裁者)都是由君主任命得到權力。雖然希特勒背後有龐大的運動在支持，但是替墨索里尼撐腰的運動規模卻不大，而德里維拉則完全沒有。這裡面沒有一個發動實際革命反抗權力當局；法西斯主義者的策略一向是在當局默許下安排虛假的暴動，當局則假裝被武力擊潰。這只是複雜事態的概略輪廓，裡面還得塞進各色各樣的人物，像是工業城底特律的天主教煽動家、落後的路易西安納州的州長「大尾」朗恩、日本軍隊的陰謀家，以及反蘇聯的烏克蘭破壞者。法西斯主義是始終存在的政治可能性，是一九三〇年代以來每一個工業社會幾乎瞬間產生的情緒反應。或許稱它為一種「趨向」比稱它為「運動」更能指出這種危機的非個人性質，這種危機的徵候經常很含糊又曖昧不清。我們通常無法確定一場政治演說或一齣戲劇，一篇布道證詞或一場公眾遊行，一套形上學或藝術時尚，一首詩或一項政黨計畫到底是不是法西斯。法西斯主義沒有普遍接受的判斷標準，也沒有固定的教義。然而它的所有組織形態都有一個重大特徵，就是突然出現然後又突然消逝，經過一段時間不確定的潛伏期後，突然帶著暴力迸發出來。所有這些都符合一股社會力量隨著客觀情勢而盛衰消長的設想。

我們簡略稱為「法西斯情勢」的狀況，就是法西斯主義輕易取得全面勝利的常見狀況。突然之間，勞工龐大的產業組織和政治組織，以及其他維護憲法自由的組織都銷聲匿跡，而微小的法西斯武力就推開了當時似乎擁有壓倒性力量的民主政府、政黨及工會。假使所謂「革命情勢」的特徵是所有抵抗力量在心理上與德道上都已經瓦解，讓一小群只有些許武裝的暴徒就能攻占「反動派」據說無法攻破的城堡，那麼「法西斯情勢」就與此幾乎完全相符，唯一的差別是此時民主與憲法自由的堡壘戲劇性地遭到攻占，而它們的防禦力量也同樣戲劇性地付之闕如。一九三二年七月，德國的社會民主黨政府雖然牢牢坐在合法權力的位置上，卻只因為馮·帕彭（Franz von Papen）恫嚇要使用違反憲法的暴力就向他屈從。六個月之後，希特勒和平取得最高權位，當時他就立刻針對威瑪共和的制度以及其他合法政黨發動全面毀滅的革命攻擊。假如以為是這個運動的力量創造了這種情勢，而不是這種情勢產生了這個運動的話，那便是忽視了過去數十年最突出的教訓。

法西斯主義與社會主義一樣，都是根源於無法運作的市場社會。因此它是世界性的，其範圍包羅萬象，應用廣泛；它所牽涉的議題超出經濟領域，並引發一種獨特社會類型的全面轉變。它影響到人類所有的活動領域，不論是政治、經濟、文化、哲學、藝術或宗教，並且在某種程度上跟地區性的、當下熱門的趨勢相結合。除非我們清楚區分潛在的法西斯趨向，以及在不同國家與這個趨向結合的各種短暫潮流，否則就無法瞭解這段時期的歷史。

一九二〇年代的歐洲就有兩股這樣的潮流，它們的輪廓鮮明，掩蓋了更為全面但模式較不明顯的法西斯主義。這兩股潮流就是反革命以及民族修正主義。這兩者的起因毫無疑問就是凡爾賽和約及戰後的革命。雖然反革命與修正主義只針對各自的特定目標，但是卻很容易被人跟法西斯主義混淆在一起。

對於受到劇烈激擾的事態，反革命是政治鐘擺往回擺盪的常見反應。至少從英國建立共和政體之後，這種趨向在歐洲已成為常態，而且與當時的社會發展沒有什麼關連。在一九二〇年代，許多這一類的反革命情勢在歐洲發展出來，因為當時摧毀了十多個中歐與東歐王室的動亂部分是由於戰敗的餘波，而不是民主的潮流。反革命的工作主要是在政治層面，而且理所當然落在那些被奪走權力的階級與群體身上，例如王室、貴族、教會、重工業，以及與它們有關的政黨。這段期間，保守派與法西斯主義者之間的聯手與衝突，主要是關於法西斯主義者該從反革命事業中拿到多少好處。此時，法西斯主義是一股革命潮流，同時針對保守主義以及與之競爭的社會主義革命勢力。但這並未阻礙法西斯黨徒為取得政治權力而替反革命勢力效勞。相反的，他們能取得政權，主要是由於保守主義沒有能耐禁止社會主義，如果要禁止社會主義就一定得讓法西斯主義者上臺。保守派自然想要獨占反革命的榮耀，事實上在德國也獨自辦到這一點。他們剝奪了工人階級政黨的影響與權力，而沒有向納粹分子讓步。在奧地利也一樣，保守派的基督教社會黨也在一九二七年將工人解除武裝，並未對「右翼的革命力量」做任何讓步。即使在不得不讓法西斯主義者參與反革命的地方，保守派也建立起「強有力」的政府，將法西斯主義打入冷宮。這種情況發生於一九二九年的愛沙尼亞、一九三二年的芬蘭，以及一九三四年的拉脫維亞。此時一些偽自由派政權也打破法西斯主義的勢力，像一九二三年的匈牙利及一九二六年的保加利亞。只有在義大利，保守派為重建工業界的工作紀律而給了法西斯主義者取得政權的機會。

但此時在軍事戰敗國之中，還有在「心理上」戰敗的義大利，民族問題卻日漸擴大。不可否認當時有些條件訂得過於苛刻。在所有這些條件當中，傷害最大的就是永久廢除戰敗國的武裝。在國際法、國際秩序，以及國際和平只能仰賴權力平衡制來協調維持的情況下，有些國家卻被弄得全無武裝，而且沒有任何這類新制度要取代舊制度的跡象。國際聯盟頂多只能代表改良過的權力平衡制，但實際上甚至連以前的歐洲協商都比不上，因為此時已經缺少權力普遍分散的先決條件。早期各國的法西斯運動都是為民族議題在效勞；如果沒有這種「撿來」的任務，法西斯主義可能就無法存活。

但法西斯主義只是利用這個議題做為踏腳石而已；它在其他時候唱的是和平主義與孤立主義的調子。在英國和美國，它與姑息主義者聯手。在奧地利，回鄉運動與各種天主教和平主義者合作；天主教法西斯主義者基本上反對民族主義。朗恩（Huey Long，譯注：美國路易西安那州州長及參議員）不需要透過與密西西比州或與德克薩斯州的邊界糾紛，就可以從巴頓魯治（Baton Rouge，路易西安那州首府）發動他的法西斯運動。荷蘭及挪威的法西斯運動並沒有民族主義主張，甚至到叛國的地步——奎士林（Vidkun Quisling，挪威的法西斯黨領袖，德國占領時期的總理，戰後以叛國罪被槍斃）或許是優秀的法西斯主義者，但絕對不是優秀的愛國者。

在爭奪政治權力的過程中，法西斯主義會隨心所欲漠視或者利用當地議題。它的目標超乎政治及經濟的架構——它是社會性的。它用一種政治宗教來替衰退的過程服務。它崛起的時候，盡量包容各種社會動力於其運動之內；但是它一得到勝利就禁止了大多數信念，只留下一小撮極端特殊的思想。除非我們仔細區分它在奪權過程中的偽容忍狀態，以及奪權後真正的不寬容特質，否則我們無法瞭解革命期間某些法西斯運動的虛假民族主義，以及革命之後他們發展出來的特定帝國主義式非民族主義，這兩者之間微妙而決定性的區別。[2]

雖然保守派一般能成功推動國內的反革命，但他們卻很少能真正解決國家與國際兩者間的問題。譬如布呂寧（Heinrich Brüning，譯注：一九三〇至三二年間任德國總理）在一九四〇年依舊認為自己已經解決了德國的賠款及裁軍問題，但是「興登堡總統身邊的封建派閥」卻將他趕下臺並把權力交給納粹黨徒，因為他們不願讓他得到這項榮耀。[3]在非常有限的意義上，他這種說法是否正確並不重要，因為當時德國的地位平等問題，並不像布呂寧認為的只限於技術上的解除武裝而已，還包括更重要的非軍事化問題；此外，我們也不能低估那些誓死支持激進民族主義政策的納粹群眾帶給德國的外交力量。事後證明德國如果不採取革命性的步驟，便無法取得國際上的平等地位。從這個角度來看，納粹主義——它將一個自由平等的德國帶上罪惡之途——的主要任務也變得很明顯。在德國與義大利，法西斯主義能取得權力，就是因為它能利用尚未解決的國家議題做為他們的操作槓桿。但是在法國與英國，法西斯運動由於反對愛國主義而欲振乏力。只有在一些弱小而自然需要依靠的國家，法西斯主義才能利用屈從於外國強權的精神做為政治本錢。

如前所述，一九二〇年代歐洲的法西斯主義只有在偶然的情形下，才與民族主義及反革命的潮流結合。這實際上是不同起源的運動之間的共生關係，它們互相支援，並造成它們基本上都很接近的印象，但實際上卻沒有關連。

法西斯主義擔當的角色，實際上是由一個因素所決定，也就是市場制的情況。

在一九一七至二三年間，有些國家的政府會尋求法西斯主義者的幫助以重建治安：這是市場制度運轉唯一需要的條件。法西斯主義此時尚不發達。

在一九二四至二九年間，當重建市場制看似已經不成問題，法西斯主義的政治力量就整個減弱消退。

一九三〇年之後，市場經濟陷入全面危機。法西斯主義在幾年之內就成為一個世界性的力量。

一九一七至二三年這第一個時期，只產生了法西斯這個名稱。此時一些歐洲國家，像芬蘭、立陶宛、愛沙尼亞、拉脫維亞、波蘭、羅馬尼亞、保加利亞、希臘，以及匈牙利，都發生農民革命或社會主義革命。而在其他國家，像義大利、德國及奧地利，則是由產業工人取得政權。反革命勢力最終回復了這些國家內部的權力平衡。在大多數國家，農民轉而反對城市工人。在某些國家，法西斯運動是由軍人與仕紳所推動，他們為農民樹立表率。在另一些國家，像義大利，失業者和小資產階級組成法西斯主義的隊伍。在這些國家，除了治安之外，沒有其他問題受到討論，也沒有人提出激進的改革意見。換句話說，此時這些國家沒有出現任何法西斯革命的徵兆。這些運動只是表面上看似法西斯運動，也就是說，只有市民武裝隊伍（所謂不負責任的社會成員）在官方縱容下使用暴力，才類似法西斯運動。法西斯主義的反民主哲學此時已經形成，但它仍不是一股政治力量。譬如托洛斯基在一九二〇年共產國際第二次大會前夕就義大利情勢提交的詳盡報告當中，甚至沒有提及法西斯主義，雖然法西斯主義者那時已經存在一段時間了。義大利的法西斯主義還要再等十年以上、已經盤踞政府許久之後，才發展為獨特的社會制度。

從一九二四年開始，歐洲及美國的經濟高度繁榮，從而淹沒了市場制度是否健全的所有疑慮。資本主義宣告復原。除了在一些邊緣地區之外，布爾什維克主義與法西斯主義都被消滅殆盡。此時，共產國際宣稱資本主義的鞏固已是事實；莫索里尼讚揚自由資本主義；除了英國之外，所有重要的國家都在向上提升。美國享有一段傳奇般的繁華，歐洲大陸也相差無幾。希特勒的政變被弭平；法國自魯爾區（Ruhr，譯注：德國西部礦業及工業區）撤出；德國像奇蹟般地重建了馬克；道斯計畫將政治從賠款問題中去除；洛卡諾（Locarno，譯注：瑞士東南部小鎮，第一次世界大戰後，德、法在此簽約以捐棄前嫌）已經伸手可及；德國已開始繁盛的七年時期。到了一九二六年底，金本位制又再度掌控從莫斯科到里斯本之間的所有國家。

一直要到一九二九年之後的第三階段，法西斯主義的真正意義才顯現出來。此時市場制的僵局已經很明確。直到這時法西斯主義只不過是義大利威權政府的一項特色，除此之外它與更傳統類型的政府沒有什麼區別。此時法西斯主義以工業社會問題的另一種解決方案這種姿態出現。德國在這場廣及全歐洲的革命中帶頭，而各國法西斯的結盟也為它的權力爭奪注入動力，這股動力很快便橫掃五大洲。歷史現在處於社會變動的齒輪檔位中。

一個偶發但卻非意外的事件開啟了國際經濟制度的崩潰。從華爾街股市暴跌擴大到各個經濟面向，接著英國決定取消金本位制，再過兩年之後，美國也如法炮製。與此同時，國際裁軍會議停止開會，德國也在一九三三年退出國際聯盟。

這些象徵性事件開啟了世界組織方式發生巨大變化的時代。日本、德國及義大利這三個強權國家群起反對國際現勢，並破壞搖搖欲墜的國際和平制度。與此同時，世界經濟的實際組織方式已無法運作。創造金本位制的盎格魯撒克遜民族已經暫時捨棄金本位制；有的國家以無法履約為藉口，拒絕償付外債；資本市場及世界貿易逐漸縮小。全球的政治制度與經濟制度同時宣告瓦解。

在各國國內，變化也同樣徹底。兩黨制被一黨政府取代，有時則被多黨聯合政府取代。但是獨裁國家與仍保有民主輿論的國家在表面上的相似，恰恰顯示出自由討論與決策制度的無比重要性。俄國在獨裁形式下轉向社會主義。在準備作戰的國家像德國、日本與義大利，自由資本主義已經消失，在美國與英國也多少是如此。新興的法西斯主義政權、社會主義政權，以及新政，唯一的相似處只有三者都摒棄了自由放任原則。

雖然歷史是因外在事件開展的，但各國卻是依其漂流方向來回應挑戰。有些國家避免變化；有些國家花費許多精力來應付變化；有些國家則不予理會。此外，它們也往不同方向尋求解決之道。但是從市場經濟的觀點來看，這些極端不同的解決方法，只不過代表既有的可能途徑而已。

決心要利用這種混亂來抬高自己利益的，包括一群不滿現狀的強權國家。對它們來說，權力平衡制的消逝，即便還有一個弱化版的國際聯盟，可以說是難得的機會。德國此時急於加速破壞傳統世界經濟，因為傳統世界經濟仍為國際秩序提供立足點。此外德國還預期世界經濟崩潰會讓它較對手更占優勢。德國刻意削弱自己與資本、商品及貨幣等國際制度的關係，以便減低外在世界對它的控制，到時候就很容易拒絕國際政治義務。它刻意促進封閉自足的經濟，確保自己的長程計畫所需要的自由。它揮霍自己的黃金儲備，無端拒絕履行義務，甚或勾消外貿順差，目的是要摧毀自己的國外信用。它輕易就成功掩蓋了自己的真正意圖，因為華爾街、倫敦或日內瓦都沒有懷疑到納粹實際上是在指望十九世紀經濟體制最終會解體。賽門（Sir John Simon，譯注：英國財政大臣）及諾曼（Montagu Norman，英格蘭銀行總裁）都堅決相信夏赫特（Hjalmar Schacht，兩度出任德意志銀行總裁）終將會在德國重建正統的經濟體制。德國此時的作為是出於脅迫，只要給它財務上的幫助就會重回正途。像這樣的錯覺，一直到慕尼黑會議之後都瀰漫著唐寧街（Downing Street，英國首相官邸所在）。德國因為能夠適應傳統制度的瓦解，使它的密謀計畫得到極大助益，英國卻由於依附傳統制度而受到嚴重局限。

雖然英國曾暫時廢棄金本位制，但它的經濟及金融政策卻仍然根據穩定匯率及健全貨幣等原則來運作。因此它要重整軍備就面臨各種限制。德國的封閉式經濟是軍事及政治考量的結果，而這些考量則是出於它意圖阻止全面的轉變。反之，英國的戰略及外交政策則受到保守財務作風的限制。有限戰爭的策略反映出一個島國商業中心的觀點：它認為只要自己的海軍足夠強盛，得以保障它的健全貨幣在世界各地購買的物資供應，那麼英國就安全無虞。一九三三年，希特勒已經掌權，頑固的古柏（Duff Cooper，譯注：英國保守派政治人物）仍為削減一九三二年陸軍預算辯護，認為這麼做是因為「面臨國家破產，當時這是比作戰部隊缺乏戰力更嚴重的危機」。三年多之後，哈里發勳爵（Lord Halifax，英國政治人物，曾任印度總督及外相）仍認為可以用經濟調整的手段取得和平，而且不應干涉貿易，因為這會使經濟調整變得更加困難。就在慕尼黑會議的那一年，哈里發與張伯倫（Neville Chamberlain，英國首相，與希特勒簽署出賣捷克的慕尼黑條約）仍依據「銀彈」及美國撥給德國的貸款來擬定英國的外交政策。實際上甚至在希特勒跨過盧比孔（Rubicon，古代高盧與羅馬之間的分界小溪，指越過界線再無退路）並占領布拉格之後，賽門仍在下議院批准諾曼將捷克的黃金儲備交給希特勒的議案。賽門相信金本位制的完整性較其他任何考量都更為重要——他的政治生涯幾乎全都奉獻給恢復這項制度。當時的人以為賽門的措施是出於堅決的姑息主義政策。事實上，他是忠於金本位的精神，當時金本位仍持續掌控倫敦的領導人物對於戰略與政治事務的想法。在戰事爆發的那個星期，對於希特勒給張伯倫的口信，英國外務部的回應仍是依據傳統上美國對德國的貸款來擬訂英國的政策。[4]英國在軍事上的無準備狀況，主要就是它依附金本位經濟制度的結果。

德國因為出手推倒注定要頹敗的事物而占了便宜。只要清除十九世紀的陳舊制度能讓它繼續領先，它的優勢地位就能保持下去。自由資本主義、金本位制，以及絕對主權的崩壞，只不過是它攻擊掠奪所產生的意外結果。德國在調整適應自己追求的孤立狀態，以及後來像奴隸販子那樣向外侵略的過程中，對這個巨大轉變造成的問題設計出嘗試性的解決方案。

然而此時德國最大的政治資本，在於它能逼使世界其他國家組成反共同盟。它使自己成為這個轉變的主要受惠者，方法是帶頭去解決市場經濟的問題；市場經濟有很長一段時間，似乎得到有產階級的無條件支持，而且不是只有他們的支持。在自由主義者及馬克思主義者都認為階級經濟利益具有最高重要性的理論假定之下，希特勒必然會獲勝。但是國家這個社會單位，到最後卻證明比階級這個經濟單位更有凝聚力。

俄國的崛起與它在這個轉變中的角色有關。從一九一七年到一九二九年間，各國對混亂失序的恐懼，更甚於對布爾什維克的恐懼，這是由於前者可能會重創市場經濟的重建，因為除非在完全信任的氣氛當中，否則市場經濟無法運作。在其後的十年中，社會主義在俄國成為事實。農場集體化意味著在土地這個決定性生產要素方面以合作社方式壓制市場經濟。俄國以往只不過是對抗資本主義世界的革命溫床，現在已經代表一種能取代市場經濟的新制度了。

一般人沒有注意到，雖然布爾什維克黨徒都是熱衷的社會主義者，他們卻倔強地拒絕「在俄國建立社會主義」。他們對馬克思主義的信念，就足以使他們排除在落後農業國家做這種嘗試。除了一九二〇年間所謂「戰時共產主義」這個完全意外的插曲，布爾什維克的領導人物仍堅信世界革命應該從工業化的西歐開始。對他們來說，建立在一個國家當中的社會主義，理論上根本就是矛盾的；而當這種情形變成事實，這些老布爾什維克黨徒幾乎一致反對。但恰恰是這項背離理論的做法獲得驚人的成功。

若回顧過去四分之一世紀的俄國歷史，我們可以看出所謂的俄國革命實際上包括兩個不同的革命；第一個革命表現出西歐的傳統理想，第二個革命則是一九三〇年代的全新發展的一環。一九一七年至一九二四年的革命，實際上是遵循英國共和政體及法國大革命模式的最後一個歐洲政治動亂；一九三〇年左右從集體農場開始的革命，則是一九三〇年代改變世界的第一個重大社會變遷。第一個俄國革命破除了君主專制、封建土地制度，以及種族壓迫——可以說是一七八九年（譯注：即法國大革命）理想的真正繼承者；第二個革命則建立了社會主義經濟。整體來看，第一個革命只是單純的俄國國內事件，在俄國的土壤上完成西方長期的發展過程；而第二個革命則是世界性同步轉變的一環。

在一九二〇年代，俄國看似孤立於歐洲之外，努力拯救自己。但是更仔細的分析卻會否定這樣的表象。因為在這兩次革命之間，迫使它採取此一步驟的因素中，很重要的一個就是國際體系的失敗。到了一九二四年，「戰時共產主義」已經被人遺忘，俄國已經重建一個國內穀物的自由市場，同時由國家控制對外貿易及主要工業。它此時傾向於擴大對外貿易，主要是出口穀物、木材、毛皮，以及一些有機原料，這些物品的價格在貿易中斷之前的農業蕭條期間急劇跌落。俄國無法以優惠條件發展對外貿易，這限制了機械的進口，並因而無法發展出國家工業。這又對城鄉之間的交易——所謂的「剪刀差」——有不良影響，並因而升高了農民對城市工人統治的不滿。就這樣，世界經濟的瓦解增加了俄國解決農業問題的一些權宜措施的壓力，並加速了集體農場的誕生。傳統歐洲政治制度無法提供安全與保障，也在俄國產生了同樣的效果，因為這誘發整軍備武的需求，並因而增加已承受高度壓力的工業化的負擔。由於缺少十九世紀的權力平衡制，也因為世界市場無法吸收俄國的農產，迫使它勉強走上自給自足的道路。在一個國家當中建立社會主義，是因為市場經濟沒有能力為所有國家提供連結的管道。俄國的封閉自足經濟，實際上是資本主義國際主義的失敗。

國際體系的失敗釋放出歷史的能量——但其軌跡則是由市場社會的內在傾向所決定。

1. Polanyi, K., "The Essence of Fascism." in *Christianity and the Social Revolution*, 1935.
2. Rauschning, H., *The Voice of Destruction*, 1940.
3. Heymann, H., *Plan for Permanent Peace*, 1941, 參考 Brüning在一九四〇年一月八日的信。
4. *British Blue Book*, No. 74, Cmd. 6106, 1939.

第二十一章　複雜社會中的自由

十九世紀文明不是被野蠻人的外在或內在攻擊所摧毀；它的生機不是因為第一次世界大戰的破壞而逐漸削弱，也不是因為社會主義無產階級或法西斯主義中下階級的造反而逐漸削弱。它的失敗也不是某些所謂經濟法則的結果，例如利潤率下降、消費不足或過度生產。它的解體是由於一組全然不同的原因：社會為了避免被自律性市場的行動滅絕而採取的一些措施。除了像開拓時代的北美洲這類特殊情況，市場與有組織的社會生活的基本要求之間的衝突，是十九世紀的動力來源，最終摧毀十九世紀社會的張力與壓力也是由此產生。外部的戰爭只是加速它的崩解而已。

經過一整個世紀的盲目「改進」後，人類開始重建其「生活環境」。如果不想讓工業主義消滅人類的話，它就必須順從人類本性的要求。對市場社會的準確批評並不是它以經濟為基礎——

在某種意義上，所有社會都必須以經濟為基礎——而是它的經濟以「自利」為基礎。經濟生活的這樣一種組織方式是完全不自然的，在嚴格經驗意義上是極為特殊的。十九世紀的思想家假定人在經濟活動中努力爭取利潤，假定人的物質主義趨向誘使他們選擇更少而非更多的辛勞，並期望從勞動獲取報酬。簡而言之，人的經濟行動會遵循那些思想家所謂的「經濟理性」，所有相反的行為都是外在干預的結果。因此市場是自然的制度，只要不去限制人，市場就會自然形成。於是在他們看來，最正常的東西莫過於由市場組成、只受市場價格控制的經濟制度，而以這種市場為基礎的人類社會也因此成為進步的目標。無論就道德上這種社會是否值得追求，它的可行性——古典經濟學家認為這是不言自明的——乃是建立於人類千古不變的本性。

事實上，就如我們現在所知，不論是在原始狀態下或是在歷史過程中，人的行為幾乎都正好與這個觀點相反。奈特（Frank H. Knight）說的：「人類沒有明確的經濟動機。」這句話不但適用於一般的社會生活，甚至適用於經濟生活本身。交易的傾向——亞當．斯密極有自信地據此刻劃原始人的形象——在人類經濟活動中並不是常見的傾向，而是極不尋常的傾向。不但現代人類學的證據已經證明這些理性主義建構不符事實，就是貿易與市場史的研究也都與十九世紀社會學的假設完全相反。經濟史顯示，全國性市場的形成，並不是經濟領域從政府控制當中逐漸自發擺脫束縛的結果。相反，市場乃是政府有意識且常常是激烈干預的結果；政府為了達成非經濟目的而將市場的組織方式強加於社會。仔細研究一下，我們可以看出十九世紀的自律性市場甚至與它的前身也極不相同，因為它仰賴經濟上的自利做為調節機制。**十九世紀西歐社會的先天弱點並不在於它是工業社會，而在於它是市場社會。**當自律性市場的烏托邦實驗變成一段回憶，工業文明依然會繼續存在。

但對許多人來說，將工業文明轉移到非市場的嶄新基礎上，似乎是太過艱鉅的任務。他們擔心會出現制度上的真空，甚至失去自由。然而這些危險一定會占上風嗎？

與過渡期密不可分的大規模痛苦，大部分已經成為歷史。這個時代的社會及經濟紊亂、經濟蕭條的悲劇性頓挫、幣值的波動、大規模的失業、社會地位的改變，以及一些國家的驚人毀滅等，我們已經經歷過最糟糕的階段。我們在不知不覺中為這個變化付出代價。人類還遠遠未能適應使用機械，即將到來的變化非常巨大，想要回復到過去的狀態，就像將我們的問題轉移到別的星球那樣不可能。徒勞地嘗試消滅侵略與征服的邪惡力量，實際上反而確保了這些力量的生存，即便它們在軍事上完全失敗了也一樣。邪惡的肇因將會擁有政治上極為關鍵的優勢，也就是代表可行的途徑，與之相對的則是雖然立意良善但不可能達成的事物。

傳統制度的崩潰並沒有將我們遺留在真空中。這不是歷史上第一次有權宜措施孕育出重大而長久的制度。

在某些國家，我們看到新的發展，它們的經濟制度不再為社會擬定法則，同時也確立了社會的重要性高於經濟制度。這種發展可能以各式各樣的形態發生：民主的或封建的，憲政的或威權的，甚或是完全還沒有想像到的形態。有些國家的未來景況，可能已經是其他國家的現在，而另一些國家則仍展現出其他國家的過往。但它們的結果都是同樣的：就連在原則上，市場制度都不再會是自我調節的，因為它不會包含勞動、土地及貨幣。

將勞動從市場抽出，就跟建立競爭性勞動市場是同樣激烈而徹底的轉變。工資契約不再是私人契約，除了那些次要的附加細項。不但工廠的條件、工作的時數、契約的形式，甚至基本工資本身，都是在市場之外決定。因此，工會、國家及其他公共機構將扮演什麼角色，不但依這些機構本身的性質而定，同時也依管理生產的實際組織方式而定。雖然工資差異理所當然一定（也應該）會在這個經濟制度中起重要作用，但是與金錢收入不直接相關的其他動機，或許會比勞動的財務層面更加重要。

將土地從市場抽出，就等於是將土地跟具體的機構結合起來，如農莊、合作社、工廠、市鎮、學校、教堂、公園、野生動物保護區等。雖然個人的私有農地仍會繼續普遍存在，但土地使用權契約只需處理附加細項，因為基本規範已經不由市場管轄。主食及有機原料的狀況也一樣，因為價格不再任由市場決定。各式各樣產品的競爭性市場繼續運作，不必然會影響社會的制度架構，就如同在市場之外決定勞動、土地與貨幣的價格，不必然會影響各種產品的成本函數。當然，財產的性質也會由於這些新措施而產生深刻改變，因為已經不再需要為了保證就業、生產及使用社會資源，而讓來自財產權的收入無限增長。

今天，所有國家都已經將市場對貨幣的控制拿走。保證金的出現在無意中促成了這項發展，但一九二〇年代金本位制的危機卻證明商品貨幣及象徵貨幣之間的連結並沒有切斷。自從幾個關鍵國家引進「功能財政」之後，引導投資及調節儲蓄率已經成為政府的任務。

只有從市場的角度來看，才會認為將土地、勞動與貨幣這幾種生產元素抽離市場是統合一致的舉動，因為市場將它們都視為商品。但從人類實在的角度來看，由於打破商品虛構而重新恢復的事物，遍及社會所有面向。事實上，由於這種統合一致的市場經濟的瓦解，現在已經產生許多不同形式的新社會。此外，市場社會的終結，絕不表示各種市場會消失。市場會以各種不同的形式繼續存在，以保障消費者的自由、反映需求的轉移、影響生產者的收入，並做為會計的工具，但完全不會再負責經濟的自我調節。

十九世紀社會的國際手段跟國內手段一樣，都受到經濟的限制。固定匯率的疆界就是文明的疆界。只要金本位制與立憲政體繼續運作（後者幾乎是前者的必然結果），權力平衡制就是和平的工具。這個制度是以列強為工具而發揮作用，其中最主要的就是英國，它此時是世界金融的中心，並迫使較落後的國家建立代議政府。之所以需要代議政府，是為了審核負債國的財務及貨幣，以及後續對預算的控制，而這只有必須背負責任的組織才能達成。不過，一般而言，這些考量並不會清楚出現在政治人物的腦海裡，原因是金本位制的需求已經被視為天經地義。那個時期的嚴格經濟要求產生了全世界模式一致的貨幣制度與代議政治制度。

十九世紀國際政治的兩大現象之間的關連就來自於這個情況：其一是無政府般的主權，其二是對他國內政的「合理」干涉。雖然表面上這兩者互不相容，但實際上卻密切相關。當然，「主權」只是純粹的政治學名詞，因為在沒有規範管制的國際貿易與金本位制之下，各國政府對國際經濟實在無能為力。它們既不能也不願將國家與貨幣事務攬在一起，這是它們在法律上的態度。事實上，只有由中央銀行控制貨幣制度的國家，才被看作是主權國家。在強大的西方國家，這種毫無限制與約束的國家貨幣主權結合了完全相反的東西，也就是將市場經濟與市場社會的架構傳播到其他地方的無止盡壓力。於是到十九世紀末的時候，世界各國人民在制度方面的一致化到達前所未有的地步。

但是，這個制度卻受其精巧性與普及性所累。如同國際聯盟的歷史清楚顯示的，無政府般的主權不利於任何有效的國際合作形式；而強求各國國內制度要一致，會持續威脅到國家的自由發展，尤其是在那些落後國家，甚至是一些較發達但財政上虛弱的國家。於是經濟合作只限於私人企業之間，像自由貿易一樣紊亂又缺乏成效，而各國之間的合作，亦即政府之間的合作卻一直連想都沒辦法。

這種情形對外交政策產生了兩種互不相容的要求：其一是要求友好國家之間更緊密合作，比十九世紀主權情況下所能想像的緊密程度還要更高；其二是由於存在著受規範管制的市場，使得各國政府較以往更小心外部干預。但是金本位制消失之後，各國政府得以拋棄絕對主權最具妨礙性的特點，也就是拒絕國際經濟合作。同時，也開始能夠容忍其他國家依自身條件來塑造國內制度，因而超越十九世紀的有害教條，亦即在世界經濟的運作範圍內，各國的內部制度必須要一致。從舊世界的廢墟中，可以看到新世界的奠基石浮現而出：各國政府之間的經濟合作，以及隨意組織國家生活的自由。在自由貿易這種拘束性制度之下，以上兩者是無法想像的，因此排除了國與國之間眾多的合作方式。在市場經濟及金本位制下，聯邦的概念十分恰當地被視為中央集權與整齊劃一的可怕噩夢，然而市場經濟的終結意味著各國能有效合作，並保有國內事務的自由。

自由的問題出現在兩個不同的層面：制度層面，以及道德或宗教層面。就制度層面而言，主要是如何在增加自由與減少自由之間維持平衡，這裡不會碰到全新的問題。但在更基本的層面，獲得自由的可能性卻不怎麼確定。維護自由的一些手段本身似乎會摻入雜質和破壞自由。要解決這個時代的自由問題，必須從後一個層面著手。制度體現了人類的意義及目標。若不能充分理解複雜社會中自由的真諦，我們就無法得到自己冀求的自由。

就制度層面而言，規範既會擴大也會限制自由，真正重要的是如何平衡增加與失去的自由。法律上的自由和實際生活中的自由均是如此。生活寬裕的階級享有較多安全保障帶來的自由，他們自然不會像那些因為收入低而只能滿足於最低限度自由的人那樣，急於擴大社會的自由。一旦有人建議應以強制手段來更公平分配收入、閒暇與安全保障，上述情況就會變得十分明顯。雖然限制措施是針對每一個人，但特權階級對此更傾向於怨懟，好像這些做法只是在針對他們一樣。他們把這說成奴役，但實際上只不過是想將他們享有的諸多自由延伸給其他人而已。剛開始可能必須縮減他們的閒暇及安全保障，因而也就縮減了他們的自由，如此一來便將整個國家的自由程度提高。但這樣子對自由進行轉移、修正或擴充，絕不表示此時的自由程度必然不及過往。

然而有些自由至為重要，需要加意維護。跟和平一樣，這些自由是十九世紀經濟體制的副產品，我們也已經學會珍惜這些自由本身。在制度面將政治與經濟切開，已經證明會對社會實體造成嚴重傷害，這種情況所產生的自由幾乎必定會犧牲公平正義與安全保障。公民自由、私人企業及工資制度融合成一種生活模式，有利於道德自由及思想獨立。同樣的，法律上的自由與實際生活上的自由合併成一種共同基底，其組成元素無法明確切割。其中有些是失業或投機暴利這類弊病的產物，另一些則是啟蒙運動及宗教改革留下來的珍貴傳統。我們必須盡全力保護這些從崩潰的市場經濟傳承下來的崇高價值。這當然是一項艱鉅的任務。在那個經濟體制下，自由與和平都沒有辦法制度化，因為那個經濟體制的目的是創造利潤和福祉，而非和平與自由。如果我們想擁有和平與自由，將來我們就必須用心去爭取；它們必須成為我們邁進中的社會的重要目標。這或許就是當前全球努力捍衛和平與自由的真正意義。一旦衍生自十九世紀經濟體制的和平利益停止發揮作用，追求和平的意志能夠持續多久，就仰賴於我們是否成功建立起新的國際秩序。就個人自由而言，它的存在端看我們是否刻意創建新的保護機制來延續以及擴張它。在已建立的社會，不順從的權利必須在制度上獲得保障。個人必須能自由依循良知行動，不必畏懼那些剛好在社會生活某些領域負責管理任務的有權者。科學與藝術應該由學界來監護。強制力不應該毫無限制；應該給予「反對者」合適的空間在此隱退，讓他可以過生活的「次佳」選擇。這樣便能保障自由社會的印記，也就是不順從的權利。

每一個邁向社會整合的措施，都應該要隨之增加自由的程度，邁向計畫安排的措施，應該要隨之加強社會成員的權利。這種無可動搖的權利，應在法律保護下貫徹，即便面對的是最高的權力，無論是人或機關單位。對於官僚體制濫權的威脅，真正的解決之道是創造由不可動搖的法規所保障的自由領域。不論權力如何大方下放，中央的權力還是會不斷增強，進而危及個人自由。即便是民主社會的運作機構，或是旨在保護會員權益的專業人員協會與工會，情況都是如此。這些組織的龐大可能會使個人感到無能為力，就算他沒有理由懷疑組織有惡意。若他的觀點或行動冒犯到那些有權者，就更會感到無力。光是宣告權利是不夠的，必須要由制度來確保權利。人身保護令（Habeas corpus）不應是法律中維護個人自由的憲法底線。迄今未獲承認的公民權利必須加入補充權利清單（Bill of Rights）。這些權利必須高於所有權威，不論是國家、城市，或職業團體。這份清單的第一條應該是每個人都有在適當條件下工作的權利，不論他或她的政治或宗教觀點為何，不論其膚色或種族為何。這也就是要保證個人不會受不公平對待（victimization），無論這種不公平對待有多細微。勞資仲裁法庭（industrial tribunals）就曾保護個別工人免於擁有專橫權力的企業集團例如早期鐵路公司的迫害。另一個可能算是濫用權力的例子，也曾被勞資仲裁法庭抵制，就是緊急時期英國頒布的《基本工作令》（*Essential Work Order*）或美國的「勞工凍結」（freezing of labor），因為它們開啟了幾乎無窮無盡的歧視機會。只要民意強力支持公民自由，法庭總是能夠維護個人自由。應該不計成本支持個人自由，即便代價是生產的效率、消費的節省，或行政的理性。一個工業社會負擔得起自由的代價。

市場經濟的消逝，可以成為前所未有的自由時代的開端。法律上的自由與實際生活上的自由可以擴充得比以往更廣闊更普遍；規範與控制可以帶來所有人的自由，而非僅是少數人的自由。自由不再是從源頭就被汙染的特權附屬品，而是一種規範性的權利，遠遠超出狹窄的政治領域，涵蓋社會本身細緻的組織方式。如此，由於工業社會提供閒暇與安全保障給所有成員而產生的新式自由的基底，將會加入舊有的自由與公民權利。這樣的社會能夠同時負擔得起公平正義與自由。

然而，我們發現道德障礙擋住了這條道路。計劃與管控被抨擊為侵犯自由。自由企業及私有財產制都被宣告為自由的基礎。任何建立於其他基礎上的社會，據說都沒有資格稱為自由社會。規範所帶來的自由被貶斥為不自由；規範所提供的公平正義、自由與福祉都被詆毀為奴隸制的偽裝品。社會主義者承諾的自由國度只是徒勞，因為手段決定了目的：蘇聯使用計劃、規範及管控做為工具，但至今未能將憲法承諾的自由付諸實現，它的批評者認為，可能永無都不會實現。但是反對規範管制，就意味著反對改革。自由主義者口中的自由，退化成只是在歌頌自由企業，而在今日大型托拉斯及獨占集團的現實之下，自由企業也已成為虛構。這意味著那些擁有足夠收入、閒暇、安全保障的人就會享有完全的自由，而那些試圖用自己的民主權利，從富人手中取得庇護但沒有成功的人，則只有一點點的自由。事實還不止如此。自由主義者事實上未能成功重建自由企業，內在因素注定了它的失敗。正是因為他們的努力，幾個歐洲國家建立了大型企業，還附帶建立了各種法西斯主義，例如在奧地利。自由主義者認為計劃、規範與管控會危害自由而想要禁止，公認的反自由者則運用這些措施將自由完全廢棄。法西斯主義的勝利之所以變得無可避免，就是因自由主義者阻礙了關於計劃、規範及管控的任何改革。

自由受到法西斯主義的挫敗，實際上是自由主義哲學的必然後果，它主張權力與強制都是有害的，人類社會必須排除這兩者才能擁有自由。但這是不可能的，尤其在複雜社會這點顯得更加清楚。如此一來就只剩兩種選擇：繼續對一種虛幻的自由概念維持信念並否認社會實在；或者接受社會實在並排斥自由的概念。前者是自由主義者的結論，後者是法西斯的看法。似乎沒有別的可能。

我們無可避免歸結出這樣的結論：自由的可能性令人感到懷疑。如果規範是複雜社會唯一能夠擴散和強化自由的手段，但運用這個手段卻又跟自由本身相違背，那麼這樣的社會不可能是自由的。

很明顯，這個兩難困境的根源在於自由本身的意義究竟為何。自由經濟把我們的理想帶往錯誤的方向。它似乎很接近達成根本上具有烏托邦性質的期望。如果沒有權力與強制，任何社會都不可能存在，也不可能存在武力沒有任何功用的世界。完全依照人類的意願與希望所建構的社會，只不過是幻想。而這正是用市場來看社會的結果：這種觀點將經濟等同於契約關係，把契約關係等同於自由。這培育出一種徹底的幻想：人類社會的一切都是出自個人意志，因此都可以再透過個人意志去除。市場限制了人類的視野：它將人類生活切割成兩塊，即生產者的一塊，其終點是產品抵達市場；以及消費者的一塊，對他們而言所有物品都來自於市場。前者從市場「自由地」賺取收入，後者在市場「自由地」花掉收入。社會整體隱遁不見了。國家的權力無足輕重，因為國家的權力愈小，市場機制的運轉就愈順暢。不論是選民、有產者、生產者，或是消費者，都不需要對失業或貧困這類極端限制自由的現象負責。任何一個正派的人，都可想像自己不必為國家的強制行為負責，雖然他個人反對這些做法；或是不必對社會上的經濟困苦負責，因為他個人並未從中得利。他「自力更生」，「不虧欠任何人」，也跟權力與經濟價值的禍害毫無瓜葛。他很明顯對這些事情並沒有責任，因此他以自己的自由為名義而否認這些事情的現實存在。

但權力與經濟價值都是社會現實的基礎架構。它們並非來自人的主觀意志；不跟它們合作是不可能的。權力的作用是要確保群體生存所需的順從的措施；它的最終源頭是民意——誰沒有這樣或那樣的意見呢？經濟價值在於確保產品的用處，這在決定生產產品之前就必須存在，它決定了社會分工的樣貌。它的源頭是人類的欲望和物品的稀少——怎麼能夠期待我們不要對某種東西有更大的欲望而非對另一種？所有的意見或欲望都讓我們參與創造權力以及產生經濟價值。除此之外，自由便無可想像。

我們現在已經來到本書論證的最後階段。

拋棄市場烏托邦之後，我們就直接面對社會的真實本性。這是區隔自由主義，以及法西斯主義與社會主義的分界線。這兩方的差異主要不在經濟面，而是道德與宗教。就算兩方都採用相同的經濟體制，它們不只是不同而已，實際上更是對立原則的體現。最終的分野之處一樣是自由。法西斯主義和社會主義同樣都接受社會實在以及人終有一死的定局，而對死亡的認知塑造了人類的意識。權力與強制都是社會實在的一部分，想從社會排除這兩者的理想必然站不住腳。兩方的分歧在於，在上述認知之下，是否能夠維護自由的概念。自由是缺乏意義的空話嗎？是用來摧毀人類及其成就的誘惑嗎？或者人類能夠在這個認知之下重申自己的自由，並奮力實現社會中的自由，而不落入道德的幻境？

這個焦慮的問題總結了人的狀況。本書的精神與內容應該指出一項答案。

我們在此觸及到西方人意識中的三個基本事實：對死亡的認知，對自由的認知，以及對社會的認知。第一項，根據猶太人的傳說，揭示於《舊約》故事中。揭示第二項的則是《新約》記載中耶穌的教誨，其中發現了人的獨特性。第三項的揭示，則是由於我們生活在工業社會。沒有哪個名人與第三個事實連結在一起，歐文或許最為接近。它是現代人類意識的基本建構元素。對於社會實在的認知，法西斯主義的回應是拒絕自由的假設。法西斯主義否定基督教所發現的個人獨特性以及人類的共同性。這就是它的退化傾向的根本原因。

歐文是第一個看出福音書忽視了社會實在的人。他說這是基督教把人「個體化」，並相信唯有在一個互相合作的社會裡，「基督教真正有價值的一切」才不會與人分離。歐文認識到，我們從耶穌的教誨中得到的自由，並不適用於複雜社會。他的社會主義，就是要在**這樣的社會**當中保住人的自由。西方文明的後基督教時代已經開始，福音書已經不再能夠滿足需求，但仍是我們文明的基石。

因此，社會的發現可能是自由的終結，也可能是自由的重生。法西斯主義者甘於放棄自由並歌頌權力這項社會實在，社會主義者則順應這項社會實在並致力於維護自由。在複雜的社會裡，人變得成熟並能夠做為真正的人而存活。再次引用歐文的精采文字：「如果人類即將得到的新力量也無法清除惡的起因，我們就該知道這些惡是必然且無可避免的；幼稚而無意義的抱怨也就不會再出現。」

甘願順應本是人類力量與希望的源頭。他甘於接受死亡的事實，而在其上建立肉體生命的意義。他甘於接受人可能會失去靈魂，以及有比死亡更糟糕的事情，並在其上建立他的自由。現在，他甘於接受社會實在，而這意味著過去那種自由的終結。然而，生命又再次從極度的甘願接受中爆發。毫不抱怨地接受社會實在，使人擁有不屈不撓的勇氣與力量來除去所有可以除去的不公義和不自由。只要人仍忠於為全人類創造更多自由的任務，就毋須擔心權力或計劃會阻礙他，並摧毀他仰賴這兩者所建構的自由。這就是複雜社會中自由的意義；它賦予我們渴望的安定感。

資料來源注解

關於第一章

1. 權力平衡：政策、歷史法則、原則與體系

1. 權力平衡政策。權力平衡政策是英國的國家制度。它純然務實且奠基於事實，不應與權力平衡原則或權力平衡體系混為一談。這項政策，是身為一座島嶼在面對附近大陸沿岸有組織政治社群的結果。崔威寧（Trevelyan）說，「從沃爾西（Wolsey）到西塞（Cecil），英國漸居優勢的外交學派追求著權力平衡，認為這是它面對大陸國家獲得安全的唯一機會。」這個政策確立於都鐸王朝，為天普爵士（Sir William Temple）及坎寧（Canning）、帕默斯頓（Palmerston）、葛雷爵士（Sir Edward Grey）等人所遵行。英國權力平衡政策比歐陸權力平衡體系的出現約早兩個世紀，且其形成，完全與芬尼隆（Fénelon）或瓦特爾（Vattel）所提出的以權力平衡做為原則之學說等歐陸思想資源無關。但是，歐陸權力平衡體系

的成長對英國國家政策大有助益；事實上，這個體系使英國更容易組織同盟，以對抗任何支配歐陸的強權。因此，英國政治家喜歡強調，英國的權力平衡政策實際上是權力平衡原則的一種展現，而英國遵循此一政策，也只是在以該原則為基礎的體系中扮演好自己的角色。不過，英國政治家並未刻意混淆「英國自身的自衛政策」與「對該政策有利的任何原則」之間的差別。在《二十五年》（*Twenty-five Years*）一書中，葛雷爵士說：「理論上，大不列顛從未反對在歐洲有一個強大的支配團體，當它能有助於穩定與和平。支持此種結合，一直是英國的優先考慮。只有在該支配力量變成侵略力量，而英國覺得自己的利益受到威脅時——即使不是基於審慎的政策，也是基於自衛的本能——才會為任何堪稱權力平衡的主張所吸引。」

因此，英國是為了自己的應得利益，才支持歐陸權力平衡體系的發展，並鼓吹此體系之原則的。如此做是英國政策的一部分。將權力平衡這兩種基本上不同的意義結合起來所產生的混淆，見諸下列引文：福克斯（Fox）於一七八七年憤慨地質問政府，「是否英國不再支持歐洲的權力平衡，是否不再扮演自由之保護者的角色？」他認為，英國應被歐洲視為權力平衡制度的保證人。四年後，伯克（Burke）把該制度說成「歐洲的公民」，認為它施行已達兩個世紀之久。如此將英國的國策和歐洲的權力平衡制度混為一談，自然使原本就對這兩個概念都同樣不悅的美國人，更無從區別。

2.做為歷史法則的權力平衡。權力平衡的另一個意義直接以權力單位的性質為基礎。在現代思想之中，它是由休姆（Hume）率先提出的。在政治思想於工業革命之後的衰落期間，他的成就就被遺忘了。他看出這現象的政治性質，並強調，它不依存於任何心理和道德事實。只要行為者成為權力的具體化身，它的實現就與他們的動機無關。休姆寫道，經驗顯示，無論他們的動機是「疑忌的對抗或謹慎的政治手段」，「其結果都一樣」。舒曼（F. Schuman）說：「如果我們假設國家體系是由三個單位，A、B和C所組成的，顯然三者之中任一單位權力的增長，都會導致另外兩個單位權力的削減。」他由此推論說，權力平衡的「基本形式，是為了維持國家體系內每一個單位的獨立」。也許他已經將這個假說普遍化，使它可以應用到一切種類的權力單位，無論是否有組織的政治體系內的單位。事實上，這就是歷史社會學中權力平衡的意義。湯恩比於其《歷史研究》（*Study of History*）中指出，在權力集團的外緣，而不是在壓力最大的中心，權力單位更容易擴張。在西歐和中歐即連小規模的領土變更實際上都不可能成功的時候，美國、俄國、日本和英國的自治領卻急遽擴張。另一種形態相似的歷史法則，是由皮朗（Pirenne）所提出的。他注意到，在比較沒有組織的社群，抗拒外來壓力的核心通常形成於最遠離強權鄰邦的地區中。其事例有：丕平二世（Pepin of Heristal）在北歐建立法蘭克王國（Frankish Kingdom），或東普魯士成為組織日耳曼諸邦的中心。另一個相似的法則，可以見諸比利時人德格里夫（De Greef）的緩衝國法則。它進而影響到特納（Frederick Turner）學派，並且導致了將美國西部視為「流浪的比利時」的想法。這些權力平衡與霸權不均勢的概念，與道德、法律或心理概念都沒有關係，它們唯一所涉及的，是權力。這顯示出它們的政治性質。

3. 做為原則與制度的權力平衡。一旦人類某項利益被認為正當，就有某種行為原則可以由此導衍出來。一六四八年以後，《明斯特與西發利亞條約》（Treaty of Münster and Westphalia）建立的現狀被確認；而簽約國之間在這一點上的團結也被建立。實際上，所有的歐洲強權都簽署了一六四八年的條約；它們宣稱自己是它的保證人。荷蘭與瑞士做為主權國家的國際地位，即開始於此條約。從此以後，各國有權主張，任何現狀的重大改變都是所有其他國家所關切的。做為國際家庭的一項原則，這是權力平衡的根本形式。因此，任何一個國家如果懷疑某強權意圖改變現狀，無論其判斷是否正確，當它依據此原則行動時，沒有人會認為它對該強權懷有敵意。當然，此種情況會促進政治聯盟的形成。以對抗此種改變。但過了七十五年之後，當「為了維護歐洲和平」（ad conservandum in Europa equilibrium），西班牙領土被分割隸屬於波旁和哈布斯堡王室時，這個原則才在於《烏特勒支條約》中被明白承認。這個原則被正式承認以後，歐洲逐漸組成一個以此原則為根據的制度。由於大國對小國的兼併（或控制）會破壞權力的平衡，小國的獨立遂間接得到這個體系的保護。一六四八年後，甚至一七一三年後，歐洲組織仍然脆弱而虛幻；大約兩百年來所有大小國家所以能維持，實必須歸功於權力平衡制度。無數次戰爭以它的名義發動，雖然我們必須承認，它們的動機毫無例外的都是為了權力。但在許多情況中，其結果卻都相同，彷彿這些國家確實依據集體保證的原則而行動，以對抗無正當理由的侵略行為。沒有別的理由可以解釋，在武力壓境的威脅之下，像丹麥、荷蘭、比利時和瑞士等國力弱小的政治實體仍能長時間生存下來。邏輯上，某一原則和以此一原則為根據的組織——即制度——之間的區別，似乎是明確的。但即使是在沒有組織的情況下，換言之，即使原則尚未達到制度化的階段，而只是慣例或常見的指令，我們也不應該輕視這些原則的效力。即使沒有常設的中心、定期的會議、共同的執行人員或強制性的行為規範，僅藉著各種領事館和使節團人員之間持續不斷的密切接觸，歐洲已經形成一個體系。在協商失敗的時候嚴格規範著照會、外交方針與備忘錄（無論是共同或分別發表的，也無論其用語是否一致）的傳統，提供了許多表明權力情勢的方式；它們使其不至於瀕臨危機，並且開始了妥協——甚至最後導致聯合行動——的新途徑。事實上，如果強權的正當利益遭到威脅，共同干預小國事務的權利等於是一個次組織形態的歐洲督導團。

也許此種非正式制度最有力的柱石，是國際間大量的私人企業活動；他們係透過某種貿易協定，或其他因慣例和傳統而得以有效運作的國際管道，以進行交易。在許多方面，政府及其有影響力的公民經常陷入此種國際交易所涉及的金融、經濟和法律各種錯綜複雜的關係。一場地區性的戰爭僅意謂著某一部分交易的短期中斷。其他保持不變或至少暫時未受影響的交易和利益，則會形成壓倒性的力量，阻遏因戰爭而不利於敵方的解決途徑。此種私人利益充滿了文明社群的整個生活領域，超越國界；它所造成的無形壓力，是國際互惠原則看不見的支柱，而即使權力平衡原則並未形成歐洲協商（Concert of Europe）或國際聯盟（League of Nations）等組織化的形式，它也能夠使這個原則擁有有效的約束力。

做為歷史法則的權力平衡：

Hume, D., "On the Balance of Power," *Works*, Vol. III (1854), p. 364. Schuman, F., *International Politics* (1933), p. 55. Toynbee, A. J., *Study of History*, Vol. III, p. 302. Pirenne, H., *Outline of the History of Europe from the Fall of the Roman Empire to 1600* (England 1939). Barnes-Becker-Becker, on De Greef, Vol. II, p. 871. Hofmann, A., *Das deutsche Land and die deutsche Geschichte* (1920). Also Haushofer's Geopolitical School. At the other extreme, Russell, B., *Power.* Lasswell's *Psychopathology and Politics;*

World Politics and Personal Insecurity, and other works. Cf. also Rostovtzeff, *Social and Economic History of the Hellenistic World,* Ch. 4, Part I.

做為原則與體系的權力平衡：

Mayer, J. P., *Political Thought* (1939), p. 464. Vattel, *Le Droit des gens* (1758). Hershey, A. S., *Essentials of International Public Law and Organization* (1927), pp. 567–69. Oppenheim, L., International Law. Heatley, D. P., *Diplomacy and the Study of International Relations* (1919).

百年和平：

Leathes, "Modern Europe," *Cambridge Modern History,* Vol. XII, Ch. 1. Toynbee, A. J., *Study of History,* Vol. IV(C), pp. 142–53. Schuman, F., *International Politics,* Bk. I, Ch. 2. Clapham, J. H., *Economic Development of France and Germany,* 1815–1914, p. 3. Robbins, L., *The Great Depression* (1934), p. 1. Lippmann, W., *The Good Society.* Cunningham, W., *Growth of English Industry and Commerce in Modern Times.* Knowles, L. C. A., *Industrial and Commercial Revolutions in Great Britain during the Nineteenth Century* (1927). Carr, E. H., *The Twenty Years' Crisis, 1919–1939* (1940). Crossman, R. H. S., *Government and the Governed* (1939), p. 225. Hawtrey, R. G., The *Economic Problem* (1925), p. 265.

巴格達鐵道：

The conflict regarded as settled by the British-German agreement of June 15, 1914: Buell, R. L., *International Relations* (1929). Hawtrey, R. G., *The Economic Problem* (1925). Mowat, R. B., *The Concert of Europe* (1930), p. 313. Stolper, G., *This Age of Fable* (1942). For the contrary view: Fay, S. B., *Origins of the World War*, p. 312. Feis, H., *Europe, The World's Banker, 1870–1914* (1930), pp. 335 *ff.*

歐洲協商：

Langer, W. L., *European Alliances and Alignments (1871–1890)* (1931). Sontag, R. J., *European Diplomatic History (1871–1932)* (1933). Onken, H., "The German Empire," in *Cambridge Modern History*, Vol. XII. Mayer, J. P., *Political Thought* (1939), p. 464. Mowat, R. B., *The Concert of Europe* (1930), p. 23. Phillips, W. A., *The Confederation of Europe, 1914* (2d ed., 1920). Lasswell, H. D., *Politics,* p. 53. Muir, R., *Nationalism and Internationalism* (1917), p. 176. Buell, R. L., *International Relation* (1929), p. 512.

2.百年和平

1.事實。從一八一五到一九一四的一百年間，歐洲列強僅在三個短暫時期處於交戰狀態：一八五九年中有六個月，一八六六年中有六個星期，一八七〇至七一有九個月。至於持續達兩年之久的克里米亞戰爭，包括克萊漢（Clapham）、崔威寧（Trevelyan）、湯恩比（Toynbee）和賓克里（Binkley）在內的史學家都同意，在性質上是邊緣性和半殖民地的戰爭。在這場戰爭期間，英國持有人手上的俄國債券仍可以在倫敦兌付。十九世紀和之前各世紀的基本差異，在於後者有偶發的全面性戰爭，而前者則完全沒有。富勒將軍（Major General Fuller）認為十九世紀中沒有一年免於戰爭，這是不足取的見解。萊特（Quincy Wright）只比較各世紀的戰爭年數，卻忽視了全面性與地區性戰爭的差異。他因此沒有掌握到要點。

2. 難題。英法之間幾乎持續不斷的貿易戰爭，是全面性戰爭的沃土。它所以終歸於休止還需要解釋。這牽涉到經濟政策領域中的兩件事實：（a）昔日的殖民帝國已經式微，（b）進入國際金本位制的自由貿易新紀元已經來臨。在新的商業形態之下，戰爭的利益迅速衰退；而隨著金本位制所帶來的新國際通貨與信用結構之出現，一股肯定和平的態度亦因之興起。如今整個國家的經濟利益有賴於維持穩定的貨幣及世界市場的運作。後者正是收入與就業機會所依存的。反帝國主義的趨勢取代了傳統的擴張主義；一直到一八八〇年，這個趨勢幾乎籠罩了列強。（關於這一點，我們在第十八章討論過。）

在貿易戰爭期間，外交政策所關心的是實利企業的促進，這被視為理所當然。但在其後長逾半世紀之久的期間（一八一五—八〇），新的主張卻排除了私人企業利益對外交的影響；直到這段時期結束之際，外交部門才又認為此類利益主張是可以接受的——但當時對新的輿論趨勢的順應，自有其嚴格的限制。一八八〇年以後，外國債券所有人和直接投資者的利益，再度被認為是外交官員所應關切的事務。我們認為，此種改變應歸因於貿易的性質。就十九世紀的情況而言，貿易的範圍與成敗已不再依賴直接的武力政策。而企業之所以再度逐漸影響到外交政策，則是因為國際通貨與信用體系已創造出一種超越國界的新型態商業利益。但只要此種利益僅涉及外國債券所有人，政府就決不會樂意給他們任何發言權；因為長久以來，對外貸款就被認為是極不可靠的投機行為；既得收入定期地被存進本國政府的債券中；如果國人貸款給信譽可疑的外國政府，沒有一個政府會認為此種冒險事業值得支持。投資人希望英國政府關心他們在國外的虧損，但坎寧斷然拒絕了他們的強硬要求；他也拒絕因保障國外債券，而予拉丁美洲各國以外交承認。帕默斯頓一八四八年著名的傳閱信函是態度改變的第一次顯示，但改變的幅度並不太大；因為貿易團體的商業利益牽連甚廣，政府不可能因任何次要的既得利益而使得世界帝國的事務更形複雜。外交政策再度對海外的商業冒險發生興趣，主要是自由貿易的時代已過，以及隨後十八世紀的方法再度被採用的結果。但只要貿易與非投機性的、而是非常正常的海外投資緊密結合在一起，外交政策自會重返促進貿易利益的傳統路線。需要解釋的，不是後來這段發展，而是一八一五年到一八八〇年這段期間的中斷。

關於第二章

3.黃金線的斷裂

金本位制的崩潰因強制性的貨幣穩定政策而加速。穩定運動的先鋒是日內瓦。它把倫敦和華爾街所

I 戰敗國		II 歐洲戰勝國			III 全球性的貸款國	
	穩定貨幣		穩定貨幣	廢除金本位		廢除金本位
俄國	1923	英國	1925	1931	美國	1933
奧地利	1923	法國	1926	1936		
匈牙利	1924	比利時	1926	1936		
德國	1924	義大利	1926	1936		
保加利亞	1925					
芬蘭	1925					
愛沙尼亞	1926					
希臘	1926					
波蘭	1926					

施加的壓力轉移給財政較弱的國家。

第一批採取穩定措施的國家是戰敗國，它們的貨幣在第一次世界大戰之後完全崩潰。第二批包括歐洲的戰勝國，它們是繼第一批國家之後採取穩定措施的。第三批則是金本位制的主要受益國，美國。

第一批國家財政的不平衡曾一度由第二批支持。當第二批也開始穩定其貨幣，同樣需要支持時，即由第三批國家提供此項支持。最後，歐洲穩定措施累積而成的不平衡，給了美國最嚴重的打擊。

4. 第一次世界大戰後的勢力消長

第一次世界大戰後的勢力消長是普遍而迅速的，但它所波及的幅員並不大。中歐和東歐的大多數國家，一九一八至二三年間僅是繼民主（或社會主義）的共和政體之後，保守勢力的復興時期。這是戰敗的自然結果。數年之後，幾乎每個國家都建立起一黨統治政體；而這股潮流同樣相當普遍。

5. 金融與和平

有關前半個世紀國際金融的政治角色，幾乎毫無資料可以參考。柯爾蒂（Corti）討論羅特柴爾德家族的書僅涵蓋「歐洲協商」之前的時期。未提及羅特柴爾德家族參與蘇伊士共有協定、布萊希羅德家族（the Bleichroeders）發行國際公債以支付一八七一年對法戰爭的賠款、東方鐵路時期的巨額交易等事件。

國名	革命	反革命	一黨專政
奧地利	1918年10月社會主義民主共和	1920年中產階級共和政體	1934
保加利亞	1918年10月徹底的土地改革	1923年法西斯反革命	1934
愛沙尼亞	1917年社會主義共和	1918年中產階級共和政體	1926
芬蘭	1917年2月社會主義共和	1918年中產階級共和政體	—
德國	1918年11月社會主義民主共和	1920年中產階級共和政體	1933
匈牙利	1918年10月民主共和 1919年3月蘇維埃	1919年反革命	—
南斯拉夫	1918年民主聯邦制	1926年威權統治軍人政府	1929
拉脫維亞	1917年社會主義共和	1918年中產階級共和政體	1934
立陶宛	1917年社會主義共和	1918年中產階級共和政體	1926
波蘭	1919年社會主義民主共和	1926年威權政體	—
羅馬尼亞	1918年土地改革	1926年威權政體	—

朗格（Langer）和桑塔克（Sontag）等人的史學著作僅偶爾注意到國際金融（後者在列舉和平因素時，忽略了金融）；列席斯（Leathes）在《劍橋現代史》（*Cambridge Modern History*）中的評述幾乎是唯一的例外。自由主義的自由作家，如法國的里西（Lysis）和英國的霍布森（J. A. Hobson），他們的批評或旨在揭發金融家的缺乏愛國心，或旨在抨擊他們傷害自由貿易、支持保護主義與帝國主義的傾向。海弗汀（Hilferding）與列寧等馬克思主義者的研究，則強調國家銀行業所推動的帝國主義力量，和他們與重工業的有機關係。這種論點，大體上除了只能處理德國的例子之外，勢必無法討論國際的金融利益。

華爾街對二〇年代之發展的影響，時間太近，很難做客觀的研究。大體說來，從凡爾賽和約時期到道斯計畫（Dawes Plan）、楊格計畫（Young Plan），以至於洛桑的賠款清償及其後的時期內，華爾街的影響偏重於國際間的調節與中介之功能，此點應無疑問。晚近的文獻傾向於將私人投資區別開來。如史塔利（Staley）的著作，即特別排除借給政府的貸款，無論提供者是別國政府或私人投資者；這個限制實際上使他有趣的著作無法對國際金融做全面性的評價。菲斯（Feis）卓越的說明我們曾大量引據，它幾乎涵蓋了這整個主題；但由於國際金融（haute finance）的檔案仍無法利用，它也無可避免地受到缺乏可信資料的限制。厄爾（Earle），雷默（Remer）和維訥（Viner）等人極有價值的著作，也同樣受到這個無法避免的限制。

6.「社會與經濟制度」參考資料選輯

十九世紀試圖以個人獲利的動機為基礎，建立一個自我調節的經濟體系。我們認為，這種企圖本質上就不可能成功。於此，我們只關心此一取向之中所蘊含的，扭曲的人生觀與社會觀。舉例言之，十九世紀的思想家有如下的假設：在市場上，舉止像一個商人是「自然的」，任何其他的行為模式都是虛假而人工的經濟行為——亦即人類本能被干擾的結果；只要人類不被人為的外力干預，市場必然會出現；無論在道德上此種社會是否可欲，至少其可行性是基於人類不變的特質。而社會人類學、原始經濟、古代文明史和一般經濟史等各種社會科學領域中最近的研究，卻提出幾乎與上述假設完全相反的證據。事實上，自由經濟主義的哲學中所包含的——無論是明言的或隱含的——人類學或社會學假設，幾乎沒有一個沒有受到反駁。下面僅引述若干著作。

（a）對人類而言，獲利動機並不是「自然的」。

「原始經濟的特徵，是缺乏從生產或交易中獲利的欲望」（Thurnwald, *Economics in Primitive Communities*, 1932, p. xiii）。「另一個必須徹底予以推翻的觀點，是某些現行經濟學教科書中提及的原始經濟人（Primitive Economic Man）」（Malinowski, *Argonauts of the Western Pacific*, 1930, p. 60）。「我們

必須揚棄曼徹斯特自由主義的理念類型（Idealtypen），它們在理論上和歷史上都是一種誤導」（Brinkmann, "Das soziale System des Kapitalismus," in *Grundriss der Sozialokonomik*, Vol. IV, p. 11）。

（b）對人類而言，為報酬而工作並不是「自然的」。

「在文明較高的社群中，利潤經常是工作的誘因。但在土著的原始情況之中，利潤從未成為工作的動力。」（Malinowski，前引書，p. 156）「在未受現代社會影響的原始社會中，我們看不到與報酬觀念有關的勞動。」（Lowie, "Social Organization," in *Encyclopedia of the Social Sciences*, Vol. XIV, p. 14）「絕無勞力出租或販賣的事。」（Thurnwald, *Die menschliche Gesellschft*, Bk. III, 1932, p. 169）。「將勞動視為義務，並不要求補償……」是非常普遍的（Firth, *Primitive Economics of the New Zealand Maori*, 1929）。「甚至到了中世紀，為了酬勞而替陌生人工作也是前所未聞的。」「陌生人沒有個人義務約束，因此，他必須為榮譽和被認同而工作。」遊唱樂人（minstrels）是外來者，「他們接受酬勞，也因此而被輕視」（Lowie，前引書）。

（c）對人類而言，將勞動限制到無可避免的最低限度並不是「自然的」。

「我們必然會發現，工作從未被限制到無可避免的最低限度，而總是超過絕對必要的分量——這是由於天生或後天習得的，對活動的衝動。」（Thurnwald, *Economics*, p. 209）「勞動總是超過絕對必要的分量。」（Thurnwald, *Die menschliche Gesellschaft*, p. 163） （d）勞動較平常的動機並非獲利，而是互惠、競爭、工作的喜悅與社會的認可。

互惠：「大部分、即使並非全部的經濟活動，都屬於某種互相饋贈和回贈之鏈；就其最後的平衡狀態而言，這是平等互惠的。……一個人如想在經濟活動中不斷違抗互惠法則的約束，他很快就會發現，他在社會與經濟方面的情況變得一團糟——他自己對這一點是很清楚的。」（Malinowski, *Crime and Custom in Savage Society*, 1926, pp. 40-41）

競爭：「競爭是激烈的；目標雖然一致，成就卻優劣有別。……在重覆之中追求卓越。」（Goldenweiser, "Loose Ends of Theory on the Individual, Pattern, and Involution in Primitive Society," in *Essays in Anthropology*, 1936, p. 99）。「把大柱搬到田裡，或運走收割的山芋時，人們在速度、徹底的程度和負荷的重量各方面互相較量。」（Malinowski, *Argonauts*, p. 61）

工作的喜悅：「為工作而工作，是毛利人勞動不變的特徵。」（Firth, "Some Features of Primitive Industry" *E. F.*, Vol. I, p. 17）「大量的時間和勞力投注在審美的目的上——使菜園整潔、清爽、沒有碎片；建造美麗堅實的圍籬；提供特別碩大的山芋柱（yam-poles）。所有這些事，就某種程度而言，確是植物生長所必需的；但他們的用心顯然已超越純屬必需的限度。」（Malinowski，前引書，p. 59）

社會的認可：「造園的完美程度，是一個人社會評價的普遍指標。」（Malinowski, *Coral Gardens and Their Magic*, Vol. II, 1935, p. 124.）「社群中每個人都應該表現出來水準的才幹。」（Firth, *Primitive Polynesian Economy*, 1939, p. 161）「安達曼島民認為懶惰是反社會行為。」（Ratcliffe-Brown, *The Andaman Islanders*）「將個人的勞力供別人差遣，是一個人的社會職務，而不只是經濟職務。」（Firth，

前引書，p. 303）

（e）人類歷代都相同。

林頓（Linton）在其《人類研究》（Study of Man）中告誡我們勿為人格決定的心理學理論所誤。他認為，「一般觀察所得到的結論是，所有這些類型在每一個社會中都大致相同。……換言之，只要〔觀察者〕撥開文化差異的障幕，他就會發現，這些人基本上都像我們自己。」（第484頁）屯瓦特（Thurnwald）強調人類在每一個發展階段的相似性：「就人與人之間的關係而言，上文所討論的原始經濟與其他任何形態的經濟都沒有什麼差別，也都是以同一個社會生活的普遍原則為基礎的。」（*Economics*, p. 288）「某些基本的集體情感，在所有的人類身上，基本上都是相同的；這可以說明類似的社會結構不斷重現的原因。」（"Sozialpsychische Ablaufe in Volkerleben," in *Eassys in Anthropology*, p. 383）在根本上，露絲．潘乃德（Ruth Benedict）的《文化模式》（*Patterns of Culture*）也是以類似的假設為論據的：「我上面的說法，彷彿認為世界上人類的氣質都是不變的；彷彿在每一個社會中我們都可以看到大體相似的分布形態；彷彿在每一個社會中的我們都可以看到大體相似的分布形態；彷彿文化塑造了大部分的人成為一定的形態。譬如說，根據此種解釋，恍惚經驗（trance experience）是任何族群中某一些個人的潛能。一旦它得到人們的尊敬與獎賞，就有許多人也會獲得它或模仿它……」（第二三三頁）。馬林諾夫斯基在其著作中也一貫堅持同樣的主張。

（f）一般說來，經濟制度植根於社會關係；物質利益的分配由非經濟的動機決定。

原始的經濟是「一項社會事務，它將某一群人視為一個連鎖整體的一部分」（Thurnwald, *Economics*, p. xii）。這在財富、工作和以物易物各方面，情形都是如此。「原始人的財富不是經濟性的，而是社會性的」（同上）。勞力可以產生「有效的工作」，因為它已「被各種社會力量整合到一個有組織的努力之中」（Malinowski, *Argonauts*, p. 157）。「貨幣與勞務的交換大多是在一穩定的合夥關係中進行，或是與特定的社會義務有關，或是伴隨著非經濟性的互惠關係。」（Malinowski, *Crime and Custom*, p. 39）。

支配經濟行為的兩個主要原則，似乎是互惠與儲藏並重分配（storage-cum-redistribution）：

「整個部落的生活充滿了恆常性的取與予」（Malinowski, *Argonauts*, p. 167）。「今日的予會為明日的取所回報。互惠原則充滿原始人生活中的每一種關係」（Thurnwald, *Economics*, p. 106）。為了實現此種互惠原則，我們會「在每一個野蠻社會中看到相互義務不可或缺的基礎，即結構上的對稱性」或制度上的「二元性（duality）」。（Malinowski, *Crime and Custom*, p. 39）「就巴納洛人而言，神靈之室（chambers of spirits）對稱的空間分割，是以他們的社會結構為基礎的。後者也顯示出類似的對稱性。」（Thurnwald, *Die Gemeinde der Banaro*, 1921, p. 378）

屯瓦特發現，除互惠行為之外，從原始的漁獵部落到規模最大的帝國，儲藏與重分配制度的實施最為普遍；而這有時候是與互惠行為聯合運作的。以各種不同的方式，貨幣被集中堆存，然後分配給社區的每一個成員。譬如說，在邁克羅尼西亞和玻里尼西亞人民之間，「君主以最高氏族（clan）代表人的身分接受進貢，再以賞賜的方式分配給人民。」（Thurnwald, *Economics*, p. xii）此種分配功能，是中央政治權力的最初根源（同上，p. 107）。

（g）個人為他本人及其家庭蒐集食物，並非早期人類生活的一部分。

古典著作假設，前經濟人（pre-economic man）也必須照顧他自己和他的家。在十九、二十世紀之交，畢謝（Carl Buecher）在他開拓性的著作中重彈此調，並盛行一時。晚近的研究則在這一點上一致對畢謝的假設提出修正。（Firth, *Primitive Economics of the New Zealand Maori*, pp. 12, 206, 350; Thurnwald, *Economics*, pp. 170, 268, and *Die menschliche Gesellschaft*, Vol. III, p. 146; Herskovits, *The Economic Life of primitive Peoples*, 1940, p. 34; Malinowski, *Argonauts*, p. 167 腳注）。

（h）互惠與重分配的經濟行為原則，不僅適用於小型的原始社群，也適用於富足的大帝國。

「分配有其自身獨特的歷史，開始於漁獵部落最原始的生活。」「……此種情況與後來階層化較為顯著的社會不同。……」「我們印象最深的例子，是游牧民族與農耕民族之間的接觸。」「在這些社會之中，情況相當不同。但分配功能隨著若干家族日益壯大的政治權力，與專制君主的崛起而加強。族長接受農人的貢獻——現在已變成『稅』——重分配給他的官員，尤其是忠於其朝廷的官員。」

「此種發展使分配體系更趨複雜。……所有的古國，包括古中國、印加帝國、印度王朝、埃及和巴比倫，都使用金屬貨幣代替稅賦予薪給，但主要都依賴儲存於穀倉和貨倉中的物質償付……然後分配給官員、戰士和有閒階級，亦即分配給不事生產的人口。如此，分配基本上發揮了經濟的功能。」

（Thurnwald, *Economics*, pp. 106-8）

「當我們談到封建制度，我們通常都會想到中古時代的歐洲。……但這種制度，實早已出現於階層化的社區。大多數的交易都是以物易物，而上階層聲稱擁有一切土地或牲畜——此種事實，就是封建制度在經濟上的原因……。」（同上，p. 195）

關於第五章

7.「市場制度的演進」參考資料選輯

經濟自由主義誤以為，它的運作與方法是普遍的進步法則的自然結果。為了使它們符合模式，存在於自我調節之市場背後的原則就被逆向投射到整個人類文明史。結果是，貿易、市場、貨幣、城市生活與民族國家的真正性質與起源，都被扭曲到幾乎無法辨識的地步。

（a）「以物易物與交易」的個人行為，僅偶爾出現於原始社會。

「以物易物本來是從未存在過。原始人不但不渴望以物易物，反而對它表示反感。」（Buecher, *Die Entstehung der Volkswirtschaft*, 1904, p. 109.）「譬如說，一支鰹魚釣鉤的價值不可能以食物來衡量，因為從來就沒有人做過這種交易；提可披亞（Tikopia）人會把它當做幻想。……每一種物品都適用於某一種

特定的社會情境。」（Firth，前引書，p. 340）

（b）貿易並非出現於社群內部；它是不同社群之間的外部事務。

「起初，商業是族群之間的交易；它從未發生於同一部落或社群的成員之間。在最古老的社會共同體中，商業是外部現象，只以不同的部落為對象」（M. Weber, *General Economic History*, p. 195）。「儘管顯得有些怪異，從一開始，中古時代的商業不是在地區性交易的影響下形成的，而是在出口貿易的影響之下形成的。」（Pirenne, *Economic and Social History of Medieval Europe*, p. 142）「遠途貿易是中古時代經濟復甦的原因。」（Pirenne, *Medieval Cities*, p. 125）

（c）貿易並不倚賴市場；它起源於單向的運送，無論是藉諸和平的或不和平的手段。

屯瓦特確立了這個事實：貿易的最早形態，完全是從遠方採收和攜回物品。基本上，這是狩獵性質的遠征行動。遠征是否訴諸武力（如奴隸的獵取或海盜行徑），主要要視它所遭遇到的抵抗而定（前引書，pp. 145,146）。「在荷馬時代的希臘人之間，也在北歐的海盜之間，海盜行為是海上貿易的開始；在相當長的一段時間裡，這兩種生意是齊頭並進的。」（Pirenne, *Economic and Social History*, p. 109）

（d）市場的存在與否並非本質上的特徵；地區市場並沒有成長的趨勢。

「沒有市場的經濟制度，並不必然因此而擁有其他共同的特徵」（Thrunwald, *Die menschliche*

Gesellschaft, Vol. III, p. 137）。在早期的市場中，「只有限定數量的特定物品才可以互相交換。」（同上）「原始時代的貨幣和交易，基本上是社會性的，而非經濟性的。由於這項發現，屯瓦特值得我們特別讚揚。」（Loeb, "The Distribution and Function of Money in Early Society," in *Essays in Anthropology*, p. 153）地區性市場的發展並非來自「武裝的貿易」、「無聲的以物易物」或其他型態的對外貿易；貿易是從鄰近居民為了有限目的，在某一聚會場所所維持的「和平」之中發展出來的。「地區性市場的目的，在供應地區居民日常生活的必需品。這可以解釋下列事項：每週市集一次；市場所吸引的範圍非常有限；以及活動僅局限於小型的零售業。」（Prienne，前引書，第四章，"Commerce to the End of the Twentieth Century," p. 97）甚至到了晚期，地區性市場也沒有顯示出成長的趨勢，與商集（fairs）恰成對比：「市場供應地區性的需要，只有鄰近的居民參加；它的商品是農產品和日常所需的加工品。」（Lipson, *The Economic History of England*, 1935, Vol. I. p. 221）地區性交易「一開始通常都是農民和從事家庭工業者的副業，並且一般都是季節性的活動……。」（Weber，前引書，p. 195）「乍看之下，人們很容易認為，商人階級是在農業人口之間逐步發展出來的。但是，此種說法並無憑據。」（Pirenne, *Medieval Cities*, p. 111）

（e）分工並非起源於貿易或交易，而是起源於地理的、生物的及其他非經濟性的事實。

「分工絕非如理論論者的學說所主張的，是經濟複雜化的結果。它主要的起因，是性別與年齡在生理上的差異。」（Thurnwald, *Economics*, p. 212）「幾乎所有的分工都是男女之間的分工。」（Herskovits，前引書，p. 13）另一種由於生物學上的事實而產生分工的方式，見諸不同族群的共生（symbiosis）狀況。由於社會「中上階層」的形成，「族群將變成職業性和社會性的群落」。「如此，一方面基於依賴階級之獻納與勞役，另一方面基於領導階層族長所擁有的分配權力，遂形成一個組織。」（Thurnwald, *Economics*, p. 86）於此，我們看到了國家的起源之一。（Thurnwald, *Sozialpsychische Ablaufe*, p. 387）

（f）貨幣並非一項決定性的因素；貨幣的有無，並不必然造成經濟類型在本質上的差異。

「使用貨幣與沒有使用貨幣的部落，僅就這一點而言，在經濟上只有極小的差異。」（Loeb，前引書，p. 154）「如果某些部落使用貨幣，它的功能也與它在我們的文明之中所發揮者大不相同。它一向就被視為具體的物質，它也從未變成價值的抽象表徵。」（Thurnwald, *Economics*, p. 107）以物易物的困難，在貨幣的「發明」中並不扮演任何角色。「古典經濟學的傳統觀點恰與民族學的研究所得相反」。（Leob，前引書，p. 167，注6）由於做為貨幣的商品的特殊效用，以及其做為權力屬性的象徵性意義，我們不可能「從片面的理性論觀點考量經濟上的擁有」。譬如說，貨幣可能只用來支付薪給和稅捐（Thurnwald，前引書，p. 108），或用來支付買妻的款項、給被殺家屬的賠償金（blood money）或罰款。「因此在國家尚未形成的階段中，我們可以發現許多例子，衡量物品的價值取決於習慣性的獻納之數額，領導人所擁有的地位，以及領導人與其各社區平民之間的具體關係。」（同上，p. 263）

正如同市場，貨幣主要是一種外部現象，它對社群的意義基本上是決定於貿易關係。「貨幣的觀念通常是從社群之外引進的。」（Leob，前引書，p. 156）「貨幣做為一項交易的普遍媒介，其功能係起源於

對外貿易。」（Weber，前引書，p. 238）

（g）對外貿易起初並不是個人之間的交易，而是群體之間的交易。

貿易是一種「團體的工作」；它所涉及的，是「集體獲得的物品」。它的起源在於「集體的貿易之旅」。「這類遠征行動通常帶有對外貿易的性質，集體原則即出現於遠征行動的安排之中。」（Thurnwald，前引書，p. 145）「在任何情況中，最古老的商業都是不同部落間的交易關係。」（Weber，前引書，p. 195）中世紀的貿易明顯地不是個人之間的交易。它是「某些城市之間的貿易，是社群之間或自治市鎮之間（inter-communal or inter-municipal）的商業」。（Ashley, *An Introduction to English Economic History and Theory*，第一卷「中古時代」，p. 102）

（h）在中古時代，鄉村與貿易無緣。

「直到十五世紀末，城鎮都還是商業與企業唯一的中心，以至於一點點商業活動都無法進入不設防的鄉村」（Pirenne, *Econmic and Social History*, p. 169）。「對抗農村交易與農村手工業的鬥爭，至少延續達七、八百年之久」（Heckscher, *Mercantilism*, 1935, Vol. I, p. 129）。「其手段隨著「民主政體」的發展而日益嚴酷。……」「整個十四世紀，定期的武裝遠征隊被派往攻擊鄰近的所有村莊，而織布機和蒸洗布疋的木桶不是被砸爛就是被搶走」（Pirenne，前引書，p. 211）。

（i）中古時代，城市與城市之間的貿易向來就不是普遍而公平的。

城鎮之間的貿易，意味著特定的某些或某群城市之間的優惠關係；譬如說，倫敦漢薩（Hanse of London）與條頓漢薩（the Teutonic Hanse）的關係。支配這些城市之間的貿易原則，是互惠與報復。譬如說，如果有一筆借款未償還，貸方城市的長官就會去找借方城市的長官，要求以公平的方式處理，正如後者之民眾所冀求者，「並威脅說，如果借款不還，將對該城民眾採取報復性的措施。」（Ashley，前引書，第一卷，p. 109）

（j）國家的保護政策是前所未有的。

「在十三世紀，為了經濟的目的而區分不同的國家，幾乎沒有必要；因為當時基督教界內社會交往的障礙，遠比今日我們所遇到的為少。」（Cunningham, *Western Civilization in Its Economic Aspects*, Vol. I, p. 3）直到十五世紀，關稅制度才出現於政治疆界上。「在此之前，沒有任何證據顯示，各國政府有保護本國貿易使其免於外國競爭的些微慾望。」（Pirenne, *Economic and social History*, p. 92）在任何行業中，「國際」交易都是自由的。（Power and Postan, *Studies in English Trade in the Fifteenth Century*）

（k）重商主義迫使國界之內的城市和省分的貿易更為自由。

黑克歇爾《重商主義》第一卷（1935）的書名是：《做為一個統一力量之體系的重商主義》（*Mercantilism as a Unifying System*）。「凡將經濟生活限制於特定地區，並且妨礙貿易在國界之內進行的事物」，都是重商主義所反對的。（Heckscher，前引書，Vol. II, p. 273）「壓制農村，抗拒外國城市的競爭——自治市鎮這兩方面的政策，都與國家的經濟目標衝突。」（同上，Vol. I, p. 131）「重商主義將地區性的商業行為擴大到全國領域，它因此而造成鄉村的『全國化』。」（Pantlen, "Handel," in *Handworterbuch der Staatswissenschaften*, Vol. VI, p. 281）「競爭經常是重商主義蓄意鼓吹的，這是為了藉供需的自動調節將市場組織起來。」（Heckscher）第一位看出重商體系之自由化傾向的現代學者，是史末勒。（Schmoller, 1884）

（l）中世紀的調節系統是非常成功的。

「中世紀城市的政策，可能是古代世界衰落之後的西歐，首次根據一貫原則調節社會之經濟層面的嘗試。此一嘗試得到了不同尋常的成功。……經濟自由主義或自由放任，在它無法對抗的顛峰時期，情況也許如此；但就其持續的時間而言，與年深日久的城市政策相較，自由主義不過是曇花一現的小插曲。」（Heckscher，前引書，p. 139）「他們藉著由許多規律構成的系統獲得這個成就。就其所欲達成的目的而言，這個體系可算是同類中的傑作。……城市經濟恰與同時期的哥德式建築相互輝映。」（Pirenne, *Medieval Cities*, p. 217）

（m）重商主義將自治市鎮的制度擴展到全國。

「結果是擴展到更廣大地區的城市政策——一種建構於一個國家的基礎之上的市鎮政策」

（Heckscher，前引書，Vol. I, p. 131）。

（n）重商主義，最成功的政策。

「重商主義創造了一個複雜精巧及滿足需要的體系。」（Buecher，前引書，p. 159）科伯特的規章（Colbert's Reglements）在為生產而生產的活動中，追求卓越的品質，它的成就是「驚人的」。（Heckscher，前引書，p. 166）「全國性規模的經濟生活，主要是政治集權的結果。」（Buecher，前引書，p. 157）「勞工法規與勞工紀律的創造」，應歸功於重商主義的調節體系；這套法規與程序，「遠比中世紀城市政府狹隘的排他主義，在其道德與技術的限制之下所能創造的一切，都還要嚴格。」（Brinkmann, "Das soziale System des Kapitalismus," in *Grundriss der sozialokonomik*, Vol. IV）

關於第七章

8. 有關史賓翰連的文獻

只有在自由資本主義年代開始與結束之時，才有人察覺史賓翰連的重要意義。當然，在一八三四年前後，經常有人提到「貼補制」和「濟貧法弊政」；但這通常並未溯自一七九五年的史賓翰連，而是溯自一七八二年的《吉爾伯特法案》。而史賓翰連制度的真正特質也沒有為公眾明確地體認。

甚至到今天，人們也還未認清它的特質。在一般人心目中，它只意謂著毫無差別的貧民救濟。事實上，它是完全不同的東西——是一個有系統的工資補貼辦法。當代人僅片面認識到，此種措施與都鐸法律的原則正面衝突；他們全然沒有覺察到，它與逐漸出現的工資制度完全不相容。至於其實際效果，一直到後來人們才注意到，它與一七九九至一八〇〇年的《結社禁止法》結合，造成壓低工資的效果，最後卻變成雇主的補助。

古典經濟學家從未停止探討「貼補制」的細節，正猶如他們對租金與貨幣的研究。他們將各種形式的津貼、公共救濟和「濟貧法」混在一起討論，並堅持將它們徹底廢除。湯生（Townsend）、馬爾薩斯和李嘉圖都不主張修正濟貧法；他們所要求的是將它廢除。只有邊沁對這個課題有所研究，他對這個問題的討論比起其他問題，較不那麼教條化。柏克（Burke）和他都瞭解到匹特（Pitt）所未曾看到的：真正邪惡的原則，是工資補助。

恩格斯和馬克思對濟貧法都未曾研究。這個制度被認為是迎合窮人的夢想。但實際上，它卻將他們的工資壓低到生活所需的水平以下（在這一點上，一項特別的反工會法更與之推波助瀾），並把公眾的錢交給富人，以協助他們從窮人榨取更多的錢。我們可以想像得到，沒有別的事情比揭發此種制度的偽人道主義更適合他們的學說。但在當時，新濟貧法卻成為敵人，而柯貝特（Cobbett）和憲章運動者（Chartists）都傾向於將舊法理想化。而且，恩格斯和馬克思正確地相信，如果資本主義要來，則濟貧法的修改是必然的。因此，他們錯過了最佳的爭論焦點，以及史賓翰連可能對他們的理論體系的支持功用：如果沒有自由的勞動市場，資本主義無從運作。

海莉葉・馬蒂諾（Harriet Martineau）大量取材於濟貧法報告（Poor Law Report, 1834）對史賓翰連的後果做了恐怖的描述。在她昂貴的小書中，她企圖啟發貧民，他們的悲慘境遇是無可避免的——她深深相信，這是不可避免的，而只有政治經濟學法則的知識才能夠使他們的命運成為可忍受的。斥資出版馬蒂諾著作的古爾德和貝靈家族（Goulds and Barings），再也找不到如此真誠擁護他們的教義，而又大體來說知識淵博的作者了。（*Illustrations to Political Economy*, 1831, Vol. III；亦見 *The Parish* 與 *The Hamlet in Poor Laws and Paupers*, 1834）她以謙抑的心情寫成的《三十年和平》（*Thirty Years' Peace, 1816-1846*），顯示出更接近憲章運動者的立場，而非對其師承邊沁的憶念。（Vol. III, p. 489 and Vol. IV p. 453）她以這段意味深長的文字結束其年代記：「現在我們最好的頭腦和心靈，都深深關切勞工權利這個重大問題。國外的例子給予我們深刻的警告。在只受到較輕微的懲罰，而還未完全毀滅的當前，我們不能忽視這個問題。難道我們找不到解決之道嗎？解答也許就是下一階段之英國歷史的一項基本事實。到那時，我們會更清楚，已逝去的三十年和平所關切的，也許就在於為它鋪路。」這是一個延期實現的預言。在英國歷史的下一個時期，勞工問題已不復存在；但到了七〇年代，和另半個世紀之後，它果然變成「完全的毀滅」。比起一九四〇年代，我們在一八四〇年代顯然更容易辨認出，問題的根源在於濟貧法修正案背後的一些原則。

在整個維多利亞時代及其後，再沒有一個哲學家或史學家留意有關史賓翰連這樣一個微不足道的經濟學。邊沁主義的三位史學家中，史蒂芬爵士（Sir Leslie Stephen）並未費心去探討它的細節；哈勒維（Elie Halevy）是第一個認識濟貧法在激進哲學史中之關鍵地位的，他對這個問題只有極其模糊的概念。

至於戴雪（Dicey）的說明，疏忽之處更是令人訝異。他對法律和輿論之關係的無與倫比的分析，將「自由放任」和「集體主義」視為結構中的經與緯。至於其形態本身，他相信，係來自時代的工業與商業趨勢，亦即來自塑造經濟生活的制度。沒有人比戴雪更強調濟貧主義在輿論中所扮演的顯著地位，以及濟貧法改革在整個功利主義的立法系統中的重要性。但是，對於效益主義者在其立法架構中給與濟貧法改革以無比的重要性，他仍然感到困惑；他相信企業的稅率負擔是問題關鍵所在。熊彼得（Schumpeter）或密契爾（Mitchell）等一流的經濟思想史學者，分析古典經濟學家的概念時，從未談及史賓翰連的情況。

湯恩比的演說發表（一八八一）之後，工業革命成為經濟史的一個課題；湯恩比認為，托利社會主義應為史賓翰連及其「富人保護窮人的原則」負責。大約就在這個時候，康寧漢也注意到同一個課題，於是它奇蹟似地復活了；但他的言論只是曠野中的呼聲。雖然曼圖（Mantoux, 1907）受益於康寧漢的巨著（一八八一），但是卻只將史賓翰連視為「另一個改革」，且不可思議地認為它有「驅使貧民進入勞動市場」的效果。（*The Industrial Revolution in the Eighteenth Century*, p. 438）比爾（Beer）的著作是早期英國社會主義的紀念碑，但幾乎不曾提到的濟貧法。

一直到哈孟得兄弟（Hammonds, 1911）察覺到工業革命所引起的新文明景象，史賓翰連才重新被發掘。他們將它視為社會史，而非經濟史的一部分。威伯夫婦（the Webbs, 1927）繼續這項工作，討論了史賓翰連在政治與經濟上的先決條件。他們並清楚認識到，他們是在探究我們這個時代社會問題的根源。

恩格斯、馬克思、湯恩比、康寧漢、曼都及比較晚近的哈孟得兄弟諸人所代表的經濟史研究方法，或可以稱之為制度論的取向；而克萊漢（J. H. Clapham）則致力於建立一個反對它的論點。他拒絕將史賓翰連當作一個制度來處理，而只將它視為「農業組織」中的一個特徵（卷一，第四章）。這種處理方式並不適當。因為，這個體系之所以崩潰，正是由於它擴展到了城市。同時，他將史賓翰連對稅率的影響和工資問題分開，而以「國家的經濟活動」來討論前者。這種討論方式是非常勉強的。他並且忘記從雇主階級的觀點來對史賓翰連做經濟分析——雇主從低工資獲得的利益決不少於他們在地方稅率上的損失。但克雷普漢對事實的忠實，彌補了他對這個制度的不當處理。他首先指出，「圈地戰爭」（war enclosures）對地區的影響——史賓翰連制度正是建立於這些地區之中，以及實質工資被它壓低的實際程度。

只有在經濟自由主義的傳統中，人們才會始終記得史賓翰連與工資制度的完全不相容。也只有他們才瞭解，廣義而言，任何形態的勞工保護措施都蘊含著有史賓翰連的干涉主義原則。史賓塞以「假工資」（make-wage）（在他的家鄉，人們就是這樣稱呼貼補制的）指責任何「集體主義」的措施；他毫無困難地將「集體主義」的罪名加諸學校教育、住宅的供應、休閒場所的提供等各方面。戴雪在一九一三年總結他對養老金法案（Old Age Pensions Act, 1908）的批評，說：「在本質上，它不過是戶外貧民院的一種新形式。」他懷疑自由主義者是否有機會遂行其政策。「他們有些提議從來就未付諸實施；舉例言之，院外救濟從來就不曾廢止。」如果這就是戴雪的看法，也難怪米塞斯（Mises）會認為，「只要有失業救濟，就必然有人會失業」（*Liberalism*, 1927, p. 74）；「救助失業者已被證明為毀滅的最有效武器之一。」（*Socialism*, 1927, p. 484. *Nationalokonomie*, 1940, p. 742）李普曼（Walter Lippmann）在其《好社會》（*Good Society*, 1937）中試圖否認自己與史賓塞的關係，但他不過是反求諸米塞斯。李普曼和他都反映出自由主義者對一九二〇年三〇代和年代新保護主義的反動。無疑地，當時的許多徵候都使人想起史賓翰連。在奧地利，失業救濟由破產的國庫補助；在大不列顛，「廣泛的失業救濟」與「施捨」無從區別；在美國，WPA（工作計劃局）和PWA（公共事業局）展開了工作；事實上，帝國化學企業（Imperial Chemical Industries）的主管孟德爵士（Sir Alfred Mond）於一九二六年曾枉然主張，英國雇主應該從失業基金領取補助，以「彌補」工資，從而增加就業機會。在失業問題上，正猶如在貨幣問題上，自由資本主義於其臨死的陣痛中所面臨的，是它一開始就存在而未解決的難題。

9. 濟貧法與勞動組織

對史賓翰連制廣大的意涵，它的起源、影響及其突然中斷的原因，尚沒有人做過研究。下面是關於其中幾點的討論。

1. *在何種程度上，史賓翰連可以說是戰時措施？*

從嚴格的經濟觀點來看，我們很難如一向所認為的，把史賓翰連當作一個戰時措施。當代人很少將工資的狀況和戰時的危急關連在一起。而就工資的顯著提高而言，它早在戰前就已經開始。楊格（Arthur Young）一七九五年的《通函》（*Circular Letter*）旨在討論歉收對穀物價格的影響，他提出了這個問題（第四點）：「較諸前一個時期，農業勞工的薪資提高（如果有的話）多少？」值得注意的是，他的通信人並未替「前一個時期」指出明確的意義。各人所指的期間，從三年到五十年不等；列舉如下：

三年……鮑伊斯（J. Boys），頁九七

三至四年……鮑伊斯，頁九十

十年……什羅浦郡、密得塞斯郡，劍橋郡（Shropshire, Middlesex, Cambridgeshire）的報告

十至十五年……索塞克斯和漢普郡（Sussex and Hampshire）

十至十五年……哈里斯（E. Harris）

二十年……鮑伊斯，頁八六

三十至四十年……匹特（William Pitt）

五十年……豪里特牧師（Rev. J. Howlett）

沒有人將這段時期定為兩年，即對法戰爭的期間，它始於一七九三年二月。事實上，甚至沒有一個通信人提到這場戰爭。

順便一提：壞收成和惡劣氣候造成失業，因而導致貧民人口的增加。一般對這個問題的處理方式是（1）地方的認捐，包括施捨和食物與燃料的免費或降價配給；（2）提供就業機會。而工資通常不受影響。在一七八八至八九年間類似的非常時期中，地方以低於正常工資的水準，提供額外的就業機會。（參見J. Harvey, "Worcestershire," in *Ann of Agr.*, v, XII, p.132, 1789。亦見E. Holmes, "Cruckton,"同上，p.

196）

然而，人們有很好的理由假設，戰爭至少對史賓翰連措施的採用有間接的影響。實際上，迅速擴張的市場體系有兩個弱點因戰爭而惡化，這有助於形成採取史賓翰連措施的客觀條件：（1）穀物價格波動的傾向，（2）暴動對價格波動的惡劣影響。我們很難期望自由化不久的穀物市場，承受戰爭的疲憊和封鎖的威脅。同樣地，穀物市場也經不起經常性暴動所造成的恐慌——而在當時，暴動已呈現出重大的惡兆。在所謂調節系統之下，「有秩序的暴動」曾多少被中央當局視為地方匱乏的指標，認為應該寬大處理；而現在，當局宣稱，它是匱乏的原因，危及整個社區的經濟生活，也危及貧民自己。楊格對「因食物昂貴而導致的暴動之後果」提出警告。漢娜・摩爾（Hannah More）也在題為〈暴動，或，半條麵包遠勝一無所有〉（The Riot, or, Half a loaf is better than no bread）的教誨性詩篇中——該詩配合「A Cobbler there was」的曲調——傳播類似的觀點。她對家庭主婦的回答，以詩句重複楊格在一段虛構的對話中所表達的意思：「『我們要靜待餓死嗎？』最肯定不過了，你們不會。——你們應該控訴；但控訴與行動所採取的方式，不應該使我們所看到的罪惡惡化。」他堅信，「如果我們可以免於暴動」，一點也不會有飢荒的危險。這種擔憂是有理由的，因為，穀物的供應極易受恐慌影響。再者，法國大革命的例子更賦予了「有秩序的暴動」某種威脅性的意涵。害怕工資上漲誠然是史賓翰連的經濟原因；但我們可以說，談到戰爭，它的意涵是政治性與社會性的，而非經濟性的。

2.威廉・楊爵士和住居法案的放寬。

濟貧法的兩個激烈措施開始於一七九五年：史賓翰連和「教區農奴制」（parish serfdom）的放寬。我們很難相信這只是巧合。就某種程度而言，它們對勞力流動的影響正好相反。後者使勞工較可能離鄉北井去尋找工作，前者則使他們比較沒有必要這樣做。以移民學的方便術語「推力」來說，和「拉力」這兩種措施同時進行的結果是：雖然外地的「拉力」增加了，家鄉的「推力」卻也減弱了。於是，一六六二年居住修正法案所引起的農村勞力大規模流動的危險，因史賓翰連而趨於緩和。從濟貧法的行政角度來看，這兩種措施顯然是「互補」的。因為放寬一六六二年法案所引起的危險，正好是該法案所欲避免的，亦即避免讓貧民湧至「較好」的教區。如果沒有史賓翰連，這恐怕已成事實。當代人很少注意到這點關連；但只要我們記得，甚至一六六二年法案本身實際上也是未經公眾討論就通過的，就不會感到驚訝了。但威廉・楊爵士心中一定注意到這點。他兩度同時支持這兩個措施。在一七九五年，他主張修訂居住法案，但他也是一七九六年議案的推動者——根據該議案，史賓翰連原則被納入法律。他曾在一七八八年倡議過這兩種措施，但沒有成功。他當時提議廢止居住法案的理由，幾乎與一七九五年完全相同；而他同時又提出一項貧民救濟措施，建議建立基準工資，三分之二由雇主支付，三分之一由地方稅分擔（Nicholson, *History of the Poor Laws*, Vol. II）。但是，卻要等到另一次歉收和對法戰爭，這些原則才被接受。

3. 都市高工資對社區的影響。

城市的「拉力」造成農村工資的上漲，同時也使鄉間農業勞力的儲備日漸枯竭。在這兩件互相密切關連的災難中，後者的影響更為深遠。充分的勞力儲備攸關農作工業的榮枯，因為它在春季和十月分所需的人手遠比冬季清淡的月分多。在一個有機結構的傳統社會中，能否保有此種勞力儲備，不只是工資標準的問題，更關係到決定貧民身分的制度環境。幾乎在所有已知的社會中，我們都可以看到某種法律上或習俗上的安排，使地主在人力需求的巔峰季節能夠獲得農村勞工以供支配運用。

都市工資上漲為農村社區製造的難題就在這裡——身分被契約取代了。工業革命之前，鄉間保有著重要的勞力儲備：家庭或農舍製造業使一名男子忙一整個冬天，同時把他和他的妻子留在鄉間以備春秋兩季農作之用。居住法案實際上將貧民以農奴的身分束縛在教區，因而必須依賴地方的農場主維生。另外還有其他各種手段，如工作比率、宿舍分配或巡邏員制度，使濟貧法能夠讓定居教區的勞動者變成柔順的工人。在各種工廠的規約之下，一名貧民可能會受到廠方任意為之的——甚至是祕密的——嚴酷懲罰。有時候，尋求救濟的貧民會被逮捕，送進工廠，如果有權白天強行進入貧民住所的當局認為他「生活窮困，應該接受救濟」(31 Geo. III c.78)。這類工廠的死亡率令人驚駭。此外，北部的傭農（hind）或邊界居民（borderer）被迫隨時下田工作，以實物為酬勞；五花八門的附屬關係（dependencies）和專用農舍互相配合；貧民的土地契約朝不保夕——我們可以估計得出來，供農村雇主任意差遣的，柔順勞工所構成的儲備軍有多龐大。因此，除工資問題之外，還有維持足夠的耕作勞力儲備軍的問題。在不同的時期，這兩個問題的重要性也可能有所不同。雖然史賓翰連的提出與農場主對工資上漲的恐懼有密切關係，雖然農業蕭條（一八一五年後）的最後數年造成貼補制迅速擴展的可能是同一個原因，三〇年代初期的耕作社區之所以幾乎一致堅持有必要維持貼補制，其原因並不在他們害怕工資上漲，而是在他們耽心可供使用的勞力供應是否充足。在任何時間中，他們從來就不曾完全免於此種顧慮，尤其是在一段出奇繁榮的漫長時期中（一七九二—一八一三）——當時，穀物平均價格猛漲，遠遠超過勞力價格的上昇速度。在史賓翰連背後永恆不變的基本關切，並不是工資，而是勞力供應。

既然工資上漲但可以吸引更多的勞工，區別這兩組動機而加以衡量，似乎有些彆扭。但在某些情況之下，我們有肯定的證據指出，在農場主心目中，這兩個問題何者為最優先。

首先，有豐富的證據指出，即使是就定居教區的貧民而言，農場主也敵視任何一種教區外的工作機會，因為它使農事臨時需要人手時較難找到工人。在一八三四年的調查報告中，有一名證人指責定居教區的貧民「去捕捉鯡魚和鯖魚，一週所賺的錢多達一鎊，卻把家人留給教區照顧。他們一回來，就會被關進牢裡；但他們不在乎，因為他們還會再度出外尋找收入良好的工作……。」（p. 33）這名證人抱怨說，這就是「春耕秋收之時，農場主時常找不到足夠工人」的原因。（Henry Stuart的報告，附錄A，第一部分，p. 334A）。

其次，租借地的分配是一個嚴重的問題。農場主一致承認，沒有任何方法能像分給貧民一小塊地那樣，使他和他的家人免於救濟的措施。但是，即使農場主因而負擔地方稅，他們也不願接受任何形式的租借地分配；因為，這會使定居教區的貧民比較不需依靠臨時性的農事。

這一點很值得注意。到一八三三年，農業社區仍一味贊成維持史賓翰連。且引用濟貧法行政長官報告中的若干說法：貼補制意謂「廉價勞力，迅速收割」（Power）。「如果沒有貼補制，農場主將不可能繼續耕作土地」（Cowell）。「農場主希望他們的雇農由救濟名簿支付薪資」（J. Mann）。「尤其是大農場主，我不認為他們希望它們（地方稅）降低。只要地方稅率保持不變，他們就一定能得到他們所需要的額外人手；一旦天雨，他們也能夠將他們全數遣回教區……。」（一位農場主的證言。）教區會議委員（vestry persons）「反對任何使勞工不需仰賴教區濟助的措施，因為教區濟助可以將他留在教區界限之內，使他們在急需人手之時永遠聽從他們的使喚。」他們宣稱，「高工資和自由工人會摧毀他們。」（Pringle）他們毫不考慮地反對一切授與貧民租地，以讓他們獲得獨立的建議。小分田（plots）會使他們免於窮困，獲得威嚴和自尊，也會使他們不需仰賴教區，而脫離農作企業所需的儲備。馬堅迪（Majendie），一名租地分配措施的支持者，建議的小分田為四分之一英畝；他認為，高於這個數目是不可實現的，因為「地主害怕勞工自立」。鮑爾（Power），另一位支持者，證實了這一點。他說，「農場主相當普遍地反對分配租地的提議。他們嫉恨此種削減其土地的作法；他們必須到更遠的地方尋求肥料；他們反對提高勞工的自立能力。」奧克登（Okeden）則建議十六分之一英畝的分配地，他說，因為「農民花在這個面積土地上的時間，大約正好等於他們在農閒時花在家庭紡織工藝上的時間」。

如此，幾乎已無懷疑的餘地：從農業社區的觀點來看，貼補制的真正功能是在確保隨時都有足夠的定居貧民以備農忙之用。而史賓翰連藉此所製造出來的人，人口過剩的外觀，其實只是假象。

4. 工業城鎮的貼補制。

史賓翰連基本上是一種減輕農村貧困的措施。這並不表示，適用範圍僅限於村莊，因為市鎮（market town）也屬於鄉間。三〇年代初期，在典型的史賓翰連地區，多數城市都採用了真正的貼補制。譬如說，從過剩人口的角度來看，赫瑞福郡（Hereford）應屬「優良」一類。此郡中六個提出報告的城市皆坦承採用史賓翰連措施（四個「確定」，四個「可能」）；而「不良」索塞克斯郡（Sussex），它十二個提出報告的城市中，嚴格說來，有三個未採行史賓翰連措施，有九個採行。

北部和西北部工業城市的情況當然很不一樣。直到一八三四年，工業城市依靠賑濟的貧民數目仍遠比鄉間小；甚至在一七九五年前，製造業的接近大量增加了貧民的數目。在一七八九年，豪里特牧師（Rev. John Howlett）就曾具有說服力地指出：「一般認為大城市和人口稠密的製造業城市的貧民比率比單純的教區高，這其實是錯誤的。事實正好相反。」（*Annals of Agriculture*, v.XI, p. 6, 1789）

新興工業城市的真實狀況，很遺憾，我們還不很清楚。濟貧法行政長官對史賓翰連措施擴展到製造業城市所造成的所謂迫切危險，似乎甚感困擾。雖然人們體認到，「北部諸郡被它波及的程度最輕」；可是他們仍宣稱，「即使是在城市，它也已根深柢固」。實情並不支持這個看法。的確，在曼徹斯特或渥得漢（Oldham），健康而完全就業的人有時會得到救濟。在普勒斯頓（Preston），地方稅納稅人的會議上，「一名已經投靠教區」的貧民宣稱，「他的工資已經從每週一鎊被削減到每週十八先令」（韓德森〔Henderson〕的報告）。薩福德（Salford）、帕迪罕（Padiham）和阿爾弗斯頓（Ulverston）也被列為「定期」採行工資補助措施的市鎮；如果是就織工和紡工而言，維干（Wigan）也一樣。在諾丁罕

（Nottingham），長襪以低於成本的價格出售；由於地方稅所支付的工資補助，生產者仍然有利可圖。而對普勒斯頓的情況提出報告的韓德森，他的心靈已經洞見，這個邪惡的制度「正在偷偷混進來，企圖保護私人利益」。根據濟貧法行政長官的報告，這個制度在城市較不普及，只「因為製造業資本家僅構成地方稅納稅人的一小部分，因此他們在教區會議的影響力比鄉間的農場主小。」

就短期間而言，情況或許如此。但如果著眼於長期間，工業雇主這方面可能有數種理由，使他們反對採行普遍性的貼補制。

其一為貧民勞力的低效率。棉花業主要是採取計件工作（piece work）或包工（task work）的方式。而現在，甚至在農業方面，「素質極差而又沒有效率的受教區津貼者」工作情況極為糟糕，竟然「四五個人才相當於包工的一人」。（Select Committee on Laborers' Wages, H. of C. 4, VI, 1824, p. 4）濟貧法行政長官的報告指出，計件工作也許可以採取史賓翰連方法，而不一定會破壞「製造業工人的效率」；如此，製造業者就可以「真正得到廉價的勞力」。它的含意是說，農業工人的低工資不一定就表示廉價勞力，因為工人的低效率會抵銷勞力的低價格。

另一個使企業家反對史賓翰連制度的因素，是競爭者的威脅；因為競爭者可以在工資補助的措施之下，以相當低廉的工資從事生產，農場主在沒有限制的市場出售貨品，他們因此對此種威脅無動於衷；但都市的工廠主人則非常憂慮。濟貧法行政長官的報告辯稱，「由於濟貧法在艾色克斯（Essex）的行政失誤，麥克斯菲（Macclesfield）的製造業者可能會發現自己被低價拋售和摧毀。」康寧漢認為，一八三四年法案的重要性，主要在它影響了濟貧法行政的「全國化」；如此，它除去了市場全國發展的一個嚴重障礙。

第三個反對史賓翰連的理由，也是最受資本家重視的，是它使「一大群廣大，遲滯的多餘勞力」（雷德福〔Redford〕語）無法進入都市的勞動市場。二〇年代末期，都市製造業者需求勞力孔急；杜赫蒂（Doherty）的工會造成大規模的不安；這是歐文主義運動的開端，它所導致的罷工和休業，規模之大，為英國所未曾經歷者。

因此，從長期看來，就雇主的立場而言，有三個理由使他們堅持反對史賓翰連：它降低勞動生產力；它傾向在不同地區造成成本的差異；它促成鄉間「勞力的死水」（威伯〔Webb〕語），因而有助於都市工人壟斷勞動市場。這三種情況都不會使個別的雇主——甚至地方的雇主團體——太掛慮。為了確保利潤，也為了與其他城市的製造業者競爭，低廉的勞力成本事實上對他們還頗有吸引力。但是，企業家，就一個整體的階級而言，則採取非常不同的觀點；因為，長期看來，對個別雇主或雇主團體有利的，顯然會危害到他們全體。事實上，正是由於貼補制——儘管是以一種緩和的方式——於三〇年代初期擴展到北部工業城市來，才使他們一致反對史賓翰連，並造成一次全國性規模的改革運動。

證據顯示，都市政策多多少少自覺性地企圖在城市建立一支工業人力儲備軍，主要是為了應付經濟活動的劇烈變動。就這一點而言，城市和鄉間並沒有太大區別。正如同鄉村當局寧可接受高稅率，而不願意選擇高工資；都市當局也不願意看到流浪的貧民遷回他們的定居之所。為了分享這支儲備軍，農村與都市雇主之間存在著某種競爭。只有在四〇年代中期慘酷而漫長的經濟蕭條期間，以稅賦為代價來維持勞力儲備軍，才變成不切實際的作法。甚至在那個時候，農村與都市雇主仍然採取類似的做法：大規模地將貧民移出工業都市，而農村地主則使出「清掃鄉村」的手段：兩者的目的皆在於降低貧民的數目。

5.城市對鄉村的優勢。

根據我們的假設，史賓翰連是保護農村社區，以對抗都市工資上漲所造成之威脅的措施。就景氣的循環而言，這表示城市的地位優於鄉村。至少有一個例子——一八三七至四五年間經濟蕭條的時期可以說明此種情況。一八四七年的一項謹慎的統計調查顯示，不景氣是從西北部的工業城市開始的，然後蔓延到農業郡，而農業郡的復甦顯然比工業城市開始得晚。數字顯示，「首先是降臨於製造業地區的壓力，最晚才撤離農業地區」。在這份研究之口，製造業地區以蘭開郡（Lancashire）和約克郡（Yorkshire）西區為代表，人口約二十萬一千〔共五八四個濟貧聯合區（Poor Law Union）〕；而農業地區則包括諾森伯蘭（Northumberland）、諾福克（Norfolk）、索夫克、劍橋郡、巴克（Bucks）、赫茲（Herts）、波克（Berks）、維爾特（Wilts）和得文（Devon），人口約二十萬八千（同樣地，共五八四個濟貧聯合區）。在製造業地區，情況的改善開始於一八四二年，貧民增加率從二九・三七％下降到一六・七二％；其後則明顯遞減，一八四三年為二九・〇八％，一八四四年為一五・二六％，一八四五年更進而降為一二・二四％。與此恰成強烈對比的是，農業地區景氣的回昇到了一八四五年才開始，其遞減率為九・〇八％。在這兩種情況中，濟貧法的開支對人口數量的比率都有紀錄可查，後者更經過逐郡逐年的計算。（J. T. Danson, "Condition of the People of the U. K., 1839-1847," *Journ. of Stat. Soc.*, Vol. XI, p. 101, 1848）

6.鄉村的人口減少與人口過剩。

英國是歐洲唯一對城市和鄉村的勞力有劃一管理制度的國家。各種法令，如一五六三年或一六六二年的法令，都同樣地實施於農村和都市教區，而保安官們公平地在全國執行法律。這應歸功於鄉村工業化甚早，而隨後都市也接著工業化。因此，鄉村與城市的勞力結構，並沒有像歐陸所出現的那種管理上的差異。這更解釋了，何以勞力很容易從鄉村流向城市，而又很容易回流。如此，英國避免了歐陸人口學上最悲慘的兩個特點——由於人口從村莊向城市遷移，鄉村人口突然銳減；以及由於此種遷移過程無法逆轉，使在城市找到工作的人從此離鄉背井。逃離土地（Landflucht）一詞，即指十九世紀下半葉以降，中歐鄉村急遽空竭的劇變，是當時農業社區的恐怖現象。相反地，在英國我們看到人口像鐘擺似地擺盪於都市與鄉村的就業機會之間。彷彿大部分人口都處於一種游移不決的狀態，此種情況就使得國內遷移的動向如非全不可能，也極難追查。再者，我們不要忘了，這個國家的城鄉分布形態和它遍布全國的港口，使得人們可以說沒有必要做長距離遷徙；而濟貧法的施行之所以極易適應全國勞力結構的需要，也變得很可以理解。鄉村教區時常將院外救濟金發給在鄰近城市就業的流動貧民，或者將生活津貼送到他們的居住地；反之，製造業城市經常將救濟金發給並未定居在城市的，滯留於教區的貧民。一八四一至四三年間，都市當局所做的大規模撤離，只是一個例外。根據雷德福，當時撤離北部十九個製造業城市的一萬二六二八名貧民中，只有百分之一定居於九個農業區。（如果以丹森〔Danson〕一八四八年所挑選的九個「典型農業區」取代雷德福的那幾個郡，其結果僅有極微小的不同，即由一%變成一．三%）。正如雷德福所指出的，長距離遷移的情況很少見，而鄉村與製造業城市藉著充分的救濟方法，使大部分勞力儲備軍都控制於雇主手中。難怪城市和鄉村同時發生「人口過剩」的現象。而實際上，在需人孔急的尖峰時節，蘭開郡的製造業主必須大批輸入愛爾蘭工人。農場主則強調，如果每個鄉村貧民都被誘遷徙，他們在收割季節將無法支持下去。

關於貧民問題與舊濟貧法的當代文獻

Acland, *Compulsory Savings Plans* (1786).

Anonymous, *Considerations on Several Proposals Lately Made for the Better Maintenance of the Poor.* With an Appendix (2nd ed., 1752).

Anonymous, *A New Plan for the Better Maintenance of the Poor of England* (1784).

An Address to the Public, from the Philanthropic Society, instituted in 1788 for the Prevention of Crimes and the Reform of the Criminal Poor (1788).

Applegarth, Rob., A Plea for the Poor (1790).

Belsham, Will, *Remarks on the Bill for the Better Support and Maintenance of the Poor* (1797).

Bentham, J., *Pauper Management Improved* (1802).

———, *Observation on the Restrictive and Prohibitory Commercial System* (1821).

———, *Observations on the Poor Bill, Introduced by the Right Honourable William Pitt;* written February 1797.

Burke, E., *Thoughts and Details on Scarcity* (1795).

Cowe, James, *Religious and Philanthropic Trusts* (1797).

Crumple, Samuel, M.D., *An Essay on the Best Means of Providing Employment for the People* (1793).

Defoe, Daniel, *Giving Alms No Charity, and Employing the Poor a Grievance to the Nation* (1704).

Dyer, George, *A Dissertation on the Theory and Practice of Benevolence* (1795).

———, *The Complaints of the Poor People of England* (1792).

Eden, On the Poor (1797), 3 vols.

Gilbert, Thomas, *Plan for the Better Relief and Employment of the Poor* (1781).

Godwin, William, *Thoughts Occasioned by the Perusal of Dr. Parr's Spiritual Sermon, Preached at Christ Church April 15, 1800* (London, 1801).

Hampshire, State of the Poor (1795).

Hampshire Magistrate (E. Poulter), Comments on the Poor Bill (1797).

Howlett, Rev. J., *Examination of Mr. Pitt's Speech* (1796).

James, Isaac, Providence Displayed (London, 1800), p. 20.

Jones, Edw., *The Prevention of Poverty* (1796).

Luson, Hewling, *Inferior Politics: or, Considerations on the Wretchedness and Profligacy of the Poor* (1786).

M'Farlane, John, D. D., Enquiries Concerning the Poor (1782).

Martineau, H., The Parish (1833).

———, The Hamlet (1833).

———, *The History of the Thirty Years' Peace* (1849), 3 vols.

———, *Illustrations of Political Economy* (1832–34), 9 vols.

Massie, J., *A Plan ... Penitent Prostitutes. Foundling Hospital, Poor and Poor Laws* (1758).

Nasmith, James, D. D., A Charge, Isle of Ely (1799).

Owen, Robert, *Report of the Committee of the Association for the Relief of the Manufacturing and Labouring Poor* (1818).

Paine, Th., Agrarian Justice (1797).

Pew, Rich., Observations (1783).

Pitt, Wm. Morton, *An Address to the Landed Interest of the defic. of Habitation and Fuel for the Use of the Poor* (1797).

Plan of a Public Charity, A (1790), "On Starving," a sketch.

First Report of the Society for Bettering the Condition and Increasing the Comforts of the Poor.

Second Report of the Society for Bettering the Condition of the Poor (1797).

Ruggles, Tho., The History of the Poor (1793), 2 vols.

Sabatier, Wm., Esq., A Treatise on Poverty (1793).

Saunders, Robert, Observations.

Sherer, Rev. J. G., Present State of the Poor (1796).

Spitalfields institution, Good Meat Soup (1799).

St. Giles in the Field, Vestry of the United Parishes of, *Criticism of "Bill for the Better Support and Maintenance of the Poor"* (1797).

Suffolk Gentleman, *A Letter on the Poor Rates and the High Price of Provisions* (1795).

[Townsend, Joseph], *Dissertation on the Poor Laws 1786 by A Well-Wisher of Mankind.*

Vancouver, John, *Causes and Production of Poverty* (1796).

Wilson, Rev. Edw., *Observations on the Present State of the Poor* (1795).

Wood, J., Letter to Sir William Pulteney (on Pitt's Bill) (1797).

Young, Sir W., *Poor Houses and Work-Houses* (1796).

若干現代論著

Ashley, Sir W. J., *An Introduction to English Economic History and Theory* (1931).

Belasco, Ph. S., "John Bellers, 1654–1725," Economica, June 1925.

———, "The Labour Exchange Idea in the Seventeenth Century," Ec. J., Vol. I, p. 275.

Blackmore, J. S., and Mellonie, F. C., *Family Endowment and the Birthrate in the Early Nineteenth Century*, Vol. I.

Clapham, J. H., *Economic History of Modern Britain*, Vol. I, 1926.

Marshall, Dorothy, "The Old Poor Law, 1662–1795," in The Ec. Hist. Rev., Vol. VIII, 1937–8, p. 38.

Palgrave's Dictionary of Political Economy, Art. "Poor Law," 1925.

Webb, S. and B., English Local Government, Vol. 7–9, "Poor Law History," 1927–29.

Webb, Sidney, "Social Movements," C.M.H., Vol. XII, pp. 730–65.

10. 史賓翰連與維也納

第一次世界大戰後奧地利具有高度啟發性的社會與經濟情況，促使作者著手研究史賓翰連及其對古典經濟學家的影響。

在該國的純粹資本主義環境之中，一個社會主義的自治市建立起備受經濟自由主義者攻擊的制度。自治市所推行的某些干涉主義政策，顯然無法與市場經濟的運作相容。但純粹經濟學上的辯論，並無法完整地討論這個基本上是社會的，而非經濟的問題。

維也納當時的主要情形如下。大戰（一九一四－一八）之後的十五年間，大部分時候，奧地利的失業保險大量依靠公共基金的補助，院外救濟的範圍遂無限擴大；租金強制固定於昔日水平的微小部分，而維也納自治市在非營利的基礎上建造了大批廉價公寓，並依靠稅收提供所需資金。若非存在著一個成熟發展的工會運動（當然，它由擴大範圍的失業救濟得到有力的支持），雖然工資補助，全面性的社會服務（僅管是適度的社會服務）實際上也可能造成工資的急遽下跌。

在經濟上，這樣一個體系當然是不正常的。租金被限制在無利可圖的水平，與私人企業的既存體系格格不入，尤其是就建築業的情況而言。同時，在最初的數年內，貧窮國家的社會保障干擾到了貨幣的穩定——通貨膨脹論與干預主義的政策業已攜手並進。

最後，正如同史賓翰連，維也納受到由經濟理論所鼎力支持之政治力量的攻擊，而終於屈服。一八三二年的英國和一九三四年的奧地利，政治動亂的目的是在將勞動市場從保護主義的干預之下解放出來。無論是地主的鄉村或勞動階級的維也納，都無法永久地與外界隔離。

然而，這兩個實施干預政策的時期顯然有很大的不同。一七九五年，英國鄉村必須設法避開經濟進步——都市製造業的驚人進展——所引起的混亂；而一九一八年的維也納勞動階級卻必須因為戰爭、戰敗與工業界混亂導致的經濟衰退而受保護。終於，史賓翰連導致勞力結構的危機。這項危機卻又開啟了繁榮的新紀元之路。而奧地利回鄉運動（Heimwehr）的勝利，卻成為國家與社會體系全面崩潰的一部分。

我們在這裡所要強調的是，這兩種干預形態在文化與道德上的影響有巨大的差異：史賓翰連企圖阻止市場經濟的來臨；而維也納則試圖完全超越此種經濟型態。史賓翰連對一般平民造成真正的災禍；維也納卻造成一次西方歷史上最可觀的文化勝利。一七九五年造成勞動階級的空前墮落，使他們無法獲得工業勞工的新地位。一九一八年則在一個高度發展的勞工階級身上，在道德和智識方面都造成史無前例的高升。維也納制度保護他們免於嚴重的經濟混亂可能帶來的墮落，並使他們達到一個任何工業社會的人民大眾從未超越的水平。

很明顯地，這乃是由於社會的層面，而非經濟的層面。但傳統的經濟學家對干涉主義的經濟學是否有正確的瞭解呢？事實上，經濟自由主義者認為，維也納的制度是另一個「濟貧法的惡政」，是另一種「貼補制」，需要古典經濟學家予以大力廓除。但是，這些思想家是不是被史賓翰連所造成的持久現象誤導了呢？對於未來；他們經常是正確的，而他們深刻的洞見也有以促成這樣的未來；但關於他們自己的時代，他們的理解卻完全錯誤。現代的研究已經證明，他們在正確的判斷上所獲得的聲譽是不當的。馬爾薩斯完全誤解了他那個時代的需要；如果他人口過剩的警告真正對新娘們產生影響，馬歇爾說，這「恐怕會立即擊斃經濟進步」。李嘉圖對貨幣論戰與英國銀行之地位的敘述是錯誤的，並且也沒有掌握貨幣貶值的真正原因——今天我們知道，它基本上是由於政治付款和轉移上的困難。如果他在金銀報告（Bullion Report）上的建議被採納了，英國恐怕已經輸掉對拿破崙的戰爭，而「帝國今天也不會存在」了。如此，維也納的經驗和它與史賓翰連的相似之處，使有些人重新重視古典經濟學家，也使另一些人轉而懷疑起他們。

關於第八章

11. 為何不選擇惠特布略議案？

史賓翰連政策另一唯一可能的選擇，似乎是惠特布略（Whitbread）在一七九五年冬天提出的議案。它要求擴大一五六三年《職工法》（Statute of Artificers）的適用範圍，以包括用年度評估來決定最低工資的方法。提案者辯稱，此一法案可以維持伊莉莎白王朝的工資評估法規，將適用範圍從最高工資擴大到最低工資，因此可以防止鄉間發生飢饉。無疑地，它足以滿足危急時候的需要；值得注意的是，譬如說，索夫克郡（Suffolk）的代表支持惠特布略議案，而在一次楊格在場的會議上，他們的保安官也已經贊成史賓翰連原則。對門外漢來說，這兩個策略之間的差別並不大。這並不奇怪。一百三十年後，當孟德計畫（Mond Plan, 1926）建議使用失業基金補助工資時，民眾仍很難瞭解給失業者救濟和給受雇者工資補助兩者之間，在經濟上會有決定性的差別。

無論如何，在一七九五年，人們是要在最低工資和工資補助之間做選擇。如果將這兩個政策和當時《住居法案》（Act of Settlement, 1662）的廢止一併討論，就更能辨認出這兩者之間的區別。該法案的廢除使一個全國性的勞動市場成為可能，它的主要目的是要使工資能夠「找到它們自己的水平」。惠特布略的最低工資議案的意向正好與廢除定居法案的目標相反，而史賓翰連法的意向則否。由於擴大一六〇一年濟貧法（而不是如惠特布略所建議的，一五六三年的《職工法》）之適用範圍的結果，地主再度採取家長式的作風——基本上僅對村莊如此，而其形式是對市場運作做最低限度的干預，但實際上則使決定工資的機能不發生作用。人們從未公開承認，所謂採用濟貧法，事實上是完全推翻伊莉莎白時代的強制勞動的原則。

對史賓翰連法的支持者而言，實際的考慮是最高原則。威爾森牧師（Rev. Edward Wilson）是溫莎市（Windsor）的教牧兼伯克夏（Berkshire）的保安官，他可能就是提案人。在一本小冊子中，他陳述自己的觀點，明確地宣稱贊成放任政策：「勞力，就像每一種被帶到市場上出售的東西，在任何年代中都毋需法律的干預，卻能找到它自己的價格標準。」對一名英國的保安官而言，也許他更應該說：相反地，在任何一個時代，如果沒有法律的干涉，勞力從不能找到它自己的價格標準。然而威爾森牧師繼續指出，數字顯示，工資上昇的速度不像穀物價格那麼快；因此，他謙恭地向保安官團提出一項提議：「付給貧民救濟金數額的計算法」，結果每個一夫一妻和一子女的家庭的救濟金數額是每週五先令。他的小冊子的「廣告詞」說：「這冊論文的大意，已在去年五月六日，於紐貝雷（Newbury）舉辦的郡會議上提出。」而我們知道，保安官團比威爾森牧還要更進一步：它一致同意，每個家庭每週五先令又六便士。

關於第十三章

12. 迪斯雷利的「兩個國家」和有色人種問題

若干學者堅持，殖民地問題與早期資本主義的問題相似。但在另一方面，他們卻未貫徹這個類比，勾畫出他們自己時代被瓦解、羞辱的國民之面貌，從而闡明一個世紀前英國貧民階層的處境。這兩者之間明顯的類似性之所以被忽略，乃由於人們對自由主義的偏見深信不疑；它過分專注於本質上非經濟性之過程的經濟層面。今天某些殖民地區種族的墮落和一個世紀前勞動人民類似的非人化，在本質上都不是經濟性的。

（a）毀滅性的文化接觸基本上並非經濟現象。

邁爾（L. P. Mair）指出：大多數的土著社會今天正在經歷一個快速的、強迫性的變質過程；只有革命的劇烈改變堪與並論。儘管侵略者的動機無疑是經濟的，而原始社會的崩潰常常也確實由經濟體制的破壞引起，但一項明顯的事實是：土著文化無法消化新的經濟制度，於是在沒有其他任何一貫的價值系統取代它的情況下，這個土著文化瓦解了。

西方制度所包括的第一個破壞性趨勢，是「廣大地區的和平」；它粉碎了「氏族生活、族長權威、年輕人的軍事訓練；它幾乎禁止氏族或部落的遷移」。（Thurnwald, *Black and White in East Africa; The Fabric of a New Civilizaion*, 1935 p. 394）「戰爭一定曾給予土著的生活以敏銳，而遺憾的是，在這段和平的歲月裡，它已不復存在……。」戰鬥的消除使人口減少，因為戰爭的傷亡很有限，但沒有戰爭意味著充滿生命力的習俗與儀式的失落，以及村莊生活腐敗的沉悶與冷漠。（F. E. Williams, *Depopulation of the Suan District*, 1933, "Anthropology" Report, No. 13, p. 43）土著在其傳統文化環境中的「健壯、活潑、興奮的生命」（Goldenweiser, *Loose Ends*, p. 99），可與此相較。

用戈登懷塞（Goldenweiser）的話來說，真正的危險是「夾在中間的文化」的危險。（Goldenweiser, *Anthropology*, 1937, p. 429）關於這一點，學者間的意見實際上是一致的。「古老的習俗正在衰敗中，可是又缺乏新的指導方針。」（Thurnwald，前引書，p. 111）「維持一個儲積貨物被認為反社會行為的社群，並將它與當代的白人文化融合，等於是企圖調和兩個毫不相容的制度體系。」（M. Mead, *The Changing

Culture of an Indian Tribe, 1932, Wissel所寫的導論）「遷入的文化傳人（culture-bearers）也許能成功地消滅原住民的文化，但他們無法消滅或同化其傳人。」（Pitt-Rivers, “The Effect on Native Races of Contact with European Civilization,” in *Man*, Vol. XXVII, 1927）或者用列瑟（Lesser）討論另一群工業文明的受害人時的尖銳措辭來說：「波尼人從文化成熟期被迫退化成處於文化幼稚期的白人。」（*The Pawnee Ghost Dance Hand Game*, p. 44）

此種雖生猶死的情況，原因並不在經濟剝削——依照公認的意義，剝削意謂經濟關係中某一方犧牲另一方，以獲取利益。但它確與土地所有權、戰爭和婚姻等的經濟條件的改變等有密切的關係；而上述每一個因素，都會影響到各式各樣的習慣、風俗和傳統。當金錢經濟強行進入西非人口稀少的地區，使「土著無法購買食物來取代未栽植的食物」的，並不是工資的不足，「因為別人也都沒有過剩的食物可賣給他們。」（Mair, *An African People in the Twentieth Century*, 1934, p. 5）他們的制度蘊含著一個不同的價值等級；他們節儉，而同時又是非市場取向的。「當市場貨品大量匱乏之時，他們會要求與供應過剩時相同的價錢；而為了購物時節省一點小錢，他們會花費大量的時間和精力，跋山涉水，到遠方採購。」（Mary H. Kingsley, *West African Studies*, p. 339）工資上升時常會導致曠工。據說，當工資每日五十分（centavos）時，特萬特佩克（Tehuantepec）的薩波特克（Zapotec）印第安人的工作量為每日工資二十五分時的一半。這個矛盾現象，在英國工業革命的早期也很普遍。

對我們來說，人口成長率的經濟指標並不比工資有用。戈登懷塞證實里佛斯（Rivers）在美拉尼西亞（Melanesia）所做的有名的觀察：文化貧乏的土著會「無聊而死」。威廉斯（F. E. Williams）本人是一名服務於該地區的傳教士，他說，「心理因素對死亡率的影響」是很可以理解的。「許多研究者已經注意到，顯著的安逸悠閒會導致土著的死亡。」「限制土著往昔的興趣與活動，對他們的生命力似乎是一個致命傷。結果是，土著的抵抗力受到傷害，他們很容易為各種疾病所侵襲。」（F. E. Williams，前引書，p.43）這與經濟匱乏的壓力無關。「因此，極高的自然繁殖率可能是文化活力的徵候，也可能是文化衰退的徵候。」（Frank Lorimer, *Observations on the Trend of Indian Population in the United States*, p. 11）

只有社會手段，諸如恢復部落的土地所有權，或將社群從資本主義市場的影響隔離，才能阻遏文化的衰退，而這是無法以生活的經濟標準衡量的。庫立爾（John Collier）於一九四二年指出：「使印第安人與他的土地分離，是致命的一擊。」一八八七年的《土地總分配法》（General Allotment Act）將印度安人的土地「個人化」；文化解體的結果，使他們喪失了約四分之三的土地，相當於九千萬英畝。一九三四年的《印第安重整法案》（Indian Reorganization Act）恢復了部落的保有地，並恢復其文化的活力，從而挽救了印第安社群。

同樣的故事已發生在非洲。各種形式的土地保有權成為注意的焦點，因為，社會組織大多即直接以此為基礎。表面上的經濟衝突，如重稅、高租金和低工資，幾乎都是迫使土著放棄其傳統文化之壓力的偽裝；如此，他們被迫適應市場經濟，亦即為工資而工作，並在市場採購貨物。就在這種過程之中，有些土著部落，如喀孚爾人（Kaffirs）和遷移到城市的族群，喪失了他們祖先的德行，變成萎靡不振的群眾，包括遊蕩者、竊盜和妓女——一種他們前所未知的事物——恰似一七九五年至一八三四年間英國貧窮的人群。

（b）在早期資本主義之下，勞動階級的人性墮落，是無法以經濟學語言衡量的社會劇變的結果。

歐文早在一八一六年就認為他的工人「無論得到多少工資，必然有許多人都是不知羞恥的……。」（*To the British Master Manufacturers*, p. 146）我們應該記得，亞當．史密斯預料，脫離土地的勞工會完全失去智識上的興趣。而馬克法蘭（M'Farlane）預料，「一般大眾對書寫和計算的知識，會逐日減少。」（*Enquiries Concerning the Poor*, 1782, pp. 249-50）一個世代之後，歐文將勞工的墮落歸諉於「幼年缺乏照顧」和「工作過量」，因而認為他們「由於無知，即使能得到高工資，也無能妥善運用」。他本人付給他們低工資，同時為他們創造一個人工化的全新文化環境，以提高他們的地位。群眾的敗德，大體上與今有色種族解體的文化接觸所造成的墮落現象相同：游手好閒，賣淫，竊盜，不知節儉，懶惰，勞動生產力低，缺乏自尊與活力。市場經濟的擴展，破壞了農村社會的傳統結構、鄉村社區、家庭、昔日的土地保有權形態，以及文化架構中滋養人生的習俗與規範。史賓翰連所提供的保護，只有使事情更糟。在一八三〇年代，平民的社會災難和今日卡佛人一樣的徹底。傑出的黑人社會學家姜森（Charles S. Johnson），是唯一將種族變質與階級墮落的類比關係顛倒過來的人；這一次，他的比較是為了說明階級墮落：「在工業革命比歐洲其他國家都還要進步的英國，激烈的經濟變革所引發的社會混亂使窮人家孩子變成「碎片」，一如後來非洲奴隸的下場。……當時為童奴制度所提出的辯解，也幾乎和為奴隸買賣所做的辯解相同。」（"Race Relations and Social Change," in E. Thompson, *Race Relations and the Race Problem*, 1939, p. 274）

譯者後記

博蘭尼的《鉅變》繁體中文版於三十年後即將再版，春山出版社的莊瑞琳總編輯建議我寫篇後記，回顧當時翻譯本書的點滴故事。我概然應允，回想往事，不禁勾起諸多久違的記憶。

初次讀到博蘭尼的《鉅變》一書，是一九七〇年初到美國密西根州立大學留學，選修當時還算年輕的庫克（Scott Cook）教授所開授的「經濟人類學」這門課。在課上，庫克教授介紹了博蘭尼的基本概念，如「分享」、「互惠」、「重分配」等，在人類社會中所展現的不同結構特質。庫克教授也說明，博蘭尼提出的實質派經濟學（substantivist economics）和西方主流的形式派經濟學（formalist economics）所強調「最大化」（maximization）的差異，就在於博蘭尼指出，經濟行為如何受不同社會、文化脈絡所影響，而呈現出在制度上的不同特質。換言之，西方主流經濟學認為，個人或群體追逐最大利益是放諸四海皆準的經濟規律，只會受到自律性的市場機制（如供需法則）

所支配。但博蘭尼則認為，經濟活動或市場機制是嵌含（embedded）在社會文化的脈絡中，即市場並非超越社會、文化之外的自我調節機制。在此情形下，經濟體制必須服膺於社會需求，自由市場亦非獨立運作的超生物體（superorganism）。博蘭尼這個說法，直接挑戰西方資本主義的主流經濟學理論。雖說此書內容豐厚，但因篇幅頗長，當年庫克教授只將之列為參考書，並不要求選課的同學讀完全書。只是我因受此新穎學說吸引，課後立刻到書店購得此書，反覆閱讀，愛不釋手。

我個人對博蘭尼論點的興趣，一方面可說是心儀他類似人類學者的宏觀跨文化視野，不但在歷史長河中上下縱橫千年，從古希臘、羅馬到二戰時美國羅斯福總統的新政；更在地理空間上，跨越全球大洋各洲，從工業革命時期英倫的社會福利政策，到非洲的部落社會，信手拈來，自成一格。對我而言，更重要的是，博蘭尼的真知灼見，簡直就是給當時局限於冷戰時期的對立意識形態，提出另一道可能的新選項。就冷戰時期對立的雙方而言，打著社會主義標籤的共產集團，此時已然瀕臨破產；馬克思主義已經成為專制獨裁政權的遮羞布，掩飾著當權者對人民赤裸裸的壓制和迫害。反之，頂著自由民主旗號的西方社會，也呈現出敗壞的跡象；資本主義鼓吹的無限度自我擴張，將自私、貪婪合理化和合法化，假「現代化」之名，帶來全球性盲目的浪費型消費與對自然的破壞，令人觸目驚心。一九六〇年代中期後在美國出現的環保運動和反越戰運動，可說是當時年輕人初步的覺醒。

我在一九七五年到愛荷華州立大學任教，前後達三十年。在我長年開授的經濟人類學課上，必然會向學生介紹博蘭尼的學術觀點。而且我也和當年的庫克教授一樣，因《鉅變》一書甚為厚重，所以通常難以要求學生閱讀全書。不過，要是碰到勤奮好學的研究生，我一定鼓勵他們閱讀此書，並歡迎他們來和我討論閱讀心得。

一九七八年，中央研究院歷史語言研究所的幾位同仁發起有系統地翻譯西方經典名著，以便在台灣建立一套古典名著文庫，並邀我共襄盛舉。我即別無他想地建議翻譯本書，也得到文庫主編康樂研究員的同意，於是我利用一九七九年的整個暑假，完成初步翻譯工作。翻譯過程中，確實曾面臨一些文字上的掙扎。如在本書中很重要的一個關鍵詞embedded（動詞）或embeddedness（名詞），是在語言學上常用的辭彙，上過語言學的同仁對此都很熟悉。但要為此概念找一個貼切的中文翻譯，當時並不容易。在本書中我翻譯為「嵌含」，但現在台灣似乎更常譯為「嵌入」或「嵌鑲」。細微差異，見仁見智，各有深意。

翻譯本書時，除了面對特殊名詞英翻中的困難外，博蘭尼在書中也引用或介紹歐陸諸多學者的理論或見解，如英國社會改革家邊沁（Jeremy Bentham），或法國哲學家傅立葉（Charles Fournier）。為避免誤解博蘭尼介紹這些學者的深意，我當時還到圖書館找尋這些作者的原著，大致瞭解他們的思想取向後，才能放心翻譯原文。此外，一九七九年時桌上電腦還未通行，文字寫作，只能一筆一劃的寫在方格稿紙上，下筆相對謹慎些，以免大幅修訂還得重新謄稿。這就是何以在當時寫作被稱為「爬格子」。這大概是現在手機時代的年輕人難以理解的情境了。

初稿交出後，因忙於教學、研究工作，將後續的排版、取得版權等工作，全交給主編和出版社。歷經十年波折，譯本終於在一九八九年出版問世。

三十年後我重新翻閱此譯本，仍有很多的感慨和連想，經歷了這麼多年，依然佩服博蘭尼的細緻與洞見。博蘭尼在一九四四年完稿此書時，第二次世界大戰仍未終了。由民粹主義、法西斯主義所挑起的種族絕滅戰爭，還未進入決定勝負的關頭。換言之，歐美建立的自由民主政體，或蘇聯打造的無產階級烏托邦是否能生存，尚是未定之數。在此風雨飄搖之際，博蘭尼已預言式地指出這個反民粹主義／法西斯集團的兩大陣營，即西歐、美國的資本主義集團和東歐的蘇聯共產主義集團，在意識形態上的互斥與對立性，以及兩者在理論上的根本缺陷。要解決這個二難式，博蘭尼指出另一可能選項：即在自由民主體制下，受國家政策調配的市場經濟。他預言的冷戰對立，果然在二戰終了後就立即出現。而冷戰的不斷升溫，也讓博蘭尼的灼見得不到應有的重視，只部分落實到北歐的福利國家中。當然，在美國有少數學者長期為博蘭尼發聲。他們大都是視野廣闊、不拘門戶之見的學者，如為本書新版撰寫〈序言〉的經濟學者史迪格里茲（Joseph E. Stiglitz），和新版〈導論〉的社會學者布洛克（Frederick Block），均可說是美國學界的傑出異類。

雖說在一九九〇年以後，包括蘇聯在內的東歐共產國家陸續瓦解，引發日裔美國學者福山（Francis Fukuyama）提出「歷史的終結」一說，認為自由民主體制將成為壟斷性的意識形態，一

World as a Perspective

世界做為一種視野